朱棣传

丁振宇 著

远方出版社

图书在版编目(CIP)数据

朱棣传/丁振宇著. -- 呼和浩特 : 远方出版社,
2023.6

ISBN 978-7-5555-1764-1

Ⅰ. ①朱... Ⅱ. ①丁... Ⅲ. ①明成祖（1360-1424）
- 传记 Ⅳ. ①K827=48

中国国家版本馆CIP数据核字(2023)第113960号

朱 棣 传
ZHU DI ZHUAN

著　　者	丁振宇	
责任编辑	孟繁龙	
封面设计	VIOLET Q1152979738	
版式设计	王志利	
出版发行	远方出版社	
社　　址	呼和浩特市乌兰察布东路666号　邮编010010	
电　　话	（0471）2236473总编室　2236460发行部	
经　　销	新华书店	
印　　刷	天津中印联印务有限公司	
开　　本	710毫米×1000毫米　1/16	
字　　数	200千	
印　　张	16	
版　　次	2023年6月第1版	
印　　次	2024年4月第1次印刷	
标准书号	ISBN 978-7-5555-1764-1	
定　　价	49.80元	

前言

　　提起中国封建帝王，人们脑海中会浮现出"秦皇汉武，唐宗宋祖"，却很少有人想起明成祖朱棣。

　　明成祖朱棣，又称永乐皇帝，生于至正二十年四月十七日（1360年5月2日），是明王朝开国皇帝朱元璋的第四子。他在洪武朝被封为燕王，就藩北平（今北京），后举兵"靖难"，推翻建文帝，于1402年—1424年在位，开创"永乐盛世"，死后谥号"文皇帝"，故有史书又称其为"文皇"。

　　朱棣的一生极富传奇色彩。他自幼尚武，一心想要跃马横刀，驰骋疆场，建立不世功勋。在就藩后，他有了施展拳脚的舞台，迅速成长为朱元璋诸子中的佼佼者、众藩王中的翘楚，有力地防御了故元残余势力，深得朱元璋的器重。

　　建文帝继位后，深感诸叔王势力过大，于是在众谋臣的策划之下，开始着手削藩，一时间藩王们人人自危，削藩行动引起藩王们的激烈反应。燕王朱棣以"清君侧"为由，发起了"靖难之役"。这一年，朱棣四十岁。历经四年鏖战，朱棣于建文四年（1402 年）六月率师渡江，从金川门进入京师，一举夺得了帝位。

由于朱棣不是朱元璋钦定的皇位继承人，而是以"靖难"的名义，通过武力从侄儿朱允炆的手中夺得帝位的，所以他受到了当时正统封建臣子和文人的非议。皇位得来"名不正言不顺"的阴影在朱棣本人心中更是挥之不去，所以他一即位便肃清反对者，大肆屠杀建文朝旧臣，创造了历史刑罚之最——诛十族、瓜蔓抄。为了监督臣民的言行，他还发展锦衣卫，使其特务性质进一步加强；又设立东厂特务机构，由亲信宦官担任首领，其弊甚重。

朱棣坐上皇位后，没有贪图享乐，而是审时度势，顺应潮流，针对朱元璋统治中后期施政的一些弊病，在内政、外交上都做了一些调整和改革。永乐一朝明刑慎法，整肃吏治，推诚任贤，每遇灾害，朝报夕赈，使得明朝的经济得到了显著的恢复和发展；疏浚运河，迁都北京，为后世留下了至今仍巍然屹立的紫禁城；重开海禁，实行较为开放的外交政策，往来通好贸易的国家达三十多个；防备倭寇，征讨安南，五出漠北，有力地巩固了明朝的统治。

　　此外，朱棣先后派遣郑和数次下西洋，造访众多海外国家，由此出现了各国争相来朝的盛况。他先后命解缙、姚广孝等主持编纂的《永乐大典》，卷帙浩繁，是中国古代最大的百科全书，也是当时世界上最大的百科全书，比 18 世纪中叶出版的《大英百科全书》要早三百多年。

　　我们在评价一个人，尤其是一个历史帝王时，应全面而客观，站在历史整体进程的高度，努力从他的经历、行事以及思想等多方面进行分析和总结，既要指出他的缺点，又要看到他的功绩。以历史的观点来看，朱棣虽然暴戾，给人民带来了沉重的负担，但仍然算得上是一个雄才大略的君主，也是中国历史上不可或缺的重要人物。经过他完善的中国文官制度，奠定了明、清两朝的政治格局，影响了五百多年的政治生活。

　　永乐二十二年（1424 年），朱棣病逝于北征回师途中的榆木川（今内蒙古自治区西乌珠穆沁旗东南，一说在今多伦县西北）。他戎马一生，最终也在征途上结束了传奇的一生。起初，朱棣葬于长陵，庙号太宗；到嘉靖时期，为了纪念朱棣的丰功伟绩，明世宗改其庙号为成祖，与明太祖朱元璋并列为"万世不祧之君"。

本书以翔实的资料、通俗的语言，再现朱棣这个以藩地雄师问鼎帝王宝座、毁誉参半的君王的生平史事；以客观、严谨的论述，品评永乐一朝的功过得失；以广阔的视角、发展的眼光，引导读者体会历史的进程，品味历史的沧桑。

目录

第八章　巩固皇权兴厂卫

第九章　煌煌文治开盛世

第十章　都司卫所营四境

第一章

孤独少年初长成

第一节　生逢乱世

元朝末年，统治腐朽，吏治败坏，官员贪婪，加之天灾不断，老百姓生活苦不堪言。白莲教首领韩山童与教友刘福通趁机散布"莫道石人一只眼，挑动黄河天下反"的谶语，率领教众揭竿而起，北方民众纷纷响应。他们头裹红巾，打出"虎贲三千，直抵幽燕之地；龙飞九五，重开大宋之天"的旗帜，用手中本该用来劳作的铲、叉，向暴虐的元王朝及官僚地主发起猛烈的攻击。这支历史上著名的红巾军拉开了元末农民起义的序幕。

之后，沔阳陈友谅、随州明玉珍、泰州张士诚、蕲州徐寿辉、瑞州彭莹玉……纷纷划地割据，起兵反元。一时间，天下大乱。出身贫苦、曾为地主放牛，后来又为了能吃上饱饭而入寺当和尚的朱元璋，应儿时伙伴汤和之邀，一同奔赴濠州（今安徽凤阳县），加入红巾军将领郭子兴军中。

朱元璋因为精明能干、智略不凡受到郭子兴的赏识，很快升为亲兵长官，后又娶郭子兴的养女马氏为妻，地位大为提高。

至正十五年（1355 年）三月，郭子兴病死，其子郭天叙及元帅张天佑相继战死，朱元璋掌握了原属郭子兴的军队。

至正十六年（1356 年），朱元璋攻克集庆，将其改为应天府，并得到了"浙东四先生"——刘基、宋濂、章溢、叶琛的辅佐，可谓如虎添翼，从此在应天府扎根。

至正十七年（1357 年），朱元璋又相继占领镇江、长兴、常州、宁国、江阴、常熟、徽州、池州、扬州、婺州、诸暨、衢州、处州，这些多是江南鱼米之乡、丝绸之府。攻克徽州以后，朱元璋做的第一件事就是拜访当地名人朱升，然后采纳其"高筑墙，广积粮，缓称王"的九字方针，韬光养晦。

就在朱元璋为接下来的群雄争霸积累雄厚的财力和兵力之际，元王朝在各方反元势力的冲击下，已是江河日下。

眼看元王朝的统治开始土崩瓦解，可是各支反元势力为了自身利益，竟开始了相互攻伐。

至正二十年（1360 年）暮春，此时的江南，杂花生树、群莺乱飞、山明水秀，一派生机。

四月十七日，应天府，朱元璋正伏案凝思，心情却与外面的宁静祥和截然相反。天下兵戈未止，群雄列峙，应天的上游是另一支由徐寿辉、陈友谅领导的西路红巾军，下游平江（今江苏苏州）则是张士诚的势力范围。为了消灭朱元璋，陈友谅下令打造巨舟，准备沿江而下，直取应天。也许是因为太久没能好好休息，朱元璋居然趴在书案上睡着了。

与此同时，一个相对偏僻的宫殿里却显得熙熙攘攘，人人脚步匆匆。突然，一阵婴儿啼哭声划破天际。再看那婴儿，长得天庭饱满、额冲鼻耸，相貌奇伟，皮红肉嫩，健康可爱。这就是朱元璋第四子——朱棣。

朱元璋还未来得及好好享受再得爱子的喜悦，军报便已传来：陈友谅率军东下，意欲攻打池州。形势危急，朱元璋忙命徐达、常遇春在九华山下设伏，待陈友谅兵临城下，城上扬旗鸣鼓，伏兵尽发，缘山而出，两面夹击。陈军被打得丢盔弃甲，溃不成军。此役斩敌首级万余，生擒三千。四子（朱棣）降世，军队也大获全胜，朱元璋为此喜上眉梢。

至闰五月，局势反转。陈友谅携徐寿辉率领舟师东下，绕过池州，进攻太平（今安徽当涂县）。经多日激战，太平守将朱文逊战死，行枢密院判花云、王鼎及知府许瑗被俘，后殉难，太平再次失守。不久，陈友谅杀其主徐寿辉，尽占江西、湖广之地，建立政权，自称汉帝。徐寿辉旧部明玉珍听说徐寿辉被杀，便自立为陇蜀王。陈友谅又与张士诚相约合攻应天，一时间江东大震。朱元璋得到消息后，忙召集部下商议战守之策，有人提出弃应天奔钟山，有人甚至提议向陈有谅投降，气氛一时凝重起来。

西有陈友谅，东有张士诚，两面受敌，朱元璋深感形势不利。在刘基的谋划下，朱元璋设伏于龙湾，又命与陈友谅有旧交的部将康茂才写信给陈友谅，表示愿为内应。陈友谅果然上当，率水师东下，结果在龙湾中了埋伏，大败而逃，元气大伤。此后几年，朱元璋的势力越发壮大。至正二十三年（1363年），陈友谅与朱元璋在鄱阳湖发生了一场血战。陈友谅拥兵甚众，另有大战船数十艘；而朱元璋的力量则弱小得多，用的是小渔船。但朱元璋的军队上下一心，士气高涨，结果陈友谅大败，后被流矢击中身亡。

灭掉陈友谅后，朱元璋一鼓作气，挥师东进，先灭张士诚，再迫使方国珍投降。至此，南边的半壁河山已成为朱元璋的天下。但直至他登基称帝，中华大地的战火仍未平息。此后又经过数年征战，才统一了全国。长期的战乱，给朱棣幼小的心灵留下了深刻的印记。

第二节　受封燕王

出生于战火纷飞年代的朱棣，幼时并没有得到太多的父爱与关注。在八岁以前，朱棣连个正式的名字都没有，而是像朱元璋那辈人一样，按兄弟排行来称呼。直到至正二十七年（1367年），朱元璋才正式给儿子们取了名字。

这一年的农历十二月二十五日，征伐四方的朱元璋准备转过年来就正式登基称帝，看到自己已经有了七个儿子，加之大势已定，心中十分欢喜。于是朱元璋祭告太庙，给儿子们正式取名：长子名朱标，次子朱樉，往下依次是朱棡、朱棣、朱橚、朱桢、朱榑。

第二年（1368年）正月初四，明王朝在应天城辞旧迎新的爆竹声中诞生，朱元璋即皇帝位，国号明，改元洪武。

立国之初，朱元璋在喜悦之余也开始思考大明天下的长治久安问题。他思前想后，借鉴历史，总结教训，认为周天子大封诸侯，所以行之久远；秦始皇废而不行，所以二代而亡。特别是鉴于宋、元末年宗王衰弱，帝室危难之秋缺少屏护的教训，这位乱世英雄越发感到，只有将儿子们封以爵号，分镇诸地，才能形成一道拱卫天子的屏藩，保证朱氏天下万世一系。

在封建制度下，君主最常用的策略就是以宗室力量来钳制朝中权臣，屏御外敌。朱元璋也不例外，洪武三年（1370年）他首次提出封藩的意思。四月初三这天，他在大宴群臣时说："我亲率师旅，以靖大难，靠皇天眷佑，才平定海内。然而天下之大，必树藩屏，上卫国家，下安生民。现在诸子均已成年，应该封他们爵号，以镇守各地。这并非我私庇自己的儿子，而是遵循古代先哲贤王的榜样，为求国家长治久安。"

"陛下封建诸王,以卫宗社,天下万世之公议。"群臣深知皇帝心意已决,遂同声响应。随后,司礼官向众大臣宣读早已准备好的诏书,准备举行分封仪式。

四月初七的晨钟刚敲过三下,文武百官齐聚奉天殿,殿内悄然无声,端正地摆着宝册案。在鼓声中,朱元璋身着衮冕登上奉天殿的御座。鞭炮一响,司辰官报告典礼时辰已到,隆重的封藩仪式开始了。朱棣身穿九章冕服,和受封的诸王一起,在引礼官带领下走进奉天门,到奉天殿前跪了下来。在宣制官宣读完朱元璋的封藩诏书后,诸王依次进入殿内接受金册和金宝。首先是朱樉,然后是朱棡,第三个便是朱棣了。

奉天殿里庄严肃穆,一切都依照预定程序进行。朱棣很希望像秦王朱樉那样第一个接受册宝,但他更羡慕长兄朱标,朱标已在前两年就被封为太子,当时父皇和百官只为他一人举行典礼。朱棣知道太子将来是要做皇帝的,而藩王不过是藩王罢了。他正在遐想,引礼官已经走到他的面前。他在乐声中被引至御座前的拜位跪下——上面是父皇,父皇身边是太子朱标。接着,读册官宏亮的声音响起:"昔君天下者,必建屏翰。然居位受福,国于一方,尤简在帝心。第四子棣,今封燕王,永镇北平,绝非易事。朕起自农民,与群雄并驱,艰苦百端,志在奉天地、享神祇。张皇师旅,伐罪吊民,时刻弗怠,以成大业。如今你有封国,当恪守礼敬,仁政爱民。体朕训言,尚其慎之。"

宣读完毕,左丞相李善长将金册、金宝一一捧到朱棣手中。朱棣庄重地接过来,交给身旁的内侍,俯身下拜。然后又在引礼官的带领下,在一片礼乐声中走出奉天门。

朱棣得到的金册,实际上只是两片金页,上下有孔,用红绦联缀在一起,开合如同书本。册文均以楷体书写,镌在金册上。册盘以木刻成,上面有一条用浑金沥粉描绘的蟠龙,外面用红罗销金夹袱包裹着。金宝就是一方金印，正面用篆书刻着"燕王之宝"，上面饰以龟纽。金宝放在饰金木箧中，外面也覆着红罗销金夹袱。

这次典礼，齐王朱榑、潭王朱梓、赵王朱杞、鲁王朱檀因为年纪小而没有参加。朱元璋派承制官携带册宝，分别授给他们；最年幼的则由乳母抱着行礼。仪式同样严肃而冗长。

受封当天，诸王还要依次朝谢皇后、太子，诸王之间又要互相致贺，丞相又率百官祝贺诸王，依然是庄重的行礼致辞，鸣鼓奏乐。朱棣内心毫无波澜地跟着规制跪拜、行礼、朝贺，脸上似乎没有多少封王的喜悦。

在一片道贺声中，朱棣的燕王生活从此开始了。这时，他还差十天满十一岁。这个年少的藩王无论如何"天纵英明"，也无法预料自己日后在这座深宫内外会扮演一个怎样的角色。

第三节　宫中受教

身为皇族，虽然锦衣玉食，但程式化的宫廷生活实在是太无趣、太刻板。生活在宫廷中，就好像被一根无形的绳索捆绑着，缺乏自由，正处于贪玩年龄的朱棣对此颇有感触。

朱元璋自己是穷孩子出身，从小没受过教育，后来只是在马背上学了点文化。当上皇帝后，他亲自撰写的诏敕或祭文，语句总是似通非通。比如他为徐达墓撰写的碑文，谁也断不开句。朱元璋一生都为自己文化水平低而感到遗憾，所以他极其重视对皇太子朱标及朱棣等皇子的教育。明王朝建立之初，朱元璋便在宫中修建大本堂，专门供太子和诸皇子学习。大本堂中藏有大量历代图籍，供皇子们观览。老师都是各地的名儒，是朱元璋根据大臣们的推荐亲自写信征召来的。

朱元璋要求老师不但要培养诸子的德行，而且要与他们朝夕论说"民间稼穑之事"和"往古成功之迹"，以使诸皇子了解民情，增长政治见识。"浙东四先生"之一宋濂便受朱元璋礼聘，被尊为"五经"师。

封藩之后，一心想要用儿子取代开国功臣的朱元璋更加重视诸皇子的教育，亲自为诸王选定了相、傅、录事、纪善等官属，都是一些"老成明经慎行之士"。他对这些人这样说道："辅导之臣，就如同法度之器。木匠得到材料后，必加绳削，方能成器。朕将此重任委付你们，你们首先要正己，然后方能为朕辅导诸子，匡其德义，明其善恶，使知趋正而不至于流于邪恶。"

朱元璋听说有一个叫李希颜的宿儒隐居乡间，名气很大，便亲自写信征召他入京来做诸王的老师。李希颜学问大，脾气也十分古怪，上课时手操一把戒尺，诸王有不听教诲的便要挨打。有一次，一个皇子的额头竟被他用戒尺打得肿起一个包来。朱元璋看到后十分心疼，抚摸着儿子被打的额头，越想越生气，准备治李希颜的罪。马皇后连忙在一旁劝解道："师傅以圣人之道教育诸子，是不该责怪的。"朱元璋听后才息了怒。史书中没有记载挨打的是不是朱棣，但他显然也是在这样严肃的气氛中完成学业的。

为了考察诸子的学习情况，朱元璋经常到他们读书的大本堂去，或评论文字，或赐宴赋诗，或讨论古今政事的得失。

除了接受师傅的教育外，朱棣兄弟还要按照父皇的训诫行事。朱元璋命内侍们制成麻鞋和裹腿，规定凡出城去稍远的地方，诸子必须"马行其二，步趋其一"，使这些久住深宫的皇子不因生活优越而矫惰起来。他还命人将古代孝行和自己艰难征战的经历绘制成图画，颁赐给诸子，令他们经常观看。他教育皇子的信条是"富贵易骄，艰难易忽，久远易忘"。

洪武元年（1368 年）冬季的一天，朱元璋退朝还宫，朱棣和众兄弟随侍在父皇身边。他们来到宫中的一片空地附近，朱元璋指点着这块空地对诸子说道："这块空地之上，并非不可以建造亭台馆榭，以作游乐之所。我之所以不建，是因为不忍重伤民力。过去商纣王大造琼宫瑶室，结果招致天下怨恨。汉文帝也曾动过修造露台的念头，因为痛惜百金之费而作罢，结果国泰民安。你们要牢记这些历史上的教训啊！"朱棣和兄弟们认真地听着，他们已经习惯了父皇这种随时随地的教诲。

朱元璋对朱棣兄弟的教育也极重视事实说教。洪武二年（1369 年）五月十二日，朱元璋在回宫途中感到酷热难当，而农夫们却不敢耽误农时，他们"足蒸暑土气，背灼炎天光"，吃力地劳作，盼望着秋天能有个好收成。朱元璋看在眼里，不由得想起自己的童年生活，便下马从独龙冈一直步行到淳化门，到了淳化门才骑马回宫。他对跟随在身边的人说："朕很久没有干过农活了，刚才看到田里的农夫冒着酷暑在耕作，十分辛苦。因为能够体会到他们的劳苦，所以我步行到这里也不觉得劳累。农业是国家的根本，国家的一切需要都来自农业，农民们那么辛苦，而管理这些农民的官员，有没有怜悯过农民呢？古人经常告诫我们，千万不能因为自己生活优越而忘了还有人正处在贫穷艰难的境地。穿衣的时候应该念及织女的辛劳，吃饭的时候应该体会农夫的辛苦，朕因为这个缘故才心中忧伤。"

第二天，朱元璋又与孔克仁及诸皇子说起爬钟山的事，并让内侍叫来一个小僮，朱棣他们一看小僮与自己年龄差不多，一时也不知道父皇要说什么。原来，前一天朱元璋带侍御仆从爬钟山，这个小僮也在里面供役，他虽然跑得面红耳赤、汗流涔涔，却仍然手勤脚快。朱元璋不禁想起自己的儿子们养尊处优是多么骄奢。他暗中记下小僮的姓名，打算以他为例对诸子进行教育。他把小僮叫到诸子面前，对他们说："这个小僮与你们年纪相仿，却已经能奔走服役。你们千万不能因为自己年幼而怠慢了学习，应该朝夕勤勉才对。朕只怕你们久居富贵而沉溺于安逸享乐之中。"不过，无论朱元璋怎样说，朱棣他们这些深居宫墙之内的皇子也无法体会底层百姓的艰辛。

洪武六年（1373 年），十四岁的朱棣从父皇那里得到了两部书，一部是《昭鉴录》，一部是《祖训录》（《皇明祖训》前身）。他翻开《昭鉴录》，书中采录了汉唐以来藩王的善恶事例，但这绝非仅仅是让他读些历史故事。对于父皇的用意，朱棣是很清楚的，他必须竭力效仿那些载入史册的为善的藩王，至少必须让父皇感到他是这样去做的。至于《祖训录》，尽管里面都是些平日听惯了的训言，但朱棣仍然仔细阅读记诵，并遵照吩咐，将其抄写在王宫正殿和内宫的东壁墙上，因为朱元璋认为这样做可以使诸王随时观览自省，做到敬守祖法。

转眼间，朱棣十五岁了。正月里，他随同太子和诸王一起在阅武场祭祀了旗纛之神。仪式并不是很复杂，对朱棣来说是件饶有兴味的事情。阅武场上早已建好了七座神坛，祭祀时太子朱标骑马走在最前面，后边依次是秦王朱樉、晋王朱棡、燕王朱棣……鼓乐齐奏，仪仗鲜明。来到神坛前，仍是太子领头，依次行礼之后，诸王便一起到太子的行幕中去吃祭祀用的胙肉。朱棣参加过不少祭祀活动，和父母兄弟一起祭过天地，祭过功臣，拜谒过太庙。不过这次简单的春祭还有着不同寻常的意义，这是朱棣正式修备武事的开始，预示着他即将成人。

第四节　喜结良缘

洪武九年（1376 年），朱棣已经长成了一个英姿勃发的少年。这一年，朱元璋为他订了一门亲事，这位被御赐的燕王妃出身不凡，正是开国第一功臣魏国公徐达的长女。

徐达与朱元璋是同乡，出身农家，性情刚毅，自幼习武，练得一身好功夫。郭子兴举义，濠州人汤和率壮士十余人参加。朱元璋应汤和之邀，也投身郭子兴部。至正十三年（1353年），朱元璋奉郭子兴之命回乡募兵，年仅二十二岁的徐达欣然应召，从此跟随朱元璋南征北战，立下了赫赫战功。朱元璋当上皇帝后，封徐达为魏国公。

有一天，两人一起下棋，边下边谈论着国事，朱元璋突然话锋一转，问徐达："你看燕王怎么样？"他们君臣私下说话一向随便，不拘小节，即使朱元璋做了皇帝，两人说话也还和从前一样。

徐达说："燕王一身英气，臣至今还记得他小时候的样子……"徐达滔滔不绝地讲起了朱棣小时候的一些事情，赞叹不已。

朱元璋听了哈哈大笑，说："你我布衣之交，何况自古以来，君臣相契便可结为姻亲。你把你的大女儿许配给燕王怎么样？"

徐达听了先是一愣，然后激动地说："太好了，这是小女的福气。"继而又感叹道："臣也成皇亲了！"

朱棣的婚事就这样定了下来。

这一年，朱棣十七岁，徐氏小他两岁，只有十五岁。徐氏虽身为将门之女，但自幼贞静文雅，聪明好学，喜爱读书且过目不忘，因而有"女诸生"的美名。明代称考取秀才入学的生员为诸生，因而"女诸生"是形容如秀才一般博学多才的女子。

后人在史书上经常看到，明皇室依例不得与勋臣通婚，这是指宣德以后的事。在此之前，尤其是洪武年间，皇室与勋臣通婚不但不违禁，而且很普遍。比如，太子朱标娶开平王常遇春之女为妻，秦王朱樉娶宁河王邓愈之女为妻，鲁王朱檀娶的是信国公汤和之女，代王朱桂、安王朱楹也分别娶魏国公徐达的女儿为妻。同样，朱元璋的女儿亦多嫁勋臣之后，韩国公李善长之子李祺、颖国公傅友德之子傅忠，娶的都是朱元璋的女儿。在这种背景下，朱棣娶徐达的长女也就不足为奇了。

订亲的吉日选在洪武九年（1376年）正月二十七日。当天由宣制官在宫中正式宣布"册徐氏为燕王妃"后，遣使持节至魏国公府，行纳采、问名之礼，并定好迎亲日期。

迎亲那天清晨，朱棣率王府官属来到魏国公府。府内早已得知消息，傧相站在府门一侧，按照仪式规定问道："敢请事？"但他并不直接与新郎通话，而由一名引进去跪禀朱棣。"我来奉制迎亲。"朱棣也按照规矩回答，引进再将此话传告傧相。等到徐达迎出大门外，朱棣才在引进的带领下进入府门。他的身后跟着一名执雁的随从，这只雁要交给徐达，再拜过徐达夫人，然后王妃徐氏才由宫人带出，站在母亲身边。父母在女儿出嫁前的最后一句叮嘱也得按规定宣读："戒之戒之，夙夜恪勤，毋或违命。"徐达必须这样说。徐达夫人则说："勉之勉之，尔父有训，往承惟钦。"随后，朱棣便可迎王妃回宫行合卺礼了。

这时的朱棣根本没有料到，这位淑媛文静的将门之女，二十余年后竟在他夺位的战争中发挥了将才之用——她亲自率领女眷们登城战斗，成为朱棣夺位的得力助手。

第二章

勇武亲王显峥嵘

第一节　中都游学

　　洪武十年（1377 年），燕王朱棣婚后不久，朱元璋便命他和兄弟们一起前往中都凤阳。

　　俗话说："读万卷书，不如行万里路。"朱元璋明白，要想让藩王们拱卫的边疆更稳固，各藩王必须严格管理好自己的封地，这就要求他们必须能真正地体察民情。因此，在诸王即将就藩之前，朱元璋想让他们看看祖宗肇基之地，让他们知道前辈创建帝王功业之由兴，明白江山得来之不易，同时也使他们更多地接触民间生活。这对于诸王的成长来说，确实是必不可少的一课。

　　仲春时节的南京城外风和日丽，柳绿桃红。明丽的天空下不时掠过几只春燕。农民们不敢耽误农时，在田间艰苦地进行着那世代如一的年复一年的耕作。融融春光里走来了太子和诸王的大队人马。走在前面的是身着戎装、举着龙旗的军士。一面黄旗居中，青旗、赤旗、黑旗、白旗在四面环抱。每面旗下都有五个身着与旗帜相同颜色服装的军士，他们身背弩弓，英武强悍；接着是举着引幡、戟氅、戈氅、仪镍氅、羽葆幢、青方伞、青小方扇、青杂花团扇的校尉，个个都是鲜衣怒马。那哒哒的马蹄声、滚滚的车轮和轻轻扬起的尘土，打破了春日的宁静。

从南京到凤阳走了近两天时间。凤阳在元朝被称为濠州，属安平路。朱元璋做了吴王之后，这里便是龙兴之地了，自然要有所升崇，于是改称临濠府。洪武二年（1369 年）九月，朱元璋将这里定为中都。其时，应天为南京，开封为北京，临濠的地位一时显得格外重要，若不是刘基等人劝说，朱元璋就要将凤阳作为京师了。不过，朱元璋仍然在中都建了新城。洪武三年（1370 年）十二月新城建成，周围五十里四百四十三步，环置九门。中有皇城，周围九里三十步，环置四门，颇具规模。从新城的修建，可以看出这位开国皇帝经营桑梓之地的一番苦心。一年前太子与秦王、晋王出游中都时，正值凤阳府刚刚迁入临濠新城，城西南的皇陵城也已动工。

凤阳北滨淮河，南临莫邪山，西濠水就源于此山。凤阳以西八九十里有两座山，一是荆山，一是涂山。据说这两座山原本相连，淮水在荆山北麓流过，后来大禹凿山引水穿过其间，使民间免除阻隔之苦。

凤阳虽然离南京不远，但因临近淮河，经常受到洪水的袭扰，与富庶的江南相比显然要贫困得多。在花鼓词中有这样一句：

> 说凤阳，道凤阳，凤阳本是个好地方，自从出了朱皇帝，十年倒有九年荒……

明初的凤阳确实称不上是个好地方，比较穷困落后，所以朱元璋当了皇帝后，把一些富户迁了过去，一是想打击一下这些富户，挫挫他们的锐气；二是想利用他们的财力改变凤阳贫穷落后的面貌。结果却不尽如人意，不仅没让凤阳的老百姓脱贫致富，反而使这些富户也破产没落了，所以民间才唱出这样的花鼓词。

朱棣第一次来到自己的祖籍之地，在这片父皇曾经放过牛羊、当过和尚的土地上，他仿佛看到了那些年父皇艰难征战的场面，对创业之苦有了更深的感受。这也是朱棣第一次体验禁宫外的生活，给他留下了深刻的印象。直到登基之后，他还曾感慨地回忆说："朕少时尝居凤阳，民间细事，无不究知。"

这次诸王去凤阳足有半年之久。其间，朱元璋对秦、晋、燕三王府的护卫做了大规模补充，这也说明朱元璋要安排他们前往封地了。九月初七，他们一行奉命回到京师。朱棣一心想着去北平，当他听到就藩的诏令时，激动不已，然而这次就藩的只有秦王和晋王，没有他的份儿。

在命令秦王、晋王就藩的同时，朱元璋命令朱棣和周王、楚王、齐王再次还驻凤阳。这次到凤阳，朱棣一住就是两年。他是个勤快人，经常到地里干活，与百姓闲聊，逐渐养成了"民间细事，无不究知"的好习惯。更为重要的是，这种艰苦的环境培养了他坚韧不拔的性格和强健的体魄，也为后来的戎马生涯打下了坚实的基础。

在凤阳的生活，可以看成是朱棣宫廷教育的实习阶段。亲眼看到老百姓的贫苦生活后，他时常在想，如果将来由他来治理这个国家，他应该怎么做。后来他当了皇帝，虽然沿用了朱元璋迁民的办法，但是他吸取教训，在方式方法上有所调整，再没有出现过花鼓词中所唱的那种情形。

第二节　就藩北平

朱棣在凤阳先后生活了四年，尽管内心渴望着就藩，但他仍十分谨慎，不动声色地等待着父皇的安排。洪武十三年（1380年），朱棣终于接到了父皇让他就藩北平的旨令。这时的他已是二十一岁的青年才俊。

朱棣接到旨令后兴奋地赶回京师，然而此时的京城却是人心惶惶。洪武十三年注定是一个不寻常的年份。这一年正月，正当大朝之后的大年初二这天，御史中丞涂节告发丞相胡惟庸意欲谋反。原来，胡惟庸当上丞相后，深受朱元璋宠信，权势极盛，多行不法之事。

朱元璋闻之大怒，下令严加审问，又牵扯出御史大夫陈宁等人。告发此事的涂节也受到牵连。

这个被定性为谋反的大案，株连官员及其亲属多达一万五千人，一大批开国功臣名列谋反的"奸党"之列。已经退休回家的宋濂，因为孙子被列为胡惟庸党，也被判为死刑。宋濂是太子朱标的老师，朱标对他极为尊敬，于是为老师求情。但朱元璋就是听不进去，急得朱标要去跳河自杀。最后还是马皇后不肯吃饭，说要为宋先生持斋，才使朱元璋受到触动，免了宋濂一死，将其发配茂州。宋濂年事已高，又经此大难，不久就病故了。这一事件让昔日的功臣们体会到了皇权的威严，魏国公徐达此时正在北方主持军务，但他必将为藩王所取代的趋势已经日渐明朗。

在大肆追治"奸党"的时候，朱元璋突然下令让朱棣就藩北平，其用意让很多人不解。他究竟是急于让儿子们成长起来取代功臣，还是不愿意让年长的儿子们在他身边看到这场残酷的政治清剿？

当然，聪明的朱棣不会掺和这些事情。朱元璋越是大开杀戒，诛杀功臣，朱棣的地位就越发显得重要。洪武十三年（1380年）三月，朱棣告别春光旖旎的江南，率领王府的燕山左右二护卫的五千多名将士，从京师出发，前往自己的藩地北平。这是朱棣期待已久的事情，今后的生活对他来说不但新奇，而且充满了挑战。

北平是通往辽东及塞外一带的咽喉重地。本不十分高大的城垣，在经历了兵燹之后更无昔日的神采，但在和煦的春风中，仍然能够显示出独特的形势。它周围的山峰，从西向东北起伏蜿蜒，群山耸拔，如龙翔凤舞。向东南望去，则是一望无际的平原。朱棣很快就喜欢上了这个地方。

这里曾是前朝的首都，被称为大都。忽必烈和他的子孙们就在这里号令天下，统治着广袤的疆土。不同的肤色、不同的语言、不同的服装、不同的民俗，使这里一度成为真正的世界性都市。如今只有那冷落的皇城宫殿依然显示出昂首挺拔的雄姿，太液池边的春柳依然娇媚地轻拂着水波。十三年过去了，这蜿蜒红墙里的宫殿终于迎来了真正的主人。

燕王府在元宫旧址上改建而成，基本上还保持着元宫旧制。诸王之中，秦王朱樉封藩西安，地处汉、唐故乡，但因相隔年代久远，宫殿已颓然不存。周王朱橚封藩开封，王府建于宋故宫旧址之上，但也相隔久远，难复旧局，无法同北平的燕王府相比。这使朱棣暗暗感到幸运和满意。

朱棣知道，北平虽然已不是全国统治中心，但在军事、政治上仍然占据重要地位。

元顺帝早在放弃大都、北退塞外时，就派驻守太原的扩廓帖木儿（王保保）率军北上反攻大都，结果被徐达乘虚攻克太原，击破其回援之军。后来元丞相也速率军攻通州，再窥大都，又被常遇春回师击败。明军乘机进攻开平（今内蒙古自治区锡林郭勒盟正蓝旗境内），元顺帝北遁，明军大胜。这是元朝恢复故都的最早两次行动，虽然都被明军击败，但表明元军仍然拥有一定实力。在这种形势下，朱元璋派明军进行了一次又一次的北征。

洪武三年（1370年）的北征，徐达大败王保保，擒元郯王、文济王及国公、平章以下文武官员一千八百多人，将校士卒八万多人，王保保携其妻、子、从者北遁和林（位于今蒙古国哈拉和林）。李文忠趁元顺帝之丧攻克应昌（今内蒙古自治区克什克腾旗达里诺尔湖西岸），俘获故元宗室嫡子买的里八剌及后妃、宫人、诸王、将相等数百人，仅故元嗣爱猷识理达腊率数十骑逃逸。

一年多以后，残元势力又趋活跃，朱元璋发兵十五万，分三路再次北征，却遭不利。朱元璋在此后数年敛兵自守，元军则屡有南侵。元主爱猷识理达腊将大权交予王保保，图谋恢复。面对这种形势，明朝加紧练兵，并送还李文忠俘获的爱猷识理达腊之子买的里八剌，给降人以官爵卫士赏赐加以笼络。这时，明王朝与残元之间差不多是相持的态势，残元虽偶尔南下为患，但无法对明王朝造成重大威胁；明军虽偶有出击，也难以给残元造成致命的打击。

从这些情况来看，朱棣是背负着"慎固边防、羽翼皇室"的重任来到北平的，他既感到责任重大，又感到从未有过的畅快，觉得自己终于有了一展身手的舞台。他一直觉得自己与众不同，早晚会当上皇帝。但是，怎么才能当上皇帝呢？当然不能跟他父亲朱元璋抢夺皇位，他的目标是成为朱元璋的皇位继承人。目前皇位的继承人是太子朱标，但朱标过于仁柔，所以年岁稍长些的藩王们就有些不安分了。朱棣也是其中比较积极的一个，而北平就成了他积蓄力量、磨炼自己的舞台。

第三节　奔丧奇遇

在朱棣就藩北平后的第三年，即洪武十五年（1382 年）农历八月十日，马皇后因病逝世。

马皇后并非朱棣的生母，但是他出生后就由马皇后抚养，名义上便成了马氏嫡出。朱棣小时候并不知道这段隐情，年长后虽然渐渐有所察觉，但也不敢且绝不会自认生母，因为嫡出与庶出的区别无人不知。马皇后从未生育过子女，太子、秦王、晋王为李淑妃所生，其余诸王也各有生母，而太子与几个年长的藩王都由马氏抚育成人，也都以嫡出自命，这次藩王们当然都会尽快赶赴京师奔丧，以表孝心。

朱棣听到消息这天，正好是中秋节。噩耗传来，他来不及多做准备，便带着侍从匆匆赶往南京。谁也没有想到，他此次南行奔丧，竟结识了一位"怪杰"，与之同归藩府，从此帮助他谋划夺位之事，最终成就了他二十年后登基称帝的大业。

八月二十六日，朱棣和几个就藩在外的藩王先后赶到京师。城内被一片悲哀笼罩着，从文武百官到普通百姓，都按制服丧。

马皇后去世，最悲痛的当数朱元璋本人。未得到天下之前，他们是患难夫妻，马氏父母早丧，她被父亲的好友郭子兴收为养女，朱元璋投奔郭子兴义军后，颇显才能，郭子兴便做主将马氏嫁给他，婚后马氏一直随军，对于调和朱元璋与郭子兴及其旧部的关系起了很大作用。有一次，朱元璋触怒郭子兴，被关了起来，还不给他饭吃，是马皇后把刚烙好的烧饼揣在怀里悄悄给他送去，结果自己的胸部都被烫伤了。这是多大的情分啊，朱元璋怎能忘记？朱元璋与群雄争战之际，马皇后常常带着女眷赶制军衣、军鞋。打了胜仗，马皇后又拿出自己的首饰来犒赏军队。马皇后待人宽和仁厚，多次劝说朱元璋保全功臣，对待宫中妃嫔、宫人严而不苛，颇为照顾，因此德高望重。这次生病，她自知难以医治，便拒绝吃药。因为她知道，如果她吃了药而病又没好，朱元璋肯定会怪罪太医，甚至杀了他们。她不忍心连累太医为自己无辜受死，所以她宁愿自己病死，这样朱元璋就谁也怪罪不了了。

对于朱元璋来说，这是他当上皇帝以来家庭生活最不幸的一年，五月间他刚刚埋葬了皇长孙朱雄英，事隔三月，马皇后又病故，这位五十五岁的老皇帝有点吃不消了，他一边安排礼部议定马皇后的后事，一边强撑着处理日常政务。

为了表达对结发妻子的深爱之情，朱元璋为马皇后准备了一场非常隆重的葬礼。不料在九月二十四日出殡这天，突然下起了瓢泼大雨，道路泥泞难行，大臣们建议改变葬礼举办方案，或者推迟葬礼。这让本就痛苦万分的朱元璋大发雷霆。此时的朱元璋年岁已大，性格变得更加暴躁。就在朱元璋发火的时候，一个和尚走出来对朱元璋说："雨落天垂泪，雷鸣地举哀。西方诸佛子，同送马如来。"朱元璋向来信佛，一听此话，心里顿时舒服了，由此也避免了一场杀戮。这个和尚就是当时有名的高僧宗泐大师。朱元璋晚年虽然暴躁好杀，但对佛教中人还是比较客气的。宗泐大师不仅懂佛法，更懂人心。所以当满朝文武都战战兢兢、不敢说话时，只有宗泐大师敢站出来劝说朱元璋。

马皇后的殡葬仪式如期举行，她被葬入钟山的孝陵之中。一切都渐渐平静下来，只有宫人们时不时唱起哀歌，听了令人哀痛落泪。

> 我后圣慈，化行家邦。
>
> 抚我育我，怀德难忘。
>
> 怀德难忘，于万斯年。
>
> 怃彼下泉，悠悠苍天。

朱元璋听了更是心酸，决心不再立皇后。

朱棣和几个就藩在外的藩王，为了表示自己的孝敬之心，提请父皇选派高僧，各随归藩国，为已故的马皇后诵经荐福。这一提议深得圣心，朱元璋马上找来僧录司左善世宗泐，要他办理此事。这是僧录司左善世的分内之责，宗泐不敢懈怠，马上行动起来。除了请人选荐外，他自己也推荐了三位高僧，其中一位名叫道衍，被朱元璋安排给了燕王朱棣。朱元璋这一无心之举，也间接成就了另外一位帝王的基业。

第四节　谋僧道衍

这位道衍究竟是何方神圣，又有何神奇本领，竟能辅佐一个不得宠的藩王登上帝位？说起来，道衍还真不是一个普通的和尚。

道衍幼名姚天僖，俗名姚广孝，长洲（今江苏苏州）人。他的父亲是苏州一等一的医师，家境富裕，他从小研修儒家经典，饱读诗书。

道衍十四岁那年，有一天在街上闲逛，迎面走来一群人拥着一个大和尚走过去，锣鼓喧天，鞭炮齐鸣，他瞬间被震撼了。不知怎地，他毅然放弃优裕的生活，出家当了和尚，法号道衍。

当了和尚，大多数人静心修佛，宣讲佛经，六根清净，但道衍不愿只做个佛门清修的和尚，本为佛门中人的他，拜了道士为师。他的道士师父叫席应真，对阴阳术数颇有心得。师徒两人天天对着算筹，看着天象，研究得不亦乐乎。

阴阳术数是一门历史悠久、博大精深的学问，其中涉及宗教、哲学、历法、中医、建筑、占卜，几乎无所不包。能把这门学问研究透了，绝对是古今奇才。

可惜科举不考这些，道衍虽然把阴阳术数研究得十分透彻，却派不上什么大用场，不能靠这些学问去参加考试，也不能拿着辛苦得来的学习成果去给人看风水、选阴宅。满肚子学问、满脑子宏图霸业的道衍，一度沦落到"英雄无用武之地"。

有一年，朱元璋举行了一次考试，命令天下学有所成的僧人都来参加，道衍也去了。然而考试结束后，成绩优异的人并没有被授予官职，只是嘉赏了一件衣服就打发回家了。

回去的路上，道衍经过北固山，有感而发，写下了怀古的诗篇。

京口览古

谯橹年来战血干，烟花犹自半凋残。

五州山近朝云乱，万岁楼空夜月寒。

江水无潮通铁瓮，野田有路到金坛。

萧梁事业今何在，北固青青客倦看。

北固山是三国故地。辛弃疾的一首《永遇乐·京口北固亭怀古》，道尽了多少怀才不遇者的苦衷。道衍作这首《京口览古》自然也有抒发怀才不遇之意。

同行人听了道衍的吟唱，惊讶地说："这哪是你一个参佛的人应该说的话？"道衍听了只是笑笑，没有分辩。

道衍就是这样一个和尚，不甘心一生碌碌无为，和青灯古佛相伴终身，在他看来，就算成佛又怎样，不过是尘世之外那虚无缥缈的一缕青烟。他要的是实实在在的抱负得偿，是翻云覆雨的强大手腕。他不贪财，也不好色，高官厚禄于他真的是过眼烟云。他唯一期盼的，就是证明自己，施展自己的一身抱负。

所以，他放弃了诗词歌赋，放弃了《大学》《中庸》，选择了一条不被世人理解的道路。阴阳术数，经世致用，唯有在尘世中建功立业，才能搅动风云，令天地变色。

从十四岁当了和尚，一直到四十八岁，三十多年间，天下大变，改朝换代，无数英雄纵横天下。道衍是一个很有耐心的人，他始终在等待机会，等待一个可以给他机会的人。

终于，他等来了生命中的贵人——燕王朱棣。

官房中，和道衍一样在等待的和尚还有九位，他们并不知道自己会被哪个王爷挑中，今后又将去往何方。

道衍却丝毫没有焦虑的神情，一副成竹在胸的模样，因为他已经知道自己会和谁一同离开。不一会儿，大殿外响起了脚步声，所有人都伸长脖子朝外张望。道衍端坐在椅子上，感觉心脏在猛烈地跳动着。

当燕王朱棣和兄弟们一起走进来时，一个面容沉静的和尚不打招呼，便冲着朱棣小声说："王爷，请允许我跟随您，我会有大礼赠予您。"

朱棣闻言有些吃惊，但并未放在心上，只是点头笑了笑，算是答应了道衍的请求。道衍一看就知道朱棣不相信自己，便拉着朱棣走到角落里，低声说道："王爷，本僧将送您一顶白帽子。"

朱棣听到这话，也顾不得失礼了，伸手就去捂道衍的嘴，然后往四周扫视一番，观察是否有人注意到他们。

白帽子——朱棣当然不会理解为道衍要送他一顶办丧事的孝帽。能让王爷戴孝帽的，只有皇上驾崩，道衍不可能愚蠢到诅咒当今皇上。这个白帽子另有含义：朱棣为燕王，这"王"字上面加个"白"，不就是皇上的"皇"吗？不得不佩服汉字的博大精深，简单的叠加，就是完全不同的含义。生为皇帝的儿子，有哪个不想当皇帝呢？那种天下唯我独尊、一言九鼎的尊贵，使所有人趋之若鹜。朱棣当然也有征服天下的雄心，但是，在父皇活着时，他不敢有半点非分之想。况且，他那温文尔雅、深得民心的皇兄还好端端地坐在东宫，身为皇帝第四子的他怎么可能有机会？

听了道衍的惊天骇语，朱棣心惊之后，也细细地打量了一番眼前这个和尚，发现此人虽然貌不惊人，但细看则有一副奇异之相。

道衍在朱棣同意自己的请求后，嘴角露出一丝笑意，他知道自己的命运已经和朱棣牢牢地拴在一起，从此以后，要么踏上那条不归路，走向最后的胜利；要么老死在燕王府，郁郁不得志。但他相信燕王绝非池中之物，不会让后一种情况发生。他也相信自己不会看错人。

洪武十五年（1382年），道衍跟随朱棣来到北平，任庆寿寺住持。接下来的十六年，他除了吃斋念佛以外，每天只干一件事，那就是辅佐朱棣招兵买马，为以后继承大统做准备。

第五节 初露头角

朱棣在刚到北平的前几年几乎无事可做，北平的军务由他的岳父魏国公徐达主持，他的生活跟在凤阳时差不多——读读书，练练武，四处体察民情，了解民意。当然，凡是能够成就一番事业的人，都会韬光养晦，深谋远虑，招揽人才。朱棣也不例外，他利用一切机会广纳贤才，不仅与王府护卫们结为死党，还在北方军卫中结交了不少朋友。没过多久，这些人就派上了用场。

洪武二十三年（1390年），朱元璋命燕王朱棣、晋王朱棡分率部队出征漠北。

此次征战不只是大明与残元势力的对决，朱元璋还想要检验一下自己的眼光，考察皇子的能力，所以，他比任何人都希望这两个皇子能带回好消息。

为了确保此次"考试"能够顺利进行，朱元璋还派了几名得力干将跟随两位皇子，以便随时听用。"命傅友德为大将军，率列侯赵庸、曹兴、王弼、孙恪等赴北平，训练军马，听燕王节制，出征沙漠。"傅友德在元末参加红巾军起义，后率部归顺朱元璋，屡立战功，从偏裨升为大将，多次带兵打败元军，平定甘肃、四川、贵州、云南，册封颍国公，加封太子太师。在那时，傅友德简直就是一个常胜将军，当年令徐达铩羽而归的那次征元行动，多亏了傅友德的战绩才不至于那么难看。其余的几个大将也都是身经百战、经验丰富的老将，有他们在，能给第一次上战场的皇子们壮胆助威。

三月初二，朱棣率军出古北口，浩浩荡荡地向北挺进。很快，先头部队便发回消息，称在迤都（今内蒙古自治区苏尼特左旗以北，蒙古国益图附近）发现了乃儿不花的踪迹。朱棣随即带领大部队，朝那个令他心驰神往的战场悄悄前进。

漠北的三月和中原完全是两个季节，江南是一派锦绣丽景，而漠北仍是"雪花大如席"。天公不作美，让第一次率大军远征的朱棣，赶上了恶劣的天气。

对于适应了关内气候的军队来说，漠北之地天寒地冻，长途行军的疲乏让每个人都不想再挪动一步。于是，有部下提出，天气太糟糕，部队应先找个地方避避寒，等天晴了再说。

这个要求并不过分，如果贸然行军，极有可能还未开战就损失不少战斗力。最关键的是，会不会因为放弃休整而令将士们对自己怨声载道，失去了军队应有的凝聚力和对主将的忠心？朱棣当然不想指挥一盘散沙般的军队与敌人作战。

但停下不走，他又不甘心。他知道，大雪的确是敌人最好的屏障，他的敌人在看到漫天雪花时，不知会不会高兴得手舞足蹈。恶劣的天气，往往意味着安全。蒙古人早已习惯漠北的气候，他们知道中原人不会习惯，等中原人习惯了，他们早就撤离，留下一片废墟了。

朱棣知道此刻乃儿不花在想什么。如果真的等雪停了再走，且不说敌人不会留在原地等他们来打，若再想找到敌人的踪迹，茫茫大漠，谈何容易！一时的懈怠，带来的可能是满盘皆输。

为了不让敌人如愿，朱棣立即召集部下，说明自己的想法："天气确实不好，所以敌人不会想到我们会雪中行军，也就不会有所提防，这正是我们前去攻击的最好时机。"

朱棣似乎是个天生的演说家，很擅长鼓舞士气。听了他的话，没有人提出异议，因为所有人都觉得他说得很在理。于是，大军在朱棣的命令下继续全速前进。

暴风雪中，明军逼近了乃儿不花的营地。果然，营地的守卫并不严密，乃儿不花压根没想到明军会在如此糟糕的天气下依然坚持前进。当所有人都认为应该趁着这天赐良机，一举将乃儿不花的军队剿灭时，朱棣又做出了一个令他们不解的决定——全军原地驻扎，不得擅自行动。

大军浩浩荡荡，顶风冒雪地来了，如今敌人就在眼前，却又不让进攻。将士们都不淡定了，几乎没有人能够理解朱棣的决定。朱棣也不过多解释，只是派了一个人前往乃儿不花军中，这个人叫观童。

史料记载，观童和乃儿不花是故交。朱棣派出敌人的老朋友，摆明了是让他去做劝降工作。当观童走进大帐，乃儿不花几乎不敢相信自己的眼睛，大雪纷飞，这个人是从哪儿冒出来的？

观童见到乃儿不花后，两人抱头痛哭。极度恶劣的风雪天气，令明军深恶痛绝，其实敌人也不喜欢这样的天气。大雪封山，天寒地冻，又没有什么军需储备，乃儿不花也被困得很焦虑，见到老朋友，管他来干什么，先痛哭一场发泄发泄再说。哭完了，观童才慢悠悠地开口说："我们燕王已经来了，大军就在你们附近。"

乃儿不花一听顿时愣住了，一支部队神不知鬼不觉地驻扎在自己眼皮子底下，但自己居然毫无察觉，真是太出乎意料了。乃儿不花恨不得把哨兵抓起来砍了。面对大军压境，乃儿不花的第一个反应就是上马逃跑。

观童赶紧拉住乃儿不花，安慰他说："将军别害怕，燕王知道你们也不想打仗，特地派我过来，带你去见他。"惶恐不安的乃儿不花听了这话，才慢慢冷静下来。出于对老朋友的信任，再加上局势对自已不利,乃儿不花只好决定投降,他跟随观童来到明军营地,面见朱棣。

乃儿不花来之前,已经做好了充分的思想准备,大雪天让人家跑了这么远,不被打一顿就不错了,别妄想提什么条件。然而,朱棣不但没有为难他,反而设宴款待他。宴席上,朱棣待乃儿不花很是和气,丝毫没有怪罪他。乃儿不花很高兴,觉得投降是明智之举,他马上返回营地,带领所有将士投降了朱棣。

朱棣不费一兵一卒就收服了乃儿不花,连他的所有粮草牛羊一并接收了。

捷报传到京师,朱元璋兴奋地说:"肃清沙漠者,燕王也!"看来这次"考试",朱棣得的成绩是优秀。

年轻的朱棣第一次亮相就技惊四座,实在令人惊叹。但最让人佩服且畏惧的,是朱棣在这次出征中所表现出的对局势的掌控和强大的忍耐力。

凯旋的朱棣受到了来自四面八方的赞扬,朱元璋很欣慰,自己为大明江山找到了一个可靠的守护者;朱棣也很欣慰,总算在父皇面前露了回脸,从此他不再是普通的王爷,而是可以担当大任的王爷。

韬光养晦藏野心

第三章

第一节　野心渐起

随着朱棣的成长、成熟，以及对封地的良好经营，朱元璋对他渐渐有所重视。此前道衍声称要送朱棣一顶"白帽子"，但那时朱棣当皇帝的念头并不强烈，毕竟太子朱标还在，而自己只是四皇子，只能安安分分地当好一方藩王，在父皇面前好好表现。那么，他的野心是怎样渐渐起来的呢？追根究源，似乎是从朱元璋和朱标父子之间意见相左开始的。

朱元璋白手起家，是从艰苦斗争中成长起来的，而朱标出生时，虽然天下尚未平定，但朱元璋已经是统帅大军征战一方的将领。朱标等于是在太平环境中成长起来的。这就使父子俩有着截然不同的气质和品性。朱元璋主张以猛治国，刑用重典，运用法庭、监狱、特务和死刑来震慑官民，使人畏惧他。太子朱标则主张施行周公、孔子之道，讲仁政，讲慈爱，务求治狱之平恕，杀人愈少愈好。

为了加强皇权，保证大明江山的永固，朱元璋绞尽脑汁杀戮功臣，铲除异己。朱标却顾及将相先前的汗马功劳，照顾亲族兄弟、师生的情谊，宽大为怀。一个严酷，一个宽大，朱元璋命朱标省决章奏，朱标更自作主张"于刑狱多所减省"。父子二人的分歧越来越大，有时甚至发生冲突。宋濂获罪时，朱标为自己的老师向朱元璋求情："臣愚戆，没有别的老师，请求陛下哀矜，免其一死。"朱元璋大怒说："等你做了皇帝再赦免他。"朱标吓得手足无措，一度想要自尽，幸亏随从相劝才作罢。朱元璋知道后又大怒："这个痴心儿子，我杀人关你什么事！"

马皇后之死始终是朱元璋心头的伤痛，他为此变得更为暴躁，郁郁寡欢，动辄杀人。朱标心里很不是滋味，找机会劝谏道："陛下杀人过滥，恐伤和气。"朱元璋听了甩袖而去，第二天还故意叫朱标拿起一根放在地上的荆条。朱标见荆条上都是刺，面有难色，不敢拿。朱元璋说："你怕有刺不敢拿，我把这些刺都去掉了再交给你，岂不是更好？为了你能当好这个家，我才清除天下这些奸险之徒。"朱标却说："上有尧舜之君，下有尧舜之民。"朱标说得虽然隐晦，但意思很清楚，即有什么样的皇帝，就有什么样的臣民。朱元璋一听更加恼火，举起椅子就朝朱标砸过去，朱标只好逃走。史书还记载了一件事，说朱元璋嫌太子过于仁慈，有一次让人抬一具尸骨放在太子面前，以刺激太子。太子不胜悲戚，连声哀叹。

这些事情的接连发生，让朱元璋与朱标父子二人的意见渐渐相左，分歧越来越大。天长日久，朱元璋便没有以前那么喜欢朱标了。

随着年龄的增长，朱元璋的精力大不如前，希望太子能够帮忙处理政务，一是为自己分劳，二是让未来的皇帝早日参政，锻炼其治国能力，将来成为像汉文帝那样的圣君。然而，上天总是爱捉弄人，洪武二十五年（1392 年），太子朱标出巡西北归来后就病倒了，朱元璋遍寻天下名医前来医治，却丝毫不见效果，朱标在这年四月病故。一时间，举国震惊。

　　朱标的死让朱元璋痛彻心扉。尽管父子二人之间已然产生了嫌隙，但朱标毕竟是他的长子，白发人送黑发人，是为人父母最痛苦的事情。而且朱标一出生就是朱元璋的重点培养对象，从世子到太子，朱元璋倾注了大量的心血在他身上。如今朱标还没发挥出自身才华就撒手而去，等自己百年之后，谁来接管这个江山？朱元璋陷入了极度的悲哀和痛苦之中，等身体稍有恢复后，他的头发、胡须全都花白了。

　　自古以来，选定皇储是国家大事。皇太子病逝，只能再次选择皇储。按照嫡长子继承制，嫡长子朱标死后，应由朱标的嫡长子来继承，可是朱标的嫡长子朱雄英在几年前就死了，而朱标的次子就是朱允炆，即后来的建文皇帝。按理说，朱元璋次子秦王朱樉也有继承的资格，但朱樉不争气，前不久刚被朱元璋召回京师训斥了一顿，要不是太子劝解，其封号都要被废掉了。因此，朱樉是绝没有机会被立为太子的。朱允炆聪明，但朱元璋嫌他过于儒雅文弱，特别是他还有那么多拥兵在外的叔父，担心他难以统治。

　　自从燕王朱棣立了头功，朱元璋越发觉得燕王跟年轻时的自己很像，一度想立燕王为太子。据说有一天，朱元璋与几个亲近大臣密议立储之事，他说："太子去了，皇长孙弱不更事，治理国家必须要有实力，我想立燕王为皇太子，你们以为如何？"翰林学士刘三吾说："立燕王，置秦、晋二王于何地？况且皇孙年长，可以继承皇位了。"刘三吾一句话点醒了朱元璋，是啊，秦王、晋王都比燕王年长，不立他们而立燕王，于宗法伦理不合。他思来想去，最终决定立朱允炆为皇太孙。

　　朱标的死令朱元璋苦恼不已，但对于其他皇子来说，却是个千载难逢的良机。这一次，所有藩王都站到了同一条起跑线上，有了公平竞争的机会。虽然死去的这个人是他们的兄长，但在至高无上的权力面前，亲情是最先被抛弃的东西。

　　朱棣的内心也蠢蠢欲动，他好像看到祈求多年而不可得的金光大道就铺展在自己面前。太子朱标在世时，他不敢有任何非分之想，只求能够表现得好一些，多得些恩宠。现在不同了，太子一死，他也有了竞争皇位的资格，遍览所有藩王，只有自己战功赫赫，深得父皇的赏识。再加上他一直以来都表现得非常出色，看来皇位继承人非他莫属。朱棣很开心，但现实却很残酷。

　　正当所有藩王摩拳擦掌，准备好好表现自己，以博得父皇的青睐时，不按常理出牌的朱元璋宣布了自己的决定：立皇长孙朱允炆为皇太孙，作为大明王朝的下一任接班人。藩王们既震惊又愤懑，更多的是对父皇的不解，朱允炆只是个毛头小子，凭什么能当储君？尤其是朱棣，对于自己这次没能被立为皇太子，更是不甘心。论才能和努力程度，他远胜于其他的兄弟子侄，就因为晚出生几年，无论他怎么努力都无法成为接班人，怎能让他甘心？当然，他现在有再多的不满也只能埋在心里，毕竟父皇还活着，他不能轻举妄动，只能耐心等待。

　　那么，立朱允炆为皇太孙，真的是朱元璋的无奈之举吗？朱允炆生于洪武十年（1377年）。古人描写"真龙天子"，总爱用"龙凤之资，天日之表"，"头骨方圆，燕颔虎头"等字眼，但是这些词汇却一个也用不到朱允炆身上。他一生下来额颅就有缺陷，头盖骨又偏又歪。朱元璋有一次摸着他的脑袋，叹气道："怎么像半边月亮呢？"但是，朱允炆天资聪颖，学习刻苦，又受到良好的教育，所以才识过人，随着时日的增长，朱元璋也渐渐喜欢上他，遂立他为皇位继承人。

　　此后，步入老年的朱元璋又开始了对储君的培养。为了使皇太孙得到锻炼，朱元璋常常让他学习律法，见习政务。朱允炆的才智在见习处理政事时得到了表现。当时朱元璋的统治十分严酷，而朱允炆处理政务则以宽大为本。他阅读《大明律》后，认为所订律法过于严苛，要求修订五条，这一建议得到了朱元璋的称赞。他说："辅助教化才是申明刑法的目的，为了顺乎人情，应该修改涉及五伦的律例。"后来，朱允炆参考《礼经》及历朝刑法，修订了七十三条。

朱允炆在参与处理一些刑狱时，更是表现出其机敏过人之处。常州有子杀父一案，朱允炆认为是继母诬陷儿子。朱元璋不信，便命人拘拿犯人的邻居、婢仆进行审问，果然朱允炆所断正确。原来，案中抱病多年的父亲死于庸医的错诊，继母素恨儿子，便力证为其子所杀。朱元璋说："竟会是这样！刑法不可不慎呀。太孙不但仁德，而且明断。我可以无忧虑了。"还有一次，朱允炆怀疑巡逻的士卒提到的七个强盗中有一个与其他人不同，一审问，果然这是一家田主的儿子，六个佃客为盗，劫其同行，他本想去自首却先被擒。朱元璋对此很是惊奇，问道："你从何处看出他的不同？"朱允炆回答道："《周礼》中就谈到'色听'，《尚书》中也写到'惟貌有稽'，这个双目炯炯、视听端详的人当然不是强盗。"朱元璋感叹地说："断狱者不可不读书呀！"

由此可见，让朱允炆继位，并不是朱元璋的冲动之举，而是经过深思熟虑的。朱元璋明白，现在国家看似安定，但外患仍在，不可掉以轻心。他为这个皇孙安排好了一切，让自己的儿子替他守卫国土，他只要安心地坐拥天下，好好善待臣民就可以了。

朱元璋一直忌惮一些功臣对皇位的威胁，对功臣大肆诛杀，实际上，真正觊觎兵权的还是他自己的子孙。

当时，朱元璋的儿子除太子朱标以外，都被封了王，安排在全国各要害之地，目的是屏藩皇室。这些藩王既享有优厚的待遇，又握有重兵，特别是分封北方地区的藩王。这些手握兵权的藩王都是朱允炆的叔父，个个都做着皇帝梦。所以，他们根本看不上朱允炆，没把这个侄儿当回事。

洪武末年的一天，朱元璋和朱允炆在一起聊天，朱元璋说："备边抵御外侮，交给你的皇叔们负责，只要边境上没有战争，你就可以放心地做你的太子了。"不料朱允炆却说："如果叔父们有异心，谁来对付呢？"这个出乎意料的问题竟问住了朱元璋，他也不知道应该如何解决这个问题，于是把皮球又踢给了朱允炆，沉默良久才问："你觉得该怎么办呢？"朱允炆回答："以德争取他们的心，以礼约束他们的行，若无效就削弱他们的属地，再不行就只有更换他们的封地，兴兵讨伐是最后一条路。"朱元璋听后默默地点了点头，觉得皇太孙更加成熟了。

朱允炆的回答看似有道理，可说起来容易做起来难，当这些叔父实力日渐壮大、窥视皇位时，他不可避免地陷入了进退失据的境地。

第二节　奔丧风波

有人说，人生最大的不幸莫过于三件事：幼年丧父、中年丧偶、晚年丧子，而朱元璋一个都未能避免。太子朱标死后，朱元璋无奈地立了朱允炆为皇太孙，一边忍着丧子之痛对其进行精心培育，一边巩固江山扫除威胁，为朱允炆铲除障碍、铺平道路。

立皇太孙的第二年，洪武二十六年（1393 年），朱元璋一手制造了"蓝玉案"，借此大开杀戒。开列于《逆臣录》中的功臣，除凉国公蓝玉外，还有吏部尚书詹徽、户部侍郎傅友文、开国公常升、景川侯曹震、鹤庆侯张翼等人。被指为"蓝党"而杀掉的大约有一万五千人。朝中刚勇之士几乎被诛杀殆尽，侥幸未入案的少数功臣也朝不保夕。

两年后，不幸又降临到了朱元璋头上。洪武二十八年（1395 年）正月，秦王朱樉受命率平羌将军宁正等人征洮州（今甘肃临潭县）获胜，受赏赐甚多，不料在三月却因病而亡。

朱樉是朱元璋的第二个儿子，虽然没有什么建树，而且屡有过失，但毕竟是至亲骨肉，对于他的死，朱元璋同样悲痛难当，心如刀绞。

祸不单行，洪武三十一年（1398年）三月，晋王朱棡也不幸病故。相对秦王朱樉，朱元璋更加钟爱晋王，而且这是他第三次遭遇丧子之痛，内心的悲痛可想而知。为了表示对晋王的哀悼，他下令辍朝三日。这一年朱元璋已经七十一岁，几个年长的儿子都先他而去，使这位老皇帝伤心至极，身体一天天垮了下来。是年五月，朱元璋一病不起。

洪武三十一年（1398年）闰五月初十，南京城外飘洒着绵绵细雨，如诉如泣。皇宫中，朱元璋形神憔悴，静静地躺在龙榻上。七十一年的风雨坎坷、殚精竭虑，他太疲劳了，撑不下去了，带着七分满足、三分忧虑离开了他一手缔造的大明王朝和他的子孙们。大殿内哭声一片，皇太孙朱允炆更是痛哭失声。

朱元璋去世的第六天，皇宫中举行了新帝登基大典。朱允炆在奉天殿内登基继位，以次年为建文元年，并大赦天下。接着，又举行了隆重的葬仪，太祖高皇帝朱元璋被埋进了其生前选定的钟山孝陵。

大臣们很快便发现，在这位年轻皇帝的脸上，丝毫看不出新主君临天下的兴奋之色。二十二岁本该是一个无忧无虑的年纪，而身为一国之君，朱允炆的肩膀上却扛着整个国家，这恐怕是普通人难以想象的沉重负担。

一天，建文帝愁容满面地召集群臣议事，众臣以为他还沉浸在先皇驾崩的悲痛之中，纷纷出言劝慰。建文帝却摆摆手，示意自己并非因此事而烦恼。原来，他听说各地的藩王都要来参加朱元璋的葬礼，担心这些藩王会闹事。他问众臣："朕担心诸王齐集京师会出乱子，众位爱卿，你们说该怎么办呢？"

太常寺卿黄子澄建议说："诸王各拥重兵，都聚到京师，确实令人担心，陛下想的非常正确。但是他们要来，陛下可以下诏阻止他们。"

建文帝说："下诏阻止，诸王肯定不服，甚至会有所怀疑。"

黄子澄说："所以陛下必须早点颁发诏书，让诸王以地方为重，不用来京师奔丧，就在自己的封地表示哀悼，这样便可阻止他们前来。"

建文帝点头表示同意："爱卿言之有理！"于是命翰林草拟诏书，即刻颁行。

诸王接到诏书后都很愤怒，纷纷表示："父皇驾崩，这是多大的事情啊，就算是平民百姓，也必须扶棺痛哭一场，何况我们这些皇亲，哪有不参加葬礼的道理？说什么要以地方为重，让王国吏民全听朝廷节制，这是什么道理？这些与丧礼遗诏有什么关系？分明是担心我们去参加葬礼会闹事，这才借遗诏之名压制我们！"

各位藩王虽然恼火，却没有一点办法，只得在封地表达自己的哀悼。而燕王朱棣一得到父皇驾崩的消息就飞速往京师而去，等到遗诏下达时，他已经到达淮安了。

朱棣知道诏书肯定是阻止自己返回京师的，所以不愿打开诏书，他说："这诏书原本是让本王在封地打开阅读的，现在本王已经出了封地，虽然在路上接到了，但本王不敢违抗圣旨在路上阅读。还是麻烦钦差先到本王的封地去，等本王快马到京师参加父皇的葬礼后，回到封地再阅读这诏书，这样于情于礼都合适。"

宣诏官不敢强迫朱棣打开诏书，但是又知道诏书正是阻止他进京的，如果放了他，自己必定会获罪。于是，宣诏官对朱棣说："下官深为殿下的大孝感动，殿下肯定不愿这样匆匆而来又无功而返。只是殿下恰好碰到了遗诏，如果不打开而执意前往，似乎也不恰当。下官请求殿下暂缓几日，容下官派人连夜回京禀报，请陛下做决定。殿下以为如何？"

朱棣无奈，只好容他回禀上奏。几天后，朝廷派人带着敕书而来，勒令燕王朱棣回转北平，只允许他的三个儿子朱高炽、朱高煦和朱高燧赴京师祭奠。朱棣闻言顿时火冒三丈："本王已经到了这里，不消几日就可到达京城，却不让本王到陵前哀悼父皇，这是要断绝人伦吗？既然没有父子关系，哪里还有君臣之情？"说完便恨恨地回去了。

回到北平后，朱棣立即找来道衍，大吐苦水："父皇驾崩，本王想去京城看看新帝与大臣们的情况，没想到皇上接连下了两道诏书让我回来，真是太可恶了。"

道衍说："殿下不必恼火，遗诏只能阻止殿下不去京师会葬，并不能强迫殿下一辈子不进京。等到先皇葬期过去，殿下可以悄悄进京去查看一番。难道皇上还好意思下诏阻拦？"朱棣闻言豁然开朗，笑着说："先生说的有道理！"

建文元年（1399年）二月，距离朱元璋驾崩已经过去了一段时间，朱棣以为朱允炆对藩王的约束没那么严了，便悄悄返回南京，走到关外才向朝廷报告。建文帝得知朱棣的行踪后，也不好再阻拦，只能诏令朱棣入朝。

朱棣原本就是豪侠之士，平素傲慢自大。建文帝是他的侄子，一向仁柔，所以朱棣压根不把新皇朱允炆放在眼里。来到殿前，朱棣往身旁一看，只见文武官员僵硬地站在两旁，如木偶一般，于是昂首阔步地走上朝堂，连个眼神都不愿给这些人。朝堂之上，他既不下跪，也不行君臣之礼，而是笔直地站在那里等候宣诏。

这时从左班朝臣中出来一个人，手拿奏折，跪伏在大殿中间，上奏道："自古以来，天子是最尊贵的，君臣之礼最大。如今燕王擅自骑驰御道，上朝不拜天子，这是目无圣上，理应治罪。"

朱棣闻言大吃一惊，急忙跪下奏道："微臣既然来到朝堂，怎么可能不跪拜？只是匆匆赶路，伤到了双脚，没法行礼，所以才站在这儿候旨。"建文帝闻言说："皇叔是朕的亲人，无须多礼。"

建文帝话音刚落，从右班朝臣中又走出一个人，跪下上奏："任何朝代的天子都有叔伯子侄这些亲戚，无论什么人在朝堂之上都要行君臣之礼，下了朝堂才能叙叔侄亲情。燕王如此傲慢无礼，理应依法治罪。"

建文帝又说："朕与皇叔是至亲，朕不计较这些，不必问罪。皇叔可暂行退下，待朕下了朝，回宫后再行相见。"朱棣得了旨令后便退了出去。

朱棣走后，户部侍郎卓敬跪下上奏："燕王谋略过人，颇有先帝风范，而且封藩北平。北平是什么地方？那是昔日金、元的经略之地，是繁华之地。不如趁他刚有异心，尽早除掉他，以绝后患。如果陛下顾念叔侄亲情，不忍心诛伐他，也可以将他的封地迁到南昌，这样也可绝此祸端。"

建文帝闻言，惊问道："燕王是朕的亲人，爱卿为何要这样说？"

卓敬道："隋文帝与隋炀帝还是父子呢！"

建文帝思索良久，道："爱卿先退下吧，让朕好好想想。"卓敬恭身退下。

且说朱棣出了朝堂后，便问随从："刚才大殿里出来劾奏本王的两人是谁？"

随从道："右边走出来的是御史曾凤韶，左边走出来的是侍中许观。"

朱棣感叹道："谁说朝中无能人？"说完不禁冷汗涔涔。

等到与建文帝在宫中见面后，朱棣担心事情有变，遂急匆匆地回了北平，连三个儿子都没带上。这次京城之行，让朱棣看到了建文帝对藩王的忌惮及朝中大臣对藩王的防范，他有预感，朝廷要对藩王动手了。

第三节　建文削藩

朱棣在京城及朝堂上的行为，犹如一根尖刺，深深地扎在了建文帝心上，他强烈意识到藩王对皇权的威胁，意识到自己的皇位岌岌可危。这天，他秘密召来太常寺卿兼翰林学士黄子澄说："先生可还记得那天在东角门说过的话？"黄子澄点头道："臣时刻不敢忘。"黄子澄当然知道皇帝说的是什么事情。

原来，当年朱元璋与朱允炆谈起自己用儿子取代功臣守卫大明江山的计划后，朱允炆郁闷地走出大殿，在皇宫的东角门遇到了黄子澄。黄子澄见他满腹心事的样子，关切地问道："殿下有什么心事吗？"朱允炆似乎找到了倾诉对象，长叹一声说："诸王都是我的长辈，各拥重兵，所作所为多有不法。现在皇祖父还在，不会有什么事情。等皇祖父百年后就不好说了，到那时我该怎么办？"

黄子澄早就看出了藩王制度存在的弊端，便直截了当地说："这有何难，诸王的护卫军队并没有多少，只够他们自卫的。而朝廷的军卫犬牙交错，诸王一旦有异动，只要派大军出征，谁能抵挡得了？比如汉朝的七国之乱，七国力量不可谓不强，最后还不是被朝廷消灭了？这就是以大制小、以强制弱的道理。"黄子澄的意思很明确，那就是削藩。

黄子澄在洪武十八年（1385年）时考取了会试第一，历任编修、修撰、太常寺卿等职，伴读东宫，与朱允炆关系密切，朱允炆即位后又让他兼翰林学士，以便参与密议。

这是朱允炆登基后第一次谈及藩王之事，算是给了黄子澄一个暗示——他要对藩王下手了。作为建文帝的心腹之臣，黄子澄自然心领神会，出了皇宫便直奔兵部尚书齐泰家，找齐泰商议此事。

齐泰与黄子澄是同年进士，于洪武二十八年（1395年）被提拔为兵部左侍郎。朱元璋临终时，齐泰召授顾命辅佐皇太孙，朱允炆登基后，命他与黄子澄同参国政。齐泰和黄子澄关系密切，而且对建文帝忠心耿耿，在削藩上也意见一致，因而成为建文帝削藩的得力助手。

齐泰从用兵的角度出发，主张"擒贼先擒王"，应先削夺燕王朱棣的藩地。当时在诸藩王中，燕王势力最强，又是诸王所向，对朝廷的威胁最大。如果把燕王的封地削掉，其他藩王也就没什么可怕的了。但是，黄子澄却持不同意见。作为翰林学士，黄子澄是个纯粹的文人，做什么事情都讲究要师出有名。他说："要削藩，首先得有个理由。燕王又没犯什么错，只因为势力强大就要削掉，别人会议论的。要削也得从那些犯错的藩王下手，这样才合情合理。周、齐、湘、代、岷诸王，在先帝时就多有不法之事，削之有名。如今要问罪，可以先从周王开始。周王是燕王的同母兄弟，削了周王就等于剪除了燕王的手足。"

齐泰听了觉得挺有道理，便放弃了自己的主张。二人商量好之后，第二天就上报给了建文帝。于是，建文帝的削藩计划就从周王朱橚开始执行了。

周王朱橚是朱元璋第五子，生于至正二十一年（1361年），最初被封为吴王，因朱元璋称帝前称吴王，故又改封周王，就藩于河南开封。朱橚是一位多才好学的藩王。因为多才，他有些恃才自傲，做下了一些不安分的事情。洪武二十二年（1389年），朱橚竟然擅自离开封地，到了凤阳。朱元璋知道后非常恼火，打算将他改封云南，后又改变主意，将他留在京师，让他的长子掌管王府事宜，两年后才放他回藩。

洪武三十一年（1398年）八月，朱元璋驾崩不到一百天的时候，朱橚次子、汝南王朱有爋向朝廷递送了一封举报信，举报其父周王有谋反的嫌疑。

按照明朝的分封制度，藩王的嫡长子称世子，藩王去世，就由世子袭封，仍为周王，次子则被封为郡王。朱有爋被封为汝南王，但他是个不安分的主儿，一心想要继承王位成为周王，因此将父兄视为眼中钉、肉中刺。他得知朝廷有削藩的意图，就想借朝廷之手除掉父兄。这封密信于建文帝而言，就好比正瞌睡着，有人送来了一个枕头。

很快，建文帝命曹国公李景隆带兵北上，表面上是去北边巡边，走到开封时，李景隆却让大队人马在城外扎营，然后带着几百亲随去拜访周王朱橚。李景隆本也是附庸风雅之人，和一向喜欢曲艺的朱橚有着共同的爱好，关系还不错。朱橚听说李景隆来了，甚是欢喜，立即备下酒席款待。

酒宴的气氛十分融洽，二人赏曲谈心，把酒言欢，颇有酒逢知己千杯少的意味。不料喝至酒酣耳热之时，李景隆突然把杯中酒一饮而尽，然后把酒杯重重地摔在地上。这个情节一出来，大家就知道怎么回事了——暗号！李景隆的亲卫得到暗示，一哄而上，将朱橚拿下。欢乐的气氛消散殆尽，朱橚还一脸茫然，转眼就成了囚犯。这时，李景隆不慌不忙地取出皇帝诏书，宣读了周王有负先皇、图谋不轨的罪行。朱橚一听，当场就崩溃了。他早就听到了削藩的风声，但他做梦也没想到自己是被削的第一个。

随后，朱橚被押解到京城，建文帝很快宣布将其贬为庶人，剥夺作为藩王的一切待遇和荣誉，然后发配云南蒙化。后来，建文帝听从朝臣的建议，又将朱橚送进了朱元璋当年修建的专门关押有罪的皇室成员的监狱——凤阳高墙。

朱棣收到周王被贬的消息时，正在北平燕王府为父皇朱元璋守孝。他的三个儿子还在京师，如今同母兄弟又被贬为庶人。这让朱棣顿时感觉到了危机，认为朝廷对自己下手的日子不远了。但是周王的罪证言之凿凿，他也不便公开反对，于是一面密令手下亲信拣选壮士，加紧做好兵变的准备；一面写了一份言辞恳切的奏书，为周王求情。在奏折中，朱棣说周王犯错，他没有什么可说的，只希望建文帝"体祖宗之心，廓日月之明，施天地之德"。

建文帝本是仁柔之人，见朱棣提到祖宗亲情，心马上就软了。他当即召齐泰、黄子澄进宫，把朱棣的奏折拿给他们看，并说："削藩之事不要进行下去了。"

俗话说，开弓没有回头箭，这计划才刚刚开始，怎么能喊停呢？齐、黄二人非常着急，恳请皇帝慎重考虑。二人出了宫，私下商议道："皇上这是妇人之仁啊，是要坏大事的。"他们打定主意后，又回去劝说建文帝，对其极陈利害，建文帝的削藩之心才又坚定起来。

同年（1398年）十二月，代王朱桂被人以"贪虐残暴"的罪名弹劾。代王是朱元璋第十三子，生母是郭惠妃，即郭子兴之女，就藩于大同。朱桂脾气暴躁，经常做出欺男霸女的事情，得罪了不少人。削藩政策下来后，关于代王的举报材料理所当然地摆到了建文帝的龙案之上。朱桂也被贬为庶人，关押在他的封地大同。

接着被废的是湘王朱柏。他是朱元璋第十二子，就藩于荆州，是个颇有文武才能的人物。有人告发他私印宝钞，牟取暴利并干扰国家经济秩序。建文帝降旨切责，朱柏性格刚烈，面对前来捉拿自己的官军，即兴发表了一场演讲："本王听说太祖时代的大臣，都不愿受辱，以自杀来表明心迹。本王身为高祖的皇子，面南称王，怎么能像奴才一样束手就擒呢！"说完就在王府内放了一把火，和妻子儿女一起自焚。朱柏用这种悲壮的方式表达了对新皇的抗议。

齐王朱榑是朱元璋第七子，就藩于山东青州。洪武二十三年（1390年），朱榑曾随燕王朱棣北征，据说他非常喜欢武艺，但是"性凶暴，多行不法"。有人告发他行叛逆之罪，建文帝将他召至京师，削除王爵，废为庶人，与周王关在一起。

其后，岷王朱楩也未逃脱被废的命运。他是朱元璋第十八子，就藩于岷州（今甘肃岷县）。西平侯沐晟上书揭发了他诸多不法行为，建文帝遂将其废为庶人，徙往漳州。

第四节　步步紧逼

建文帝一口气削废五藩，力度不可谓不大，似乎颇有些气魄。然而，他毕竟是个仁柔的皇帝。五王连续被削，特别是湘王朱柏的自焚，让他产生了沉重的心理压力。他不时感到，削夺诸藩似乎违背了人之伦常，因而不免心怀愧疚，在下手时迟疑不定，甚至进退失据。处于权位与人伦矛盾中的建文帝，时时希望用亲情来解决他与燕王之间的矛盾，化干戈为玉帛。

所以，在连削五藩后，本该对藩王之首燕王动手时，建文帝却犹豫起来。这让一帮大臣十分着急。当初朱棣上书为周王求情，齐泰就曾劝建文帝早点对朱棣下手："既然已经把周王抓了，众王中实力最强、威胁最大的当数燕王，他长期镇守边关，名声日渐增大，不如趁机把他废黜，以免留下后患。"建文帝却说："你这样说也对，可是我刚刚登基，立足未稳就连削数王，难免让天下人非议，暂时先放一放吧。"这让齐泰、黄子澄等强硬削藩派又恼又急，但又无可奈何。

一天，建文帝收到四川岳池教谕程济的一份奏疏。程济在奏疏中说："北方兵起，期在明年。"意思是说，明年北方将要发生军事政变。建文帝看过奏疏后非常生气，说程济是"无端妄言"，让人把他押到京师，要将他处死。程济大呼"冤枉"，说："请先把我关押，如果朱棣一年之内不反，再杀我不迟。"于是，程济被关进了死牢。

连远在四川的程济都看出了朱棣的反意，建文帝难道看不出来吗？当然不是，他只是不愿闹得太难看罢了。程济此举也只是忠臣的一个正常反应。

程济之后，告发燕王谋反的情报纷纷向朝廷飘来。建文帝的心也不安定了，召来齐泰、黄子澄商议对策。

建文帝说："现在不断有人来告发，说燕王要造反，你们认为呢？"

齐泰心里嘀咕："这不是早就对您说过了吗？"但他表面上则是一副诚惶诚恐的样子，说："是的，微臣也不时听到这样的消息，如今我们所顾虑的只有燕王了，陛下您来决定动手时机吧。"

建文帝说："虽然有不少人告发，但我们没有真凭实据，怎么动手？"

黄子澄有点恨铁不成钢地说："先发者制人，后发者制于人，陛下千万别落得为人所制啊。"

建文帝说："燕王足智多谋，善于用兵，恐怕不好对付。"

齐泰知道建文帝这种瞻前顾后的性格不是一时半会就能改变的，便出主意说："目前北部恰巧不太平，可以以加强边防为名，派军队驻守开平，同时命令燕王的军队全部开拔塞外，先剪除他的羽翼，这样他便是再有能耐，也折腾不起风浪来。如果现在不采取行动，以后肯定会铸成大错。"

建文帝深以为然，便同意了齐泰的办法，任命工部侍郎张昺为北平布政使，谢贵、张信为北平都指挥使，并责令他们严密监视燕王的动向，及时密报。同时，加封魏国公徐辉祖为太子太傅，与李景隆一起统帅全国军队，以便用武力解决燕王。

建文元年（1399 年）正月，朱棣派长史葛诚进京奏事。建文帝单独召见葛诚，询问他有关燕王府的事情。葛诚把自己所知道的情况和盘托出。建文帝听后对葛诚大加赞扬，并命他回燕王府，秘密监视燕王的一举一动，随时向朝廷报告。葛诚离京返回燕王府之后，朱棣向他详细询问京中情况，葛诚心虚，应答时难免神情紧张，因此引起了朱棣的疑心。此后，一些机密之事就不让葛诚参与了。这就使建文帝的这一秘密间谍没发挥应有的作用。

同年三月，建文帝派遣都督宋忠、徐凯率兵屯开平、临清及山海关，防备朱棣有什么异动。北平燕王府护卫军中的精锐，大都被抽调到开平；北平、永清二卫军，被派到了彰德（治所在今河南安阳）、顺德（今河北邢台）；就连曾经跟随朱棣北征立功的观童，也被召到了南京。

后来，建文帝又接连派了一些官员赴北平，观察燕王的动静。刘璟是明初著名谋臣刘基的儿子，不仅饱读六经，而且喜谈兵事，可谓文武全才，深受建文帝信任。他来到北平后，朱棣待他非常亲热，还不时与他下棋取乐。朱棣也有意试探一下刘璟的真实态度。有一次两人下棋，朱棣对刘璟说："你就不能稍微让着我点儿吗？"刘璟听了这语带双关的话，心里很清楚这话的真实意思，便正色回答道："可让的地方就让，不可让的地方不敢让。"答得也话中有话。朱棣听了沉默良久，感到刘璟无法争取。

朝廷对自己的监视，朱棣一清二楚。这年三月，按察使陈瑛来到北平。陈瑛调来之前，曾任山东按察使，手段强硬，朝廷把他调到北平的目的是加强对燕王的监视和控制。朱棣当然也知道朝廷调陈瑛来的用意，可对这样位高权重的地方官员，他还是要想办法结交的，于是派人秘密给陈瑛送去金钱，没想到陈瑛居然收下了。这下朱棣可就高兴了，吃人嘴软，拿人手短，这表明陈瑛接受了他的收买。可他还没高兴几天，这件事就被人知道了，而且是被实名举报。陈瑛马上被押到京城，给予严肃处罚，然后被贬到了广西。

陈瑛受贿事发后，朝廷更加小心，之后派去北平的官员都要经过严格审查。后来建文帝又派刑部尚书暴昭为采访使。暴昭到北平后了解了大概情况，等不及回京报告，便急匆匆写了一份报告，派人火速送到京师，请皇帝早做提防。

一桩又一桩的监视事件，提醒着朱棣形势的危急。他发现北平城里到处都是建文帝的眼线，可他除了着急、恼火，一点办法也没有。此时的他还没有足够的力量反抗，只能与这个皇帝侄子虚与委蛇。

第五节　称疾卖痴

自明太祖朱元璋驾崩，燕王府的第一谋臣道衍便意识到帮助朱棣成就帝王大业的机会来了，于是千方百计地怂恿朱棣起事。尤其是五王连续被削以后，他更是使用各种方法鼓动这位蛰伏待机已久的藩王起兵夺取皇位。

一天，燕王府来了一位看相的相士，名叫袁珙。据说此人有谋略，术数高。朱棣想试试他的本事，就身着护卫的服装跑到一家小酒铺里喝酒。袁珙来到酒铺后，一眼便认出了朱棣。回到燕王府，朱棣让袁珙给他看相，袁珙看了片刻，说："您走起路来，龙行虎步，日角插天，这是太平天子的面相呀。"与此同时，燕王府还来了一个名叫金忠的算命先生，袁珙、金忠整天和燕王府的护卫混在一起，给这些人算命、看相，全都许以公侯将帅，说得众人皆大欢喜，一心想要帮助燕王朱棣打天下。等到这些事闹得世人皆知时，朱棣又假装生气，将袁珙赶了出去；待袁珙走到通州，朱棣又派人秘密将他接回燕王府。

这些事情听起来神乎其神，其实背后另有玄机——有那么一个潜伏在幕后的人，操纵着这盘棋。

这一年过了旧历十月，天气一天天冷了下来。这天，朱棣正想着对付朝廷削藩的计策，道衍走了进来。朱棣对道衍说："我想作一副对联，我出上联，大师对个下联怎么样？"道衍答："可以，殿下请出上联吧。"朱棣说："我这个上联是字谜，'天寒地冻水无一点不成冰'。"那时的"冰"字经常被写成"水"字左上角加一点，所以他说"水"字要是没有这一点，就成不了"冰"字。道衍听了，随口对出下联："世乱民贫王不出头谁做主。"道衍不讲天气而讲时政，也对了一个字谜，他说"王"字如果不出头，就不是"主"字；如果出了头，就是"主"字。他的意思是让朱棣去夺取皇位。

朱棣又让道衍占卜，道衍拿出三枚铜钱，让朱棣掷到桌子上。朱棣刚掷出一枚，道衍便说："我知道了，殿下是想预卜能否得到皇位。"朱棣见道衍如此敏锐地捕捉到自己的心思，吓了一跳，连忙让他不要乱讲。但道衍却给朱棣讲了一番起兵夺位的道理，他说："如今皇帝猜疑宗室，已经有五位藩王被削废了。殿下是朝廷最忌惮之人，虽然尚未削到您头上，但您能够幸免吗？殿下所处燕地，地势险要，老百姓多习弓善骑射，动员一下，可征兵三十万，存粮亦足十年。如果以殿下护卫中的精兵良将为核心，动员军队南下，平山东、下淮南，谁能抗拒？如果殿下不这样做，坐失良机，让朝廷先发制人，您还能高枕无忧吗？早晚会成为任凭人家处置的一介匹夫。我猜殿下的想法，应该跟我一样。"

原来道衍就是那个隐于幕后的策划高手，袁珙、金忠都是他推荐给朱棣的。他可不是只会纸上谈兵的儒臣，而是绝对的行动派，做起事来雷厉风行。燕王府建在元朝皇宫基础之上，殿院深邃，道衍便率王府护卫在后苑操练，又在燕王府中深挖地穴，建起高墙，派工匠在里面日夜打造兵器。为了不让人听到打造兵器的声音，还在上面养了很多鹅、鸭。这些鹅、鸭终日嘎嘎直叫，刚好将打造兵器的声音掩盖起来。

在收到暴昭汇报燕王府秘事奏章的同时，朱允炆还收到了朱棣的一份奏章，朱棣在奏章中称自己生病了，病得还挺严重，请朝廷让他的三个儿子回来见他一面。在形势对自己不利的时候称病不出，借以蒙蔽对手，避其锋芒，这是朱棣应付时局的老办法了。当年他和晋王朱棡一同入朝，朱棡厉辞寻衅时，朱棣便以装病骗取父皇的同情，成功脱身归藩。这一次他又故技重施，以退为进，迷惑建文帝和齐泰、黄子澄等人，以窥测时机。

此时朱棣与朝廷虽然还没有彻底撕破脸，只是维护着表面的温情，但彼此之间已经没有多少信任，朱棣提出这样的请求，也只是想赌一把，看看这份奏章能否让朝廷放他的儿子们一马。

建文帝找来齐泰和黄子澄，拿出朱棣请求让儿子们归藩的奏章，征求他们的意见。齐泰说："既然奏章说燕王在北平准备造反，干脆现在就把他的三个儿子抓起来，明确作为人质，用他们的性命来牵制朱棣，让他不敢轻举妄动。"黄子澄却不同意，他说："现在燕王不是还没有造反吗？抓起他的儿子来，不是等于授之以柄吗？他要是以此为借口起兵造反可就麻烦了。我看不如就按他的请求，把他的儿子们放回去，让他放松警惕，我们再乘机袭击，一举可成。"最后，建文帝采取了黄子澄的建议，同意放朱棣的三个儿子回北平。

魏国公徐辉祖是开国功臣徐达的长子，得知建文帝要放朱棣的三个儿子回北平，急忙赶来劝阻。徐辉祖的姐姐是朱棣的王妃，他是朱棣的小舅子，朱棣的三个儿子就是他的亲外甥。可是他太了解朱棣了，他对建文帝说："我这三个外甥中，老二朱高煦是悍勇无赖之徒，不忠不孝。如今放了他们，就是放虎归山，将来必成大患。"

建文帝听了将信将疑，又找来徐辉祖的弟弟徐增寿询问。徐增寿虽然是徐辉祖的胞弟，但他们在这场叔侄争位的斗争中立场不同。徐增寿跟朱棣关系特别好，于是竭力帮朱棣说话。建文帝听了，又相信了徐增寿的话。

获准返回北平后，朱高煦唯恐夜长梦多，偷偷跑到舅父徐辉祖的马厩里偷来几匹好马，深夜就动身出发了。等徐辉祖发现后派人去追赶时，兄弟三人早已渡过长江，扬长而去。

朱高煦虽然唯恐朝廷派人追赶，狼狈北逃，但一路上还是劣性不改。有人多看他一眼，他怀疑是朝廷密探，将其杀死。经过涿州时，因为距离北平很近了，他便更加放肆，住在驿站中，稍有不满就将驿站的驿丞暴打一顿。地方官将此情形上报朝廷，举朝惊愕，大臣们纷纷上书。

建文帝后悔不已，但已然晚了，兄弟三人已顺利回到北平。朱棣本来没指望建文帝会放了他的三个儿子，所以看见他们回来，他喜出望外，第一句话就是："我父子能够团聚，乃天助我也！"

但朱棣还没高兴几天，到六月时，燕王府又出事了。

王府护卫之间素有来往，其中有三个人来往甚密，这三个人中有两个参与了起兵的准备，有一个没有参加。但这两个参与的军官对另一个军官也没有保密，结果，这个未参加谋反的军官向朝廷告密，说他有充分证据证明燕王府里有人要谋反。不过他只是个下级军官，只知道那两个军官所说的情况，其他情况一概不知。于是，那两个倒霉鬼被抓到京师处死了。朱棣眼睁睁地看着手下人被杀，却也无能为力，因为他还没准备好，不能轻举妄动。

这一次燕王府的人被抓，意味着朝廷对朱棣动手的时候也快到来了。

形势越来越紧迫，装病是混不过去了，朱棣索性装起疯来。他一会儿在大街上高声狂呼，一会儿到饭铺里抢饭吃，一会儿又卧倒在大街上呼呼大睡。这样一来，整个北平城都知道燕王被朝廷逼疯了。

建文帝派到北平的地方官张昺、谢贵听说了这一情况，不敢轻信，于是借口探视病情来到燕王府。他们由王府的人带着，来到朱棣的房间。只见朱棣坐在火炉边，身上披着被单，浑身哆嗦，一个劲儿地喊冷。此时正是农历六月，是北平最热的时候，大家都感到暑气逼人，而朱棣却嚷着"好冷啊"。张昺和谢贵不由大吃一惊，心想，难道朱棣真疯了？朱棣确实有病，他受父皇朱元璋之命常年征战北方，有风湿的毛病。风湿病畏寒不畏热，王府宫殿高大阴森，虽然是酷暑天气，但屋里并不热，加上湿气重，朱棣烤火还真对他的风湿病有好处。

燕王府的长史葛诚早就倒向了朝廷一边，他唯恐张昺和谢贵上了朱棣的当，待两人离开王府后就跟了出去。他悄悄地告诉二人："二位可千万别上当，燕王根本没病，这是他装的。你们千万不要因此而有所松懈，一定要严密注意燕王府的举动，一旦朝廷有命令就立即动手。"他认为朱棣很快就要举兵谋反，并将此事秘密报告了建文帝。

朝廷耳目虽多，但北平作为燕王藩地治所已经近二十年，朱棣的势力可谓根深蒂固，因此为燕王府望风密报者也不少。一个街舍老媪听到酒醉后磨刀市中的卫卒声称欲"杀王府人"，急忙向燕王府报信。

这时，恰巧朱棣派护卫邓庸赴京奏事，建文帝听从齐泰的建议，下令将邓庸逮捕审讯。严刑之下，邓庸把朱棣要举兵谋反之事一五一十地说了出来。建文帝这才意识到燕王真的要谋反了，于是发出密诏，派人往北平逮治燕王府官属，并密令张昺、谢贵逮捕燕王。

就在这时，南京城里出现了皇宫闹鬼的传说。据《奉天靖难记》载："夜宴张灯荧煌，忽不见人。寝宫初成，见男子提一人头，血色模糊，直入宫内，随索之，寂无所有。狐狸满室，变怪万状，遍置鹰犬，亦不能止。"其间，京师又发生地震，明宫文华殿、承天门和锦衣卫武库连续失火，各地水旱蝗灾的檄报也不断送达朝中，谣言随之四起，闹得朝野上下人心惶惶。

这还不算，建文元年（1399 年）盛夏，京城的街头巷尾居然流传起了一首民谣：

莫逐燕，

逐燕燕高飞，

高飞上帝畿。

据说是一位道士边走边唱的，有一些小孩子跟着学唱，后来许多人都随着唱了起来。这是威吓还是警告，无人知晓。但是朝廷与燕王之间那一触即发的态势，已经有目共睹了。

誓师『靖难』首战捷

第四章

第一节　起兵"靖难"

　　随着朝廷削藩行动的步步紧逼，朱棣一边装疯卖傻，一边抓紧准备起兵。双方正处于僵持之中时，一天，北平都指挥使张信前来拜访，朱棣甚为不解：张信不是朝廷的人吗？难道又是来试探自己的？这种人不能信也不能见。于是，他便托病拒绝接见。

　　张信一连三次来到燕王府，都被王府的人以燕王病重为由拒之门外。张信急中生智，改乘妇女乘坐的小轿，假装是王府内眷混了进去，终于在病榻前见到了朱棣。

　　朱棣看见张信，先是吃了一惊，但很快便镇定下来，仍然装病躺在床上。

　　张信也不拐弯抹角，直奔主题道："我知道燕王殿下没有病，如果殿下真的有病，也请直言相告。"

　　朱棣听了，一时不知如何回答，只好硬着头皮坚持说："我确实身患重病，如今只能坐等一死了。"

　　张信听后坦诚地说："虽然殿下不肯对我说实话，我却可以实言相告。如今我就是奉了朝廷密旨前来捉拿殿下的。如果殿下真的坐等一死，那也不必等了，即刻随我赴京吧。可是，如果殿下另有主张，那也请不必再隐瞒，就对我实话实说吧。"

原来，燕王府护卫邓庸将燕王府准备起兵的情况供出来后，建文帝终于下定决心，命令都指挥使张信逮捕燕王。

张信的父亲是朱元璋旧部，官至永宁卫指挥佥事。父亲死后，张信接替父亲当了永宁卫指挥佥事，后来因为有功，升至都指挥使。建文帝即位后，有人见张信有勇有谋，是个人才，便把他推荐给建文帝，建文帝把他调到北平都司任都指挥使。

张信跟同时赴任的张昺、谢贵一起接到了"对付燕王"的密令，但是他打心眼里不愿意干这件事。他回到家后，闷声不响。常言道："知子莫如母。"张母一眼就看出他有心事，连忙问道："你近日郁郁寡欢，是发生什么事情了吗？"张信掩饰不过，便把皇上命令自己密捕燕王的事情告诉母亲。张母闻言震惊不已，忙说："你千万不能做这样的事情啊。你父亲在世时，我常听他说，帝王之气就在燕王那里。你如果按照朝廷的命令做，弄不好是要有灭门之祸的。"

听了母亲的话，张信觉得事态有些严重，决定听从母亲的意思，在这场斗争中投靠燕王，于是便不再耽搁，急匆匆地赶到燕王府。没想到连吃了燕王三次闭门羹，他很清楚，这是燕王对自己存有戒心，还好他足够机灵，想办法见到了燕王。

朱棣听了张信的叙述，终于放下戒备之心，叹息道："生我一家者，将军也！"接着他来了精神，立即从病榻上起来，命人把道衍等人请来，急定起兵之计。

在朱棣与部下密谋的同时，张昺、谢贵也开始了行动，调军队进入北平城，加强防务；同时派人奏报朝廷，请旨动手。建文帝得到奏报后，很快给了回复，批准立即逮捕燕王府的官员。

建文元年（1399 年）七月初六，北平布政使司的吏员李友直偶然发现了张昺收到的朝廷发来的秘密文件，打开一看，顿时大惊，连忙赶往燕王府向朱棣报告。朱棣闻听又有一个布政使司的吏员前来投靠，不太相信。李友直见燕王怀疑自己，心急如焚，连忙拿出偷来的朝廷密件让人交给朱棣，并声称不见到燕王绝不离开。朱棣这才相信了他。

看来张昺、谢贵马上就要来王府抓人了，再不动手，就只能坐以待毙了。朱棣火速命王府护卫指挥佥事张玉、燕山护卫千户朱能率护卫军入府。

朱能说："朝廷兵马虽然遍布城中，但只是虚张声势罢了，没什么可怕的。等到殿下起兵那天，臣只需带一二百名护卫，先拿下张昺和谢贵斩首祭旗，其他人就算再多也掀不起大风浪来。"

道衍说："将军直接带兵捉拿，不如用计捉拿他们。"

朱棣忙问："大师有何妙计？"

道衍说："他们不是受命来王府捉拿官员吗？我们不妨将计就计，将王府官员开列出一个名单来，交给朝廷的内使，让内使召张昺和谢贵进来抓人。等他们进入王府我们再下手，到时只需一夫之力，就可以大功告成。我们再把将士们安置在端礼门内，用来防备外面的军队，伺机而发。"

朱棣闻言大喜，如此布置一番后，便派人去请张昺和谢贵。起初他们不肯前往，后来见到朝廷内使，又看到王府官员的名单，才放下心来。他们率众来到燕王府门前，守门的护卫将他们拦了下来。按照明朝的制度，一般人是不能随意进入王府的，所以只有张、谢二人才能进入，随从军士一律在门外等候。

张、谢二人进去时，朱棣正拄着一根拐杖坐在院中，看到他们，连忙站起迎接，并赐宴行酒。二人见此情形，不好立刻发作，只好先坐下来应酬一下。

不一会儿，侍从送上西瓜，朱棣拿起西瓜，对他们说："这是刚刚献来的新瓜，请你们尝尝。"张、谢二人一时摸不着头脑，只好拿起西瓜尝了尝，同声赞叹："嗯，西瓜很甜，不错，不错。"这时，朱棣突然高声说道："在平民百姓家里，兄弟宗族之间都知道互相关心。然而身为天子的亲人，本王连性命都不能自保于旦夕。既然已经到了这个地步，还有什么不可为的呢！"他一边大声叫骂，一边把手里的西瓜狠狠地摔到地上——这是他跟道衍事先定好的暗号。

在周围埋伏的卫士得到信号，蜂拥而出，把张昺、谢贵二人捆了起来；同时把作为朝廷内应的王府长史葛诚和指挥卢振也抓到朱棣面前。

张昺和谢贵带领的士兵们丝毫没觉察出事情有变，还静静地在外面等着。正当他们等得耐心快要告罄时，突然传来了张昺等人被杀的消息，众人顿时慌了神，纷纷逃散。一个名叫彭二的都指挥使见势不妙，骑马奔呼于街市，一下子集结了千余人。可是这千余名士兵是临时凑到一起的，他们到了燕王府前，正好遇到从王府冲出来的护卫，领头的张玉、朱能首先将彭二杀死，众兵一见主将被杀，只能作鸟兽散。

这一夜，北平城里再也没有了之前的平静，陷入混乱之中。张玉、朱能率领燕王府护卫杀出王府，与朝廷军队在城里展开了巷战。王府护卫人数虽少，但是十分精悍，而且准备充足，指挥有序；朝廷军队人数虽多，但远不及燕王府的护卫善战，而且指挥混乱。到黎明时分，燕王府护卫已经占领了北平九门中的八个城门，只剩一个西直门没有被攻下。

此时北平城内已经没有朝廷的军队，他们都集结在北平的四周，随时可能联合起来围攻北平。要想保证下一步计划顺利实施，燕军必须尽快攻克所有城门，控制住整个北平城。这时，朱棣想到了德高望重的燕王府护卫军指挥唐云。

唐云在燕军中威望很高，深得将士们的信任。得到朱棣的指令后，唐云还像平日一样，不着盔甲，单骑来到西直门，对守门的朝廷将士们说："你们还不知道吧？朝廷已经跟燕王讲和了，准许他自治一方，北平以后就归他管了。你们还不赶快散了，走晚了燕王要杀人了。到时候可别怪我没有告诉你们呀。"心理战术就是这么有效，守门将士听了信以为真，一哄而散。西直门就这样不战而获，朱棣在一夜之间控制了整个北平城。

第二天，朱棣召开了起兵誓师大会，他对众将士说："本王是太祖高皇帝、孝慈高皇后的嫡子，天子至亲。自受封以来，本王从来都是安分守己，知法守分。没想到幼主登基后，误信奸臣，挑起祸端，屠杀本王家人。本王的父皇、母后，当初创业是多么的艰难，分封我们这些皇子，就是为了拱卫京师，藩屏天下，让大明江山永续传承。要是把我们这些藩王削除，会出现什么样的局面，天地神明肯定都能明察。"

朱棣这番话说得非常高明，封藩这件事本来就是朱元璋的主意，建文帝削藩，就是有违太祖高皇帝的安排。

起兵就要名正言顺，师出有名，朱棣也为自己找到了起兵的由头，他说："《祖训》云：'朝无正臣，内有奸恶，必训兵讨之，以清君侧之恶。'如今大祸降临到本王身上，本王真的想一死了之。然而，奸臣不除，本王不能死。本王发誓与奸臣不共戴天，无奈之下，本王必须奉天讨伐，以安社稷。天地神明，照鉴予心。"

朱棣滔滔不绝地说了这么一大通话，其实重点只有两个：一是建文帝违背了太祖朱元璋的分封安排；二是太祖朱元璋说过，朝中若有奸恶，可以起兵清君侧。也就是说，他之所以起兵只是按照太祖高皇帝的指示办事，是无奈之举，是正义之师。

誓师大会正如火如荼地进行，天色突然暗了下来。紧接着，狂风暴雨大作，王府宫殿上的瓦片都被刮落下来，摔得粉碎。古人向来迷信，参加誓师的人都认为还没出师就遇上这样恶劣的天气，是不祥之兆，意味着出师不利。将士们顿时慌了手脚，有人建议推迟起兵的时间，有人说这是老天爷在阻止燕王谋反……众说纷纭，却没有一句说到朱棣的心坎上。

关键时刻，身着袈裟的道衍走了出来，迎着大风大雨向朱棣拱手道："恭喜殿下，这是吉祥之兆啊！"道衍在燕王军队中很有威信，将士们听了他的话，顿时安静下来。道衍接着说道："飞龙在天，从以风雨，殿瓦坠落，这预示着殿下要更换黄瓦了。"明朝制度规定，王府的宫殿上只准用绿色的琉璃瓦，只有皇宫才可以用黄色的琉璃瓦。换黄瓦，言下之意就是要当皇帝了。

众将士闻听此言，又高兴起来，都重拾了信心。

誓师大会结束，一场真正的战争也就拉开了序幕。

第二节 怀来大捷

"靖难"，即平定国难；"奉天靖难"，意思是说朱棣的行动是服从上天的意志。朱棣打着"奉天靖难"的口号，在大风中誓师起兵，高举"清君侧"的旗号，这就为他以后夺位登基披上了"顺应天意"的外衣。

按照"祖训"的要求，"靖难"之师必须"训兵入朝"，那么到底该如何"入朝"呢？朱棣盯着地图思索良久。这起兵第一仗的结果如何，对士气影响很大，只能胜，不能败。攻打哪里才能一举获胜呢？朱棣想起了一个人——房胜，当下通州的守将。

房胜最初是陈友谅的部下，后来归降了朱元璋，立下军功，官至通州卫指挥佥事，之后又跟随朱棣北征。朱棣在北平起事当天，房胜便率部响应。所以，朱棣把只许胜不许败的第一仗定在通州。朱棣决定亲率一部分将士前往通州，以打通南下"入朝"的通道，留下道衍等人辅助长子朱高炽守卫北平。当然，朱棣攻打通州只是走个过场而已，算是一场鼓舞士气的"走秀"。

接下来，朱棣打算挥师南下，但大将张玉劝阻道："殿下，不可操之过急，现在我们周围都是朝廷的军队，他们虽然没有立即进攻北平，但都在以守待进，只等朝廷的旨令下来。这个时候率军南下，中途如果进展不利，朝廷又命令军队进攻，那时我们就腹背受敌了。"朱棣闻言觉得有理，便打消了南下的念头，决定先清除北平周边的威胁。

北平周边的朝廷军队主要集中在东边蓟州（今天津市蓟州区）、北边居庸关、西北怀来三个地方。目前是敌众我寡，如果仅仅守卫北平，等待朝廷军队兵临城下，必然陷入被动挨打的局面。要想取胜，燕军必须主动出击，趁朝廷军队尚未准备充分之时分头击溃。

朱棣将东边的蓟州作为第一个进攻目标，派大将朱能率师出击。朱能大军可谓势如破竹，蓟州守将马宣很快就被俘而亡，指挥使毛遂也带领部下投降。蓟州陷落后，遵化、密云的守军也先后归附朱棣。

拿下蓟州后，朱棣将目光投向了居庸关。居庸关地处南口至八达岭的一条长达四十里的峡谷之中。这条峡谷被称为"关沟"，是北平北边的门户。居庸关是关沟的指挥中枢，地势险要，历来为兵家必争之地。早在朱棣攻打蓟州时，居庸关的朝廷守军就集结了起来，蓄势待发。朱棣得知消息后，急忙改变行动策略，回师对付居庸关守军。朱棣对部下解释了这样做的理由："别人占据着居庸关，犹如掌握着我们的后门。假如不趁其立足未稳之时将其尽快拿下，等到他们增兵固守，再想攻取就太困难了。"

朱棣在建文元年（1399年）七月初八拿下蓟州，十一日就率军攻到了居庸关脚下。朝廷方面的守将没想到朱棣的行动会如此迅速，只好逃往怀来方向。

驻扎在怀来的朝廷军队是宋忠率领的三万兵马。这支军队离北平最近，对燕军的威胁也最大。而且居庸关的败军也逃到怀来，又加强了他们的力量，成为朱棣的心腹大患。

朱棣想尽快解除这个威胁，急忙找来部将商议对策。众将七嘴八舌地讨论着当下的形势，一些人认为要主动出击拿下怀来，以消除后患；另一些人则主张固守以待。双方各说各的理，谁都知道当下的情况是敌强我弱，主动进攻并没有多大把握，万一进攻不顺，只会徒耗兵力。到时再守北平，敌人趁势来攻，形势必然不利。固守显然更稳妥一些，但是会陷入被动。如果敌人一时不来，等到朝廷大军汇集，集中兵力来犯，就会失去战机。

说起来这两种观点都有道理，但又都没有站在朱棣的立场上考虑。朱棣为什么起兵？只是为了割据北平吗？显然不是，他是要南下京师，夺取皇位。所以他一直以来的军事部署都是以进攻为主。如果起兵之初就只是固守北平，势必造成军事上的被动。

但意见不统一，就没法采取行动。朱棣只能再三考虑，直到七月十五日，他才最终做出决定，亲率精锐八千直奔怀来而去。

怀来守军中有不少朱棣的旧部，他们被调来以守边之名防止朱棣起兵，实际上并不是真心要跟燕王的军队作战。他们的家属子弟都还在北平城里，所以他们对北平的情况十分关注。都督宋忠也是个聪明人，基于对人心的了解，很快想出了一个"好"主意。

宋忠将原燕王府的护卫汇集到一起，问道："燕王谋反了，已成为朝廷的逆贼，你们知道吗？"

护卫们回答："这件事已经天下皆知了。"

宋忠说："之前朝廷下旨挑选你们为我的部下，这是爱惜你们的才华，给你们一个立功扬名的机会。所以让你们的家人还住在北平，只等你们有了功名，好光宗耀祖。没想到燕王居然谋反了，他知道你们归顺了朝廷而没有帮助他谋反，一怒之下将你们的家人都杀了，这件事你们知道吗？"他显然是想挑拨将士们与朱棣之间的关系，以激起他们的复仇之心。

众人听了都大吃一惊："真的吗？这消息可靠吗？我们怎么一点风声都没有听到？"

宋忠说："我已经得到确切的情报，怎么会不可靠？"

众人信以为真，放声痛哭起来，说："是朝廷下了旨意，燕王列出名单，我们才抛妻弃子来到这里，并不是我们自愿的，怎么就说我们归顺朝廷了呢？居然把我们的家人都杀了，真是太冤了！"

宋忠趁热打铁，说："你们的家人已经被燕王杀了，哭也无法让他们起死回生。不如打起精神，跟我去捉拿燕王，为你们惨死的家人报仇。"

离间计向来容易奏效，一些将士相信了宋忠的话，一时间群情激愤，众人齐声答道："愿随将军拼死报仇。"

宋忠闻言大喜，遂将他们组成一支先锋部队，先渡河迎敌，他本人则率领部队在城外结阵以待。

宋忠为自己的计谋得逞而兴奋不已，然而他做梦也没有想到，这个绝妙的计策会无疾而终。怎么回事呢？原来，朱棣对他这里的情况了如指掌，针对他的"妙计"，朱棣组织了一支先锋队，队伍中的士兵正是那些被宋忠挑中的燕王府护卫的家属。

七月十六日，朱棣派出这支先锋队向怀来发起了进攻。等到两军阵前相遇，宋忠那边的将士们首先看到了自己熟悉的旗帜，接着有眼尖的士兵认出了对面的人："那个拿枪的少年不就是我的儿子吗？"又有人指着前方说："那个骑马的人不正是我的叔叔吗？"这个认出了家人，那个辨出了朋友；这边喊叫，那边应答；那边挥手，这边呼应……这时，众人才意识到自己被骗了。朱棣这边的将士又大声呼喊道："大家千万不要相信宋都督的话，他欺骗了你们，我们都还活得好好的，燕王对我们很好。我们本来就是燕王的人，为什么要上别人的当呢？"将士们既激动又愤怒，纷纷掉转马头，随燕军一起渡过妫河，涌入怀来城中。朝廷守军大败，被俘、被杀的就有几千人，其余全都溃不成军。宋忠看败局已定，又逃跑无门，只好躲到茅房里。然而，躲是躲不过去的，很快他就落入了燕军士兵手中。

在怀来，朱棣打了个漂亮仗，士气高涨，两天后永平守将也以城归附了朱棣。如此一来，北平西边和北边的重镇全部落入朱棣手中，朝廷方面的守军只占据着更远一些的大同、大宁（今内蒙古自治区赤峰市宁城县），这些地方虽然也是军事重镇，但是距离北平较远，短期内无法对北平构成直接的威胁。

第三节　计败卜万

怀来大捷后，朝廷军与燕军都暂时驻守不战，不过朱棣并不打算停下南下的步伐，只是下一步该迈向哪里呢？

朱棣分析了当时的形势：燕军进攻怀来时，大同守军曾出兵救援，只是他们没想到怀来失守得如此之快，还没赶到，怀来就失陷了，他们只得退了回去。另一支前来救援的朝廷军队是大宁的守军。大宁地处喜峰口外，城居辽东宣府之中，俯视北平，是北方重镇。当时朱元璋特别喜欢宁王朱权，所以就将宁王分封在了大宁。朱权在大宁很快发展成一方兵力最强的大藩。得知朱棣起兵，都督刘贞等人率领大宁的十万军马进入松亭关（今河北宽城县西南），准备进攻被燕军占领的遵化。但是他们还没有攻打遵化，就传来了怀来失守的消息，接着朱棣又率师来援，他们只得退回松亭关坚守不出。

刘贞的这支军队让朱棣很是头痛，他叹息道："这真是一块难啃的硬骨头啊！"于是召集诸将商议对策。将士们经过一番讨论，建议道："如今松亭关有重兵把守，破关显然有难度。如果朝廷军马在我们攻关时开到北平，而北平兵力甚少，那北平就危险了。不如回师北平防御朝廷军马，然后再来攻取。这才是万全之策。"

这显然不合朱棣的心意，他仔细分析了刘贞的部队，这支军队共有三名主将：为首的是都督刘贞，为人柔懦不断，且年事已高，既无斗志，也无谋略，容易欺瞒。副手是都督佥事陈亨。陈亨小有才干，却怀有二心，他曾经做过燕山卫的指挥佥事，算是朱棣的旧部，与朱棣的渊源极深。他虽奉命而来，却不想与燕军作战。第三把手是都指挥使卜万，其地位虽然比不上都督和都督佥事，但是直接指挥军队。卜万与朱棣没有什么交情，又年富力强，为朝廷效力心切，在这场战役中有着举足轻重的作用。要想解除大宁军队的威胁，必须除掉卜万。

怎样才能除掉卜万呢？朱棣正思虑间，忽然有人来报，前线俘获了十几名松亭关探子，正押往燕王军帐。朱棣灵机一动，马上想出了一个计谋。他写了一封书信，然后召来一个俘虏，询问一番后，便拿出书信交给那名俘虏，说："本王有一封绝密书信要交给卜万将军，你如果能替本王悄悄送过去，本王不仅会饶过你，还会重重有赏。"

这名俘虏忙道："如果殿下肯饶过小人，别说让小人送封书信，便是要小人赴汤蹈火，小人也在所不辞。"朱棣闻言大喜，连忙赏赐他酒饭，让其吃得微醉；又命人把书信严密地缝在其衣襟内。朱棣叮嘱此人小心送去，万万不可遗失，还赏了他十两银子，就放他回去了。

与此同时，朱棣又吩咐手下找来另一名俘虏，故意捆着他从帐外经过，让他得知帐内发生的事情。这个俘虏甚是不解，就问看守他的人：

"燕王为什么不捆他，还赏他酒饭和银子？"守卫说："燕王要他送书信给卜将军，所以才赏他。"这个俘虏向来奸诈，便道："燕王用错人了。那人好酒，一喝多就会误事。如果让他送书信，肯定会被发现。麻烦您去禀报燕王，改用小人去送这封书信，我一定万分小心，定不负燕王重托，而且我还不要赏赐。"

守卫听了非常高兴，说："你若是真有这份心，我这就去向燕王禀报。"

守卫去了一会儿，回来对这个俘虏说："我已经把你的心意告诉了燕王。可燕王说，他既然已经用了那个人，就不好再更改了。你既然想出力又不要赏赐，就让你同他一起去吧。等到事情成功，燕王会一起赏赐你们。"

此人一听喜不自胜，马上让守卫放他离开，快速赶上得了赏赐的那人，一起回了松亭关。

没得赏赐的人要求与另一人分那十两银子的赏赐，另一人自然不愿意，说："这是燕王赏赐我的，我为什么要跟你分？"这人怀恨在心，偷偷将此事报告给刘贞。刘贞连忙让人逮捕得到赏赐的人，不由分说就撕开他的衣服，搜索一番，果然发现衣内缝有一封书信，取出来打开一看，发现书信中有一半内容是褒奖卜万，并感谢他通好；另一半则说了刘贞不少坏话。刘贞阅信后怒火中烧，说："原来卜万早就归顺燕王了，难怪他总是要袭取大宁！"他马上找来陈亨商量："大宁城守不住了，外有强敌，内有接应，怎么守？如果这事捅到朝堂上，你我的性命就保不住了。"

陈亨说："兵法上讲，先发制人，后发制于人。况且将在外，君命有所不受。如今事态危急，我们可以先逮捕卜万，然后再奏报朝廷。"

刘贞赞同他的说法，于是在走廊两边安排好埋伏，然后遣人去请卜万议事。卜万信以为真，独自一人前往议事厅，刚到走廊，便被刘贞布置的伏兵捉住。卜万不明内情，惊讶地问道："为什么要抓我？"

刘贞说："你自己做了什么，还用我说吗？"遂取出燕王的书信给卜万看。

卜万看了急忙辩解道："将军，千万不能相信啊，这是燕王的反间计，您要是信了等于我们自伤臂膀。"

刘贞说："是真是假，我们一时也分辨不清，但守城是重中之重。有这封书信在，谁还敢让将军守城呢？将军还是到牢中待着，等候皇上的裁决吧。"于是让人押送卜万到牢房。

卜万苦苦分辩，刘贞却完全听不进去，飞马奏报朝廷，给卜万安了个"通燕"的罪名，将他下狱、抄家。

朱棣的这招反间计可谓绝妙，使得大宁军队从此驻军不进；加上陈亨暗中相助，燕军再无东北之忧。

第四节　真定之战

朱棣起兵之初，总是作委屈模样，说自己是受奸臣迫害而无奈举兵，要向建文帝说明真相，取得建文帝的理解。但现在不同了，他接连打了几场漂亮的胜仗，将北方的一些重镇都纳入自己旗下，信心大增，完全可以集中兵力对付朝廷的北伐之军。

很快，朱棣发布了《告天下将吏军民书》，指责建文帝朱允炆"行乱无厌，淫虐无度"，声称要号召天下将吏军民跟他一起"靖难"。众人如果跟随他，待国家平定后将会无事，否则将后悔莫及。这份布告称得上是对建文帝的步步紧逼。

建文帝闻报既震惊又恼怒，忙召集大臣商议。大家你一言我一语，主张不一。齐泰建议下诏书削废燕王，并请儒臣方孝孺写了一份诏令。

方孝儒不愧为"当世文章第一人"，写的诏令虽然不长，却言辞犀利，处处指向燕王朱棣，说朝廷过去对燕王一再原谅，现在不能再原谅了，决定命将出征，征讨燕王。

但是，选任主将的事情又令建文帝头疼了。朱元璋晚年大肆屠杀功臣宿将，等他去世后，能征战的老将已所剩无几，仅存的几人也只求自保，无心征战。齐泰、黄子澄、方孝儒又都是文弱书生，不擅长用兵打仗，更没有运筹帷幄、决胜千里的本事。正当建文帝犯愁时，黄子澄建议说："陛下，臣以为长兴侯耿炳文可担当此任！"建文帝采纳了这一建议。

耿炳文和他的父亲耿君用同为明朝的开国功臣。他的父亲曾跟随朱元璋起兵，死后由耿炳文承袭军功，继续带兵，镇守长兴十年，屡次击败张士诚。朱元璋称帝后，耿炳文因功封侯，可以说是身经百战的元勋宿将。

于是，建文帝任命长兴侯耿炳文为征虏大将军，佩印北伐。这一年耿炳文已经六十六岁，接到诏令也只得挂印勉力出征。耿炳文迅速点兵三十万，选大名公主附马李坚和都督宁忠充任左、右将军，都指挥杨松为先锋；当年曾预言燕王必反的程济，以翰林编修的身份出任军师。随后，耿炳文率领这支军队浩浩荡荡地向北而去。

建文元年（1399 年）八月十三日，朝廷北伐大军来到真定（今河北正定县）。耿炳文探知燕兵已到涿州，双方相距不是太远，便下令大军就地驻扎，只等燕军到来。他转念又一想，兵马这样聚集在一起，无法彰显朝廷的军威，于是命令先锋九千人继续前进，进抵保定的雄县（今河北雄安新区）；潘忠、杨松驻军在白洋淀与王官淀之间的鄚州；又派都督徐凯领兵进驻河间。

朱棣得知朝廷大军前来，没有丝毫的慌张。他深谙"知己知彼，百战不殆"的道理，迅速派出大将张玉前去侦察。很快张玉回来向他说明了敌情。朱棣据此分析道："南师此来，军纪涣散。主将耿炳文年老气衰，前锋潘忠、杨松有勇无谋。我们要想寻南下之途，可以先破潘、杨之军，再破耿炳文。"说完，朱棣从容地和诸将一起制定了一个袭取雄县的作战计划。

八月十五日，朱棣亲率燕军悄悄行军到白沟河西岸一个名叫娄桑镇的地方，这里与雄县只有一河之隔。等到申时，朱棣对诸将说："用兵要看准时机，切不可错失良机。今天是中秋节，南将会饮酒赏月，防备肯定松懈，这就是我们破城的时机，希望众将军努力。"

众将闻言纷纷称赞道："殿下真是神机妙算，我等定当效命。"

随后，燕军悄悄渡过白沟河，然后缓缓前进，神不知鬼不觉地来到雄县城下潜伏，只等时机一到，便发起进攻。

在雄县驻扎的这支朝廷军队共有九千人，他们仗着雄县城高地险，根本没把燕军放在眼里。加上正值中秋佳节，谁也没有想到燕军会这么快攻到城下，因此毫无作战的准备。

申时一到，燕军将士攀墙而上，登上城头，向雄县城内发起进攻。

这时朝廷守军已经喝得微醉，听见炮火连天，顿时胆战心惊，急忙披甲上马迎敌。此时燕军已经攻入了大营，很快，雄县守军全军覆没。

占领雄县后，众将对朱棣更加佩服，纷纷称赞："殿下用兵真是神了，连孙吴也比不上。"朱棣笑着说："战役还未结束。众位将军如果不嫌辛苦，本王还有一计，可趁机生擒潘忠。"诸将闻言都很惊讶，问道："潘忠驻守在鄚州，离这里有一百多里，殿下有什么妙计可以捉拿到他呢？"

朱棣说："我们攻打雄县，朝廷肯定会派兵救援，只是援军不会想到雄县失陷得这么快。我们可以派出一人扮成雄县的使者，连夜赶到鄚州向潘忠、杨松汇报，就说燕军包围了雄县，请求他们来支援。耿炳文让他们驻扎鄚州，就是为了能及时救援雄县。他们得知情报，肯定会急速赶往雄县。我们可以让千余名将士埋伏在通往雄县的必经之路上，等他们进入城中，就断其归路，前后夹击，肯定能生擒他们。"众将听了都称："此计妙哉！"

计策商定，朱棣做了一番安排，只等潘忠、杨松上钩。

果然，潘忠、杨松听说雄县被围的消息后，马上领兵向雄县飞奔而来。他们刚过河桥，即将到达雄县时，派出去的探子回马来报："雄县已经失陷。"潘忠、杨松听了大吃一惊，急忙下令撤军。

这时，忽听城上金鼓齐鸣，炮声震天，城中的燕军一拥而出，两面包抄，喊杀连天。潘忠、杨松见来不及撤退，只能指挥军队上前迎敌。朝廷的将士们有些慌了，得到的命令一会儿是后退，一会儿是迎敌，究竟该怎样做呢？军队顿时躁动起来。即使勉强交锋，也是困乏心惊，怎么能挡得住士气正盛的燕军呢？燕军见计策得逞，拼杀得更加卖力。战不多时，鄚州军就阵脚不稳，纷纷败下阵来。

潘忠见败局已定，忙下令后军改作前军，迅速撤军。没想到后军退到河桥，又被那里的伏兵包围了，只见排列于月漾桥两岸的伏兵万箭齐发，炮声震天。稍稍行到近前，滚石便如雨点般落下。鄚州军见了连忙后退，向潘忠汇报："将军，不好了，归路已经被燕军切断。"潘忠闻报震惊不已，传令道："前有强敌，后无归路，只有拼死一战了。"

然而此时军心已乱，前军不敌往后退，后军无路朝前逃，乱成了一锅粥。燕兵四面围攻，并高声呼叫着要活捉潘忠、杨松。潘忠、杨松惊魂难定，只得丢下军队，骑马从小路逃跑。不料小路上也有埋伏，伏兵很快抓住潘忠、杨松，将他们押到朱棣面前。

鄚州军听说主将被擒后，四处逃散。逃不掉的，或被杀，或投降，还有许多士兵淹死在河里。朱棣料定此时鄚州城内空虚，又乘胜追击，派兵夺取了鄚州。

驻扎在真定的耿炳文本指望先锋部队能取得胜利，自己好率军前进，没想到不到一日，雄县、鄚州便先后被燕军攻破，他内心惊惧万分，暗道："我早就听说燕王极善用兵，那时还不太相信。现在我还没与他交手，他就连破二军，夺了两城，真是迅雷不及掩耳之势啊！"耿炳文决定改变策略，不去硬拼，而是采取"拥兵固守"之策，并对守军做了一次大调整。

真定是一座古城，地处滹沱河北岸，是南北的要冲之地，西边还可以通往山西。朝廷军队驻守在这里，就掐断了燕军南下的道路。为了保证这座重镇的安全，耿炳文把部队分为两部分，分驻河的两岸。如果北岸受到攻击，南岸的军队就过河支援；如果南岸受到攻击，北岸的军队就过河支援。两岸军队相互支援，如此一来，燕军要想集中兵力攻击其中一个地方就有点困难了。

再说朱棣与朝廷北伐军作战，初战告捷，十分兴奋，马上召集诸将商议下一步行动。大家对当前的形势做了分析，燕军虽然士气高涨，但耿炳文亲率三十万大军，如果正面作战，想要取胜绝不会那么容易。讨论了半天，大多数将领主张据城固守，与真定的朝廷军队形成对垒之势，等待最佳的作战时机。朱棣则不太赞同这种做法，认为如果与朝廷军队对峙，等于中了耿炳文的圈套，显然对燕军不利。但大部分将领都支持前一种观点，朱棣一时也不知怎么说服大家。关键时刻，大将张玉站出来支持他说："南军虽然兵多，但都是新召集的，而且又初来乍到，立足未稳。我们以得胜之师，一鼓作气，定能克敌制胜！"朱棣听了非常高兴，说："张玉所言，正合我意。"于是顺势跟大家商定这次的作战方案。

朱棣派人找来在鄚州俘获的小将张保，让他装成被俘后趁看守松懈，偷了马匹逃回去的样子，向耿炳文报告燕军想要攻打真定的实际情况。对于这一做法，许多将领表示不解，朱棣也不卖关子，解释说："张保回去无非就两种结果，一是真心归附我，那么他回去就成了我的内应；二是仍然忠于耿炳文，那么他就会把我要攻打真定的事情告诉耿炳文。这正是我想要的结果。为什么这么说呢？耿炳文把部队分驻河的两岸，互为犄角，互相支援，导致我们无法集中兵力。如果他得知我要攻打他，必定会合并两岸兵力来防御，这样我们就不用两面作战了。"将领们听了再次感叹："殿下用兵真是绝妙，远超孙吴也！"

朱棣对部队做了一番布置后，便率军来到真定附近。在距城二十里的地方，朱棣因不知耿炳文屯兵何处，于是派前哨去向几个从城中出来的樵夫打听真定的情况，得知耿炳文已派军驻守在滹沱河北岸，专等燕军过来。原驻北岸的军队主要集中于城西北，自城门连营至西山，而城东南则防守松懈，兵力较少。

问明情况后，朱棣率领三名护卫悄悄来到真定城东门外，恰好遇到城里的运粮车经过，于是让人抓了两名运粮的士兵，再次确认了城内军情。朱棣立即率领军队，从城东南绕城而过，向驻扎在城西门外的大营发起了进攻。

朱棣率军很快打到了真定西门，正好遇到送朝廷视察官员出城的耿炳文。耿炳文看着如同从天而降的燕军，大吃一惊，慌忙跑回城里，勉强关上了城门。

耿炳文随即调兵遣将，布阵迎敌，可惜一切都太迟了，城外的局势已经掌握在燕军手中。

张玉、朱能领军杀到耿炳文阵前，耿炳文喝斥道："燕王身为高皇帝嫡子，当今圣上之叔，地位显贵，却举兵作乱，擅自杀害朝廷命官，是谋反。逆贼还有何尊严？我奉皇命讨伐燕贼，不是不能战，而是想奉劝燕王，这也是想保全燕王啊。"

张玉一听也怒了，反击道："燕王此举是遵从祖训'靖难'以'清君侧'，怎么成叛逆了？你既然奉命来讨伐，却不知用兵的意义，还有什么话可说？"

耿炳文道："当今圣上以仁义治天下，而天下安定，哪里有'难'可'靖'？朝廷文武官员都是忠良之臣，有什么'侧'可'清'？燕王要'靖难'，只能'自靖'；如果要'清侧'，只能'自清'。"

张玉道："周王、齐王、湘王、岷王等都是高皇帝的儿子，有什么罪过？圣上听信齐泰、黄子澄的计谋，不是削就是夺，使诸王爷死的死，贬的贬，这不是奸臣是什么？现在又多次下诏要削夺燕王的护卫，燕王的权力是高皇帝封的，怎么能受奸臣的摆弄，所以才举兵诛之。废话少说，还是手底下见真章！"说完举刀纵马向对方阵里冲去，要活擒耿炳文。

耿炳文派李坚出阵迎战，张玉、李坚二人很快杀到一处，力战三十多个回合，也没分出胜负。耿炳文又派宁忠上前助战。宁忠一出，燕军的朱能也提刀上阵。耿炳文再派顾成上前，燕军不敢放松，由谭渊迎了上去。六个将军分成三对厮杀，直杀得天昏地暗。

耿炳文站在阵前紧张地观看，没想到朱棣悄悄从小路绕过城西，突袭了东南二营，并迅速转向耿炳文的西北营后。当东南营被袭的消息传来，耿炳文大吃一惊，连忙分兵去救，可是已经晚了，朱棣的精骑已经从营后如猛虎下山般直冲过来。

真定初战，燕军又获大胜，斩首三万余级，获马两万余匹。李坚、宁忠、顾成三位将领都被燕军俘虏。耿炳文见大势不妙，只好退回城中，收拾残兵，紧守四门，不敢再战。

朱棣乘胜追击，继续调集军队大举攻城，一连攻了三天，就是攻不下来。这一回轮到朱棣发愁了。

朱棣自起兵以来每战必胜，这次却遇到了难啃的硬骨头。耿炳文是一员老将，有丰富的作战经验，长于守短于攻，知道扬长避短。燕军虽然英勇，但是擅长野战，不擅长攻城。耿炳文固守真定，既可消减燕军士气，又可扼住燕军南下的道路。燕军久攻不下，必然疲惫，一旦有机可乘，耿炳文再出城还击，以多胜少应该不成问题。

朱棣对此也心知肚明，他对将士们说："我们今天的胜利，都是大家努力的结果。但是，那些朝廷的奸臣还没除掉，我们还不能休息。我们先劳后逸，等到肃清朝廷奸臣，再图休息好不好？"话虽如此，但真定久攻不下，燕军将士束手无策。这时，谋士袁珙上前劝谏道："殿下要的是天下，不必只盯着这一座城池。请殿下回师北平以休养兵力。"朱棣觉得有道理，于是暂时放弃真定，回了北平。

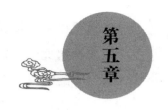

第五章

雄关漫道真如铁

第一节　膏粱竖子

　　耿炳文兵败的消息传到朝廷，建文帝既震惊又失望。他本来以为耿炳文身经百战，又率领着三十万人马，应该很快就可以击溃燕军，然后将朱棣擒到京师问罪。然而，事实与他的设想恰恰相反，竟然是朱棣连连取胜，而朝廷军屡战屡败，还折损了数万军马。

　　建文帝郁闷得连连叹气，黄子澄见状忙安慰道："胜败乃兵家常事，我们只是暂时失利，陛下不必太过担忧。如果我们再调集五十万兵马，举天下之力去攻打小小的燕地，必能将燕王捉拿归案。"

　　建文帝又长叹一声，道："耿炳文既然失败了，就不能再担任征虏大将军，不知道谁还能担此大任？"

　　黄子澄又想到了一个人，说："臣以为曹国公可以胜任。之前要是不派长兴侯而派曹国公，这仗一定不会打成这个样子。"

　　曹国公便是李景隆，小名叫李九江，是朱元璋外甥的孙子。他的父亲李文忠是朱元璋的亲外甥，被封为曹国公，死后追封为岐阳王。李景隆生得高大俊秀，举止雍容大度，自幼受到良好的教育，人称其"读书通典故"。朱元璋在位时，他袭封为曹国公，掌管左军都督府的军事，并受命在湖广、陕西、河南各地练兵。朱允炆即位后曾派他去抓拿周王，事情办得非常顺利，所以黄子澄一下就想到了他。

建文帝深以为然，于是召李景隆入朝，赐他斧钺，命其率大军北伐；同时仍命翰林编修程济为军师，随李景隆北征。程济推辞道："臣的本事，只不过能预知祸福，并没有大的能耐，担任军师恐怕会耽误军国大事。臣请求陛下另选贤能之才担当此任。"

建文帝说："能预知未来福祸，就能掌握胜算。爱卿定能胜任，就不要推辞了。"程济无奈，只得受命北征。

建文元年（1399年）八月三十日，建文帝为李景隆举行了隆重的出征仪式。仪仗整齐，衣甲鲜明，时辰一到，金鼓齐鸣，乐声大作。建文帝和齐泰、黄子澄等满心期待李景隆此次能像上次捉拿周王那样，马到成功。

李景隆快马加鞭，迅速赶到山东德州，对耿炳文的军队进行了整顿，又火速从各地征调兵马，组成了一支五十万的大军，然后进驻河间。李景隆看兵多将广，决定发起全面进攻，直捣北平。

消息很快传到北平，朱棣听说这次朝廷军队的统帅是李景隆，高兴地说："是李九江啊，真是太好了，他就是个'寡谋骄横，不知用兵'的'膏粱竖子'，朝廷让他领兵五十万，等于让他挖坑自埋。"战国时期有一个典故，说的是赵国将军赵奢的儿子赵括，平日里说起兵法来头头是道，实际上根本不懂用兵之道。赵王派他上战场与秦军作战，结果被秦国打败，他率领的四十万赵国士兵都被秦军活埋了。

朱棣又说："李九江的本领还远不如赵括，这次领兵，他必败无疑。"

听了朱棣的分析，燕军将士信心倍增，士气高涨。

第二节　智取大宁

李景隆本人虽然无能，但他毕竟率领着五十万大军，是燕军的许多倍，这场仗对于燕军来说依然不太好打。要想击败李景隆的大军，迅速取得胜利，燕军首先要做的就是补充兵力。但李景隆的五十万大军已经兵临城下，临时征兵补充兵力显然不是个好办法。怎样才能让燕军迅速壮大起来呢？

朱棣正与将领们商议着，忽然闻报：各地镇守的将领都奉朝廷诏令出兵讨伐燕军，在辽东镇守的江阴侯吴高已率兵进入山海关，包围了燕军控制的永平（今河北卢龙县）。朱棣听了，心里顿时有了计谋，他对将领们说："本王想向大宁的宁王借兵马以补充兵员，可是却出师无名。如今吴高率兵来攻永平，本王正好借解救永平之名，顺道去大宁借兵。诸位将军以为如何？"

有将领站出来说："吴高虽然包围了永平，但形势并不危急。这边李景隆的大军已经到了德州，很快会就进攻北平。这个时候殿下去救永平，如果李景隆进攻北平，我们该怎么办？"

朱棣说："李景隆虽然率领大军而来，但他内心其实很恐惧，听说本王在这里，他必不敢攻打。他不来，我们要是先攻打他，必定不能彻底击败他。不如率军出援永平，让李景隆知道北平守军人少，诱惑他主动进攻。等到他深入之后，我们再回师夹击。到那时，我们前后夹击，李景隆想逃都逃不了。"

众将更加疑惑，问道："殿下的计策固然是好，但是北平兵力不足，根本抵挡不住李景隆的大军啊。"

朱棣解释说："北平的兵力确实不够跟李景隆对战，但守城还是足够的。而且世子善于用人，完全可以御敌，诸位将军不必担心。"

又有人说："虽然不用担心北平的安危，但卢沟桥是通往北平的必经之路，必须让人在那里把守。"

朱棣道："我们离开的目的之一就是诱使李景隆深入。如果严守卢沟桥，李景隆哪里还能被困于北平城下？诸位将军放心吧，本王已经决定了。"遂留下王妃徐氏、长子朱高炽和军师道衍守护北平，并留下一万多兵马，他自己则亲率燕军主力直奔永平而去。

没过几天，朱棣抵达永平。辽东的朝廷军马不敢与朱棣对战，快速撤离而去。可是燕军一离开，他们又合围起来，并与北伐军相互呼应，让燕军腹背受敌。

朱棣心想：这吴高还算有两把刷子，不给你点厉害看看，你还以为自己真的技高一筹呢。想到这里，他提笔写了一封信给吴高，内容和上次写给卜万的信差不多，先是对吴高赞美一番，又说要相互理解与支持，之后故意派人把信送到另一位主将杨文手中。

朱棣这次实施的反间计依然奏效。朝廷原本就不太相信吴高，因为吴高的一个堂妹是湘王朱柏的王妃，建文帝削藩时，湘王朱柏和湘王妃在王宫中自焚而死，建文帝觉得吴高必然会怨恨朝廷，从而与朱棣合作。就这样，吴高被削去爵位，发配到了广西。辽东的军队失去了主心骨，只能守在山海关外，不敢再攻打永平。

永平之围一解，朱棣命令部队火速前进，绕过松亭关，直奔大宁。他把军队安顿在城外，只身入城，到宁王府去见宁王朱权。朱权闻报，连忙出来迎接。

二人行完兄弟之礼，朱棣拉着朱权的手，难过地说："你我都是高皇帝的儿子，即便无法继承大统，封列藩王也是理所当然的事情。没想到皇上听信奸臣之言，对你我兄弟苦苦相逼，周王、齐王、代王、湘王、岷王五位兄弟已经接连受害。如今他又命李景隆率领五十万大军来围攻我，使得我不但无法向朝廷申诉，连王位都快保不住了。我是万般无奈之下才起兵的，只是不想这样坐以待毙。如今我陷入这样的困局之中，王弟不救救我吗？"

宁王朱权说："皇上过于仁柔，听任齐、黄作乱。前不久我接到诏令，说我与王兄通谋，削减了我的护卫，实在是可恶。如今王兄危急，我要上表详细说明这些情况，朝廷自会给个说法。"

朱棣连连道谢："王弟如此待我，我真是感激不尽。"

二人相聚甚欢，朱棣在宁王府停留了好几天，趁机结交了一些思念家乡的将士，并招到守边精兵，打算一起回北平。

朱棣离开那天，朱权对其毫无防备之心，亲自送他到郊外。不料朱棣已经悄悄命令将士们将宁王送到北平，并将大宁据为己有。

朱权得知实情后十分震惊，厉声斥责将士们。将士们却说："大宁的将士来自全国各地，大家都想回到家乡，不愿在这苦寒的边疆待下去了。今天有幸遇到燕王愿带我们回到北平，我们都乐意跟随。我们都离开后，独留王爷一人在此，实在太危险了。燕王不忍，所以派我们请王爷一同到北平，共享荣华富贵。"

朱权将信将疑，说："燕王既然想带我回北平，为什么不早点说？"

将士们说："燕王本来打算早早对王爷说的，只是担心王爷犹豫不决，所以才在临行前提出请求。"

朱权见事情已经这样，自己肯定是回不去了，于是说道："既然燕王盛情相邀，本王也不能孤身前往。"于是请求朱棣允许他带上宁王府所有官吏、家眷，以及府中财产，一起往北平而去。

就这样，大宁归到朱棣治下，宁王的精兵悍将也悉数归属朱棣所有。燕军兵力大增，朱棣更有信心与朝廷对抗了。

第三节　保卫北平

李景隆领兵驻扎在德州，先是听说朱棣在北平，不敢进逼；后又得报朱棣带兵去解救永平，便打算进攻北平，但他担心这是朱棣在使诈，便没有贸然前进。李景隆又等了几天，探子来报："吴高逃到了山海关外，永平之围已解，朱棣顺道去了大宁。"李景隆暗想：燕王只顾着袭取别人，却顾不上自己的家，真是失策。此时的北平就是一座空城，现在不去进攻，更待何时？于是，他亲率全军，直奔北平而去。

李景隆猜测朱棣一定会派重兵把守卢沟桥这个直通北平的门户，可是走近一看，竟然空无一人。他心中暗喜：从燕军无人在此把守，可断定北平城内没有强兵悍将了。于是他下令屯兵北平城外，并把军队分成三支，一支日夜攻打北平城；一支攻打东边的通州；还有一支驻扎在北平东边的郑村坝，等着朱棣回来。

北平曾是元时的大都，城墙高大，护城河又宽又深，易守难攻。李景隆下令主要攻击北平的九个城门，正南方的丽正门（正阳门）是攻击的重点。李景隆亲自上阵督促将士们攻城，见九门紧闭，久攻不破，便下令放火焚烧城门。

燕王府将领梁铭等人奉命守城，见李景隆放火烧门，便下令军士赶紧提水扑火。这时，李景隆又下令用炮轰，还让士兵架起云梯攻城，再命人开挖通往城内的地道。外面奋力进攻，城内拼命守卫，战斗打得极其惨烈。燕王世子朱高炽善于用兵，特选募一批勇士，趁黑夜攀绳索来到城下鸣锣击鼓，惊扰李军各营将士不得安睡。燕王妃徐氏也亲率城中妇女上阵助战。徐王妃平时文静端庄，但毕竟是大将军徐达的女儿，也是巾帼不让须眉。李景隆久攻不下，只得下令暂时退下来。

北平西边的阜成门也是朝廷军队攻击的重点。一天，阜成门的守卫相对单薄，都督瞿能父子趁机借助云梯登上了城楼。守城的燕军将士抵挡不住，结果被对方攻破城门，瞿能率领一千多人即将杀入城中。然而瞿能一方面担心北平城太大，他们无法攻入王府；另一方面又担心城外援兵跟不上，自己反而陷入燕军包围，脱不开身，于是停留在城门处，等着后面的部队跟上来。有兵士急忙将这一情况向李景隆汇报："瞿能父子已攻下阜成门，正在城门处等候援军跟上。元帅务必速速发兵接应，这样就能尽快攻破北平城了。"

李景隆闻言暗道："我率领五十万大军攻城，怎么能让瞿能夺去攻破城门的功劳呢？再说，北平已危如累卵，瞿能今天能登上城楼，明天我也能登。"想到这里，李景隆让人拿着令箭，快马传讯瞿能，让他不要贸然入城，别被燕军暗算了。等明天他再亲率大军，一起杀入城中。

瞿能收到命令，不敢违抗，只得退出阜成门。

对于瞿能的撤退，朱高炽也是百思不得其解，亲自登城查看，发现城墙很易攀登，急忙命令将士取水浇湿城墙。时值寒冬，滴水成冰，一夜西北风起，城墙冻成了光滑的冰墙。第二天，李景隆领兵来战，再要登城，哪里还能轻易攀登？瞿能心里暗暗叫苦，知道已经失去良机。李景隆则不以为然，一直想着旦夕之间就能攻破北平，下令将士们拼命进攻。

等到朝廷军队疲累不堪之时，朱高炽急命守军主动出击。李景隆怕夜里出事，只好命军队后退筑营，攻城的力度因此减弱了许多。

就这样，一座仅有万名守军的孤城，抵挡住了数十万朝廷大军的日夜进攻。

第四节　乘胜追击

当李景隆与北平守军陷入僵持之中时，忽有探马来报："燕王率领大宁的精锐部队已经回到了会州（今河北平泉附近）。"

李景隆闻报大惊，忙命都督陈晖领一营兵马渡过白沟河迎敌，又命驻守在郑村坝的九营兵马严防死守，不许放一个燕兵入城；他自己则率领一队人马昼夜守在北平城下。此时天寒地冻，将士们夜晚站在大雪中无法休息，冻死了不少人。

朱棣探知详情后，对众将说："李景隆不顾天寒冻死了不少士兵，我们可以不战而胜了。"于是检阅将士，排兵布阵。朱棣将兵马分成五军，张玉、朱能、徐忠、李彬、房宽各领一军，又分别给他们配备了副将，还将大宁归附的精锐将士分散其中，连环而进。

燕军正行进间，忽然探马来报，朝廷军将领陈晖率领一队人马在前面挡住了去路。燕军正要前去拼杀，朱棣却说："这只是弱兵小敌，没有必要劳师动众。"于是他亲率一队精锐骑兵前去击杀。副将薛禄冲到阵前，陈晖提枪迎战，不到三个回合，朱棣便率领精骑部队冲了过来。陈晖只有一营人马，哪里抵挡得住，很快便人仰马翻。陈晖不敢恋战，只身一人骑马出逃，回去向李景隆报告："燕军中大部分是来自边关的精兵强将，锐不可当，我率领的一营兵马已被其铁骑摧毁。元帅务必速速做好迎敌准备。"

李景隆道："你的一个营或许抵挡不住，我已经在郑村坝布置了九个营，有重兵把守，谅燕军再强悍，一时间也过不去。"

陈晖说："燕兵十分强悍，恐怕九个营的兵力也拦不住啊。"他话音刚落，又一探马来报："郑村坝的九营兵马，已经被燕军连破七营，恐怕剩下的两营也保不住了。请元帅速速发兵营救。"

李景隆听了震惊不已，说道："燕军就那么点兵马，怎么可能这么强悍？"

探子说："小人不知道燕军有多少兵马，只知他们个个人强马壮，杀到跟前犹如猛虎一般，无人敢与之对战。"

李景隆正在犹豫如何部署，又有探马回报："燕军兵分五路，连环进攻，已连破郑村坝九营，眼下已经逼近大营了。"

李景隆闻言更加震惊，慌忙聚集人马，一起在辕门外列阵，准备迎敌。

李景隆的军队虽然在人数上占优势，但都是朝廷按照名单征来的，没有经过严格的训练。他们听说燕王率军回还，不到一天就灭了陈晖的军队，又突破了驻守郑村坝的九个营，现在正朝元帅营而来，一个个都恐惧不已，一心想着退避，根本不敢向前冲。只有瞿能父子还算勇敢善战，可是李景隆又忌惮他们功高盖主，总是压制他们，所以他们也不向前冲了。

不多时，朱棣率领精兵朝李景隆兵营直奔而来，一时间战鼓齐鸣，炮火震天。张玉首先冲到阵前，大声叫道："李九江你这个小人，膏粱竖子，竟敢擅自领兵围城，偷袭燕王府，快快出来受死，让齐泰、黄子澄见识一下燕王的厉害。"

李景隆高声应道："我只是奉诏前来讨伐叛逆，并不知其他事情。"

张玉怒喝道："哪个是叛逆？你要讨伐谁？看我将你拿下，让殿下亲自问你。"说完骑马提刀朝李景隆冲了过来。李景隆连忙指挥众将迎击。李军将士见张玉犹如天神一般，哪敢上前，全都退到了后面。只有瞿能纵马出阵，喝道："逆贼，不要侥幸赢了一次就目中无人。你知道我瞿能吗？"张玉道："让我砍下你的头颅仔细看看，就认得了。"

二人说着就战到了一处，你来我往，不分胜负。

朱能忍不住了，叫道："三十万兵，都这样杀来杀去，要杀到什么时候？且让我杀了李景隆这奸贼。"说着便飞奔过去。丘福也叫道："就你会杀李景隆，我就不会杀了他吗？"说着也提枪而去。

李景隆见燕军二将飞奔过来，连忙命手下二十员将领一起出阵迎战。双方杀声震天，打得难解难分，朱能、丘福连挑三将下马。瞿能看了担心李景隆的安危，便丢下张玉，与朱能、丘福战到一处。

朱棣在阵前指挥若定，他看到燕将只有张玉等三人，而朝廷军倒上阵了一二十人，担心寡不敌众，便下令五军一起进击。五军人强马壮，齐头并进，犹如大山一般压了过去，直杀得朝廷军人人胆战，个个心惊，全都退缩下来。李景隆见势头不妙，想要逃跑，却见燕军四面合围而来，他逃无可逃，只得立在营前观望。

此时朝廷将士中只有瞿能还在奋力迎战，但他见士气渐败，主帅又无变通之法，知道败局已定，于是奋力挺出一枪，回头对李景隆说："燕军势头太猛，元帅赶紧撤退吧，否则就出不去了。"李景隆说："不是我不想走，只是我无路可走啊。"

瞿能便让儿子率领几百亲兵，保护李景隆后撤，自己则一马当先，杀出一条血路，逃回了德州。

转眼到了建文元年（1399 年）十一月中旬，北方已是隆冬季节，进行大规模作战比较困难，于是双方暂时休兵。

时间一晃又过去了三个多月，李景隆已增兵十万，朱棣也组织起燕军主力，双方于建文二年（1400 年）四月在白沟河展开激战。据记载，这场战争直杀得地动山摇，马蹄声、将士的脚步声、战鼓声、厮杀声，震耳欲聋。战斗一直持续到深夜，双方都损失惨重，朱棣在拼杀中被冲离大队人马，身边只剩下三个骑兵。

第二天天一亮，双方又开始了战斗。这一天的战斗更加惨烈，朱棣几次陷入困境。有一次，他被朝廷军包围，千钧一发之际，次子朱高煦杀了过来,这才解救了他。

战斗从早晨持续到下午。朝廷军人数众多,再次向燕军发起猛烈进攻,并逐渐占了上风。危急关头,突然狂风大作,李景隆军中的将旗旗杆都被刮断了,朝廷军的气势顿时弱了下来。

朱棣一看这是个好机会,哈哈大笑道:"天助我也!"遂派兵绕到李景隆大营背后,点起了大火。火乘风势蔓延开来,李景隆的大营顿时烧成一片火海。燕军趁机杀了过来,李景隆大败,退回德州。

虽然燕军也损失惨重,但朱棣没有后退,决定咬紧牙关乘胜追击。

此时李景隆还有几十万大军,完全可以据城迎战,只是他已经被燕军打怕了,整日提心吊胆,哪有精神迎战?于是他写了一封书信,派人送给朱棣,请求息兵讲和。朱棣看了,笑着说:"事情已经到了这个地步,哪有息兵的道理?怎么还能讲和?"有将士上谏道:"虽然不可息兵,但我们不必说破,可以借此让他松懈。"朱棣点头赞同,于是给李景隆回信说:"要息兵讲和,必须除掉齐泰、黄子澄这两个奸臣。"李景隆阅信后,只得上报朝廷。建文帝便暂时罢免了齐、黄二人的官职,以示诚意,但背地里仍留他们在京师参与密议。

而朱棣也不愿息兵,反而越追越紧。李景隆还想逃,可是又不知该逃往哪里。这时有人提议:"听说铁铉将军召集了精兵强将在济南镇守,大将军可去那里投靠他。"李景隆闻言喜出望外,想赶紧逃过去以求庇护,又担心燕军追击,只得等到深夜才心急火燎地率兵往济南逃去。

于是德州不战而下。这里是李景隆北伐的老巢,军用物资堆积如山,这一次朱棣收获颇丰。他干脆下令在德州休整,之后由此向南,不久便攻打到济南城下。济南是北平通往南京的交通要冲,若能夺取济南,进可挥师南下,退可划界自守。

第五节　棋逢对手

夕阳西下，红霞满天，此时的皇宫已经灯烛荧然。宫内鸦雀无声，建文帝坐在龙案前，眉峰紧锁，闭目沉思。过了一会儿，他长叹一声，睁开双目，瞥了一眼被丢在地上的那封铁铉发来的紧急军报，又抬起双手，用力揉了揉太阳穴。一想到眼下的局势，建文帝就感到身心俱疲。

当初他对李景隆率军北伐有多期待，如今就有多失望。五十万大军啊，这是一支多么庞大的军队，交到李景隆手中，结果却是一败再败，从北平一直败到济南。然而，李景隆还不吸取教训，逃到济南就想夺铁铉的军权；而且见包围济南的燕军只有三千人，就不顾军队立足未稳，贸然出兵，结果再次大败，幸亏铁铉出兵相救，他才保住性命。寄以厚望的大将，却让建文帝大失所望，他怎能不哀叹？

前线燕军步步紧逼，建文帝却一筹莫展，思来想去，竟无人可用。他越想越头痛，遂召齐泰、黄子澄入朝问计。黄子澄后悔当初不该推荐李景隆为北伐主帅，他跪伏在朱允炆跟前，痛哭流涕地说："当初臣推荐李景隆，真是误国误民，万死不足以赎臣之罪。请陛下将李景隆绳之以法，以谢天下。"大臣们得知前线失利的消息后，也纷纷上书，奏请皇上速速召回李景隆，将其明正典刑。然而，建文帝过于仁柔，只是召回了李景隆，并没有给予任何处分，更别说明正典刑了。

与此同时，朱棣在包围济南后，觉得自己这次定能一举获胜，于是写了一封《告济南军民百姓书》，用箭射进济南城，劝他们放下武器主动投降。可是等了几天，也没有人打开城门向他投降，反倒从城内射出了一封书信《周公辅成王论》，里面这样说：当时周公用心辅佐周成王，而朱棣虽然声称要辅佐建文帝，实际上却是想夺取皇位。

这封信是名士高贤宁所写，他的老师是济宁县的一个老学究，名叫王省。济宁被燕军攻破后，王省跑到县学的明伦堂，对弟子们说："你们知道这个堂叫什么名字吗？"大家疑惑地回答："大家都知道啊，叫明伦堂。"他说："可是如今君臣之义都没有了，还叫什么'明伦'啊。"说完就一头撞到大堂的柱子上自杀了。高贤宁和他的老师一样忠于朝廷，恪守君臣伦理，对朱棣深恶痛绝，不仅不向朱棣投降，还写文章批判他。

当然，一封出自文人的书信还吓不倒朱棣，真正让他头痛的是守城的官员，其中一位是都指挥盛庸，才勇过人。另一位是朝廷派驻济南的山东参政铁铉。铁铉在朱元璋时期就受到器重，朱元璋还亲自赐他字——鼎石，说他坚强、正直，是国家的鼎立之才。李景隆第二次北伐时，铁铉负责督运粮草，供给无误。还有一位是李景隆的参军，名叫高巍，胆大豪勇，一身正气。

一路南进从未遇到敌手的朱棣，这次算是遇到了真正的对手。面对将济南围得如铁桶般的燕军，盛庸、铁铉丝毫不惧，率众悉力防守。铁铉还亲自领几百精锐骑兵巡视城门，一旦发现哪个城门有危险，便马上飞驰相救。所以，燕军虽然悍勇，一时也很难攻克济南。朱棣见济南久攻不克，便命人赶造一批云梯，准备强行登城。盛庸、铁铉用计焚烧了燕军的攻城器具，并不时派出小股骑兵偷袭燕军军营，弄得燕军日夜不得安宁。

朱棣对此甚为头疼，向众将问计，有人献计说："济南河高城低，殿下何不截断城外黄河，来个水淹济南呢？"朱棣闻言点头称好。

铁铉得知朱棣要水淹城池，与盛庸、高巍商议到半夜，终于想出了一条妙计。铁铉派人找来几个能言善辩的百姓，让他们偷偷溜出济南城，跑去向朱棣投降："参政铁铉不知天命，死守济南城，这并不是我们百姓的意思。王爷如果决水淹城，铁铉可一逃了之，可苦了城中百姓，我们非葬身鱼腹不可。百姓们都是王爷的忠民，听说决水的消息都吓坏了，所以才偷偷跑出来见王爷，愿意悄悄开西城门来投降王爷。王爷就不要水淹济南了，以免伤害了百姓。"

朱棣听了非常高兴，说："你们既然知道天命，开城门来投降，我还决水淹城干什么。只是不知道你们什么时候开城门啊？"

百姓们说："今夜五更我们就召集百姓们开西门，还请王爷亲自带兵入城相救。"

朱棣说："你们开城门来向本王投降，本王理应亲自入城去捉拿铁铉，但你们切不可误事。"

百姓们领命而去，朱棣也赶紧收回了决水的命令。

这时，张玉过来劝谏："末将早就听说铁铉足智多谋，这些人来投降会不会是他的诡计？"

朱棣却不以为然地说："我们已经围困济南三个月了，百姓们吃尽了苦头，现在又听说本王要决水淹城，肯定害怕，所以才会出来投降。这是实际情况。就算铁铉耍心计，也不过是在城门设下埋伏。如果我们能够入城，就算有伏兵，又有什么可怕的？"朱棣随即挑选一些精兵强将，只等五更时入城。

五更时分，济南西城门上人声鼎沸，灯火通明。朱棣认为百姓们行动了，担心去晚了让百姓失望，于是不等将士们到齐，就率先带了几十个亲兵骑马而去。到了城脚下，只见吊桥已经放了下来，城门也打开了，城墙上一片"千岁"的呼声。

朱棣放下心来，骑马就要入城，没想到刚到城门下，一块巨大的铁板突然向他砸来。朱棣大吃一惊，连忙拽马往后退，身子正好躲过，但身下的马则被铁板砸成了两半。朱棣跌下马来，幸亏随从勇敢，跳下马扶朱棣上了另一匹马，狼狈地逃到城外。

这时，铁铉立在城墙之上，命人射下如雨般的炮石弩箭。朱棣中了好几箭，幸好有铠甲护身，才不至于受伤。后面的兵马也已到达，朱棣愤怒地命令将士们在城周围架起铁炮，狠命轰击济南城。谁知燕军将士才轰了几炮就停止了。原来，铁铉又生一计，将写有"高皇帝神位"的牌匾立在城墙上。炮轰先帝的牌位可是犯上作乱，哪个敢呢？

众将见形势紧迫，劝朱棣道："王爷，用兵之道在于进退自如。我们已围困济南三个月，将士们都疲乏了，就算取胜也无法长驱南下，不如暂还北平，再找机会出击。"

朱棣也明白事不可为，便于八月十六日班师回北平去了。

铁铉与盛庸商议，决定乘朱棣还兵北平之机向北进兵，只一月有余，竟然收复了李景隆失去的德州诸郡县。三人兴高采烈，赶紧上报朝廷。

朝廷军终于打了胜仗，建文帝喜出望外，立即封盛庸为历城侯，取代李景隆为大将军，总管讨伐北平之事；升铁铉为山东布政使，不久又加兵部尚书衔。不过铁铉并没有取代齐泰，而是以兵部尚书的名义协助盛庸，叫作赞理大将军军事。

朱棣回北平仅休整两个月，于建文二年（1400 年）十月十五日又开始南下。这一次他准备率军东进，攻打辽东。将士们都被弄糊涂了，朝廷大军马上就要集结起来攻打北平了，这个时候怎么能去打辽东呢？朱棣没有跟大家多解释，只悄悄对张玉、朱能两位心腹大将说了自己的打算。他说："攻打辽东只是本王的虚招，其实本王是想袭击沧州，因为现在德州、定州都有重兵防守，只有沧州防备空虚。"张、朱二人这才明白过来。

朱棣很快率军出发了，军队刚走到天津附近，他突然命令军队急转南下，渡过直沽（今天津市狮子林桥西端旧三汊口一带），向沧州奔去。

果然不出朱棣所料，沧州守将一点准备也没有，燕军不费吹灰之力就拿下了沧州。

盛庸得知沧州大败的消息后，愤怒地说："朝廷如果用无能之将，还不如没有将可用呢！"他马上找铁铉商量对策，决定移兵东昌（今山东聊城），集合精兵强将，只等燕军到来围而歼之。

朱棣袭取沧州后，继续率军南下，很快来到东昌。他听说盛庸在东昌，高兴地说："很快就可以捉拿盛庸了。"将士们都疑惑地问怎么回事，朱棣解释道："听闻盛庸莫名地转移到东昌，肯定是缺少粮草了，要知道东昌向来没有积蓄，他凭什么与我们斗？我们趁此机会进攻，一定能攻破东昌。"

诸将纷纷佩服燕王高明。建文二年（1400年）十二月二十五日，朱棣率军向东昌发起进攻。朱棣仗着燕军屡战屡胜，便直冲过去，根本不加提防。没想到刚靠近对方营垒，忽听一阵炮响，火器和箭矢如雨点般射来。燕军未加防备，受伤无数。朱棣见了大吃一惊，连忙下令后退。然而四面的伏兵已经层层包围过来，起初燕军还当对方是李景隆的军队，一冲就破，不料盛庸令严法重，将士们都只敢进不敢退，任燕军左突右冲，就是无法突围。至此，朱棣才焦急起来，挥剑大声疾呼："只许前进杀敌，不许后退！"张玉也喝道："今天正是众英雄效力之时，谁敢不拼命！"于是勒马提刀，东驰西冲，拼命厮杀，并向盛庸冲去。盛庸身边的侍卫都是精勇之士，且手持弓弩相护，见张玉冲来，全都朝他放箭。张玉躲避不及，肩膀中了两箭，正想退回，忽见盛庸指挥众军一起杀了过来，张玉不敌落下马来，被朝廷军斩首。

燕军将士见张玉被斩，全都慌了神，又见对方喊声震天，炮箭齐发，身边的战友们伤的伤、死的死，都想逃走。忽然朝廷军又围了上来，燕兵逃无可逃，为了保全性命，纷纷投降。

此时朱棣也是身心俱疲，拼命厮杀却无法突围，幸亏朱能等人率军支援，才使他得以从东北角奔逃而出。盛庸见了，忙率兵追击，眼看就要追上朱棣，这时朱高煦率兵前来策应，他大声喊道："请父王先走，让儿来擒杀追兵。"他纵马当先，来一个杀一个，来两个杀一双。追兵见朱高煦这么厉害，纷纷后退。朱棣勒马回望，高兴地说："这个儿子像我！"随后带领残兵退回北平去了。

从济南到东昌，朱棣一败再败，将士们士气低落，只得暂时休兵。建文帝再接捷报，喜不自胜，言称："歼灭燕师指日可待。"

转守为攻定乾坤

第六章

第一节　再次南征

　　济南和东昌的两次大败，让朱棣深受打击，有些信心不足。他本想在北平好好休整一番，然而一个月不到，道衍便劝他再次率军出征。在如何激发和动员将士方面，道衍也给出了建议，即对立功的将士进行封赏，对阵亡的将士则行祭奠礼。

　　朱棣采纳了道衍的建议，在出师之前举行了一次大规模的誓师大会，先是论功封赏了一大批将士，之后又举行了隆重的祭奠仪式。

　　在祭奠仪式上，朱棣亲自宣读祭文，并痛哭失声。讲到伤心处，他索性脱下身上的战袍投入火中，悲壮地对众人说："将士们对本王的情意如此深厚，本王终身难忘。今天本王烧此战袍，以示与将士同生共死，逝者泉下有知可以见证本王的心意。"在场将士闻听此言，个个动容失声，高声呼喝道："人这一生终归一死，我们有幸遇到这样的主子，还有什么遗憾呢？"将士们纷纷请求出征效命。

　　建文三年（1401 年）二月十六日，朱棣率领士气高涨的军队再次踏上了南下的征程。

这次出征，朱棣改变了进军策略，没有进取德州或真定，而是从两城中间经过，采取诱敌出击、逐个击破的策略。他先派轻骑前往定州、真定，以迷惑敌人，阻止或是拖延那里的军队出战，以便他集中全力对付盛庸。

战斗又要打响了，燕军这边可谓士气满满，精心准备。朝廷军这边就不一样了。刚松口气的建文帝听说燕王又南下了，顿时紧张起来，立即令盛庸率军迎战。而盛庸自恃取得了两次胜利，有些骄傲起来，出征时竟然带了不少金银酒器，还有锦绣衣袍，扬言说准备打下北平后庆功用。这一次，盛庸用自己的行动证明了"骄兵必败"这个真理。

双方先是在夹河展开激战，后又激战于真定、藁城。燕军先由三名骑兵掠阵而过，引诱盛庸出击，然后以强弓压住阵脚；另以骑兵万余，每两名骑马上带步兵一人，直扑阵前，五千名步卒下马后攻击左掖，骑兵则冲其中坚。仓促之间，朝廷军的阵前火器来不及发射，双方混战在一起。燕将谭渊以骁勇著称，拍马冲入阵中。盛庸部将、都指挥庄得也是一员勇将，不顾燕军攻势凶猛，率众迎上前去血战。混战之中，谭渊跌落在地，被庄得赶上去一刀杀死。

朱棣自与盛庸交战以来，连折张玉、谭渊两员主力将领，感到异常恼怒，发了狠地向前追杀。盛庸的军队终于抵挡不住燕军的攻势，弃甲而逃，溃不成军。燕军一直追到滹沱河边，朝廷将士被杀和溺死者不可计数，盛庸只得率余部退守德州。燕军又乘胜攻占顺德、广平（今河北邯郸永年区）等地，河北许多郡县望风归附。

据传，朱棣每战必身先士卒，冲锋在前，是因为建文帝为人仁厚，每次作战都让前线将士"勿伤叔父"。然而传说只是传说，这次战役之后，朱棣让人把战旗送到北平，那面战旗已经被箭射成了筛子状，可见所谓的"不伤叔父"，其实是专门朝着"叔父射"。

朝廷方面连连败北，这次建文帝的反应非常迅速，再次下诏罢免齐泰、黄子澄。他以为，燕王既然把诛齐、黄二人作为起兵的理由，如今我把这二人治罪，燕王总该罢兵了吧？然而想法是美好的，现实却是残酷的，朱棣不仅没有罢兵的意思，反而上书指责建文帝，并让他先下诏罢兵。其言辞之强硬，如同是给朝廷下最后通牒。

建文帝看了顿感无措，现在他只能指望方孝孺这个文臣了，于是把朱棣的上书拿给方孝孺看。方孝孺阅罢沉思半晌，建议利用这个机会实施拖延战略，然后再调集兵马，趁对方无准备时将其消灭。他在建文帝面前展开一幅地图，边指边说："我们这样跟燕王打不好打，不如调动辽东的军队，进入山海关进攻永平，真定诸将渡卢沟河直捣北平，燕王必回兵相救，我们就能趁势取得主动权了。"建文帝觉得此计可行，马上按计而行。

方孝孺的计策的确不错，可惜执行不了，因为辽东军没有能上战场的战马，根本无法与燕军作战。那么，战马到哪里去了呢？辽东军的战马都是从朝鲜征派来的，本来都是良马，但是朝廷的贪官在运送途中把这些好马换成了一些不能骑的劣马，好马都被贪污了。如此一来，辽东骑兵还没有步兵走得快。

好计策无果而终，前线又接连传来战报，朝廷军连连失败，几处饷道也被燕军切断。建文帝更加坐卧不安了。眼看情况危急，作为皇帝倚仗的重臣，方孝孺也在绞尽脑汁地想办法。很快，他又给建文帝献上了一条反间计。他说："陛下可以写一封书信，派人送给燕王世子朱高炽，离间燕王父子的关系。燕王得知消息后必定北还，这样我军的饷道就可以畅通了，之后再图谋进取。"建文帝依计赶紧写了一封密信，劝朱高炽背燕归附朝廷，并许以燕王之位。

建文帝给世子写信的消息很快传到了朱棣耳中，朱棣大吃一惊，疑心顿起。他本来就不太喜欢朱高炽，觉得朱高炽体态肥硕，缺少英武之气。他内心更偏向能征善战的次子朱高煦，觉得此儿像自己。他越想越觉得世子可疑，恨不得马上回去将朱高炽杀掉。

正在这时，忽听帐外来报，世子派信使来了。信使不仅带来了朝廷写给朱高炽的信，还将朝廷派去给朱高炽送信的人也带来了。此信原封不动，没有启封。原来，朱高炽收到信后赶紧与谋臣商议，决定对朝廷的信不予启封，将其速与送信人一起送往朱棣军中，以此表明心迹。朱棣先读世子来信，又拆读朝廷的密信，不觉出了一身冷汗，连声惊叹："嗟乎！几杀吾子！"

由于朱高炽处理得当，一场风波就这样平息了。

第二节　兵指扬州

到建文三年（1401年），朱棣与建文帝的这场叔侄争位战已经打了三年。由于性格仁柔，且缺乏政治经验，建文帝的优势在一步步丧失，朱棣显然占了上风，胜多败少。然而朝廷毕竟拥有全天下的兵马，而朱棣与宁王朱权的兵力合起来也不过三四十万，众寡悬殊，就算朱棣再多谋善战，短期内也消灭不了朝廷军队，这场战争要打到什么时候也就难说了。

这年十一月，从皇宫里逃出来不少被罢黜的宦官，他们纷纷向北归附朱棣。朱棣从他们口中得知朝廷的重兵全都在外面，京师内反而空虚。这一消息让燕军上下兴奋不已，道衍立即劝谏朱棣说："殿下起兵三年了，往来奔突，也不过占据北平、永平、保定三郡地盘。这样下去，这仗不知要打到什么时候。我们不能与朝廷军死缠烂打。如今京师兵力薄弱，这是一个好机会，殿下应火速发兵，不要去夺取其他城池，而是直取京师，这样则大事可成。"

朱棣闻言点头称是，于是召集众将，对他们说："我们连年打仗，什么时候才能打完呢？现在本王要直接南下去攻打京师，不到京师绝不回还。"

经过一番部署后，十二月初二，朱棣留下世子朱高炽镇守北平，自己再次亲率大军出发。

这次出征，朱棣吸取了以往失败的教训，不再取道德州、济南一线，而是经由山东和河南临界一带南下。朝廷得到燕军南下的消息后，马上派兵驰援。

燕军这次南下进军比较顺利。燕将李远在藁城与盛庸部将接触，略获小胜，虽然谈不上战果辉煌，但因为是建功于岁首，取了"大吉"之意，朱棣喜不自胜，致书嘉奖，称李远"出奇应变，虽古名将不过也"，参战将士皆升一级。燕军受到鼓舞，士气更加高涨，连续取得了几次胜利，没过多久就开进了山东境内。

朱棣一直自称燕军为仁义之师，而且他将来是要当皇帝的，当皇帝首要的一条就是收拢人心，所以他并未率军进入孔子的家乡曲阜，以免践踏了圣人之地。一路上，朱棣也在做着拉拢人心的事情，提前为登基当皇帝打基础。比如，经过馆陶时，他看见一名士兵因病倒在路边，马上让左右牵过自己的从马，让病员骑上。侍从们说："王爷的从马，一个小兵哪里配得上骑呢？"朱棣听了生气地说："人命最重，一匹马哪能跟人比？如今士兵病了不能行走，不让他骑马，难道将他丢弃吗？打仗时用士兵，士兵生病了却不管不顾，难道对人还没有对马爱护？让病人骑上马，病人获救了，马也没有什么损失。"朱棣这番话是借孔子马厩失火先问是否伤人的典故来表明自己为仁德之主。

燕军这次南下并非一路顺畅，朝廷得知燕军南下，处处拦截，朱棣有时也会吃败仗，在淝水、小河（即古睢水入泗处，今安徽宿迁境内）、齐眉山（今安徽灵璧西南）等地都受到了不小的打击。然而，朱棣始终坚持南下的方针，不管遇到什么挫折，都执意向南进军。

此时天气逐渐炎热起来，江淮一带暑气逼人，北方将士有点水土不服，不少人开始气馁，想先回北平，以图后举。朱棣了解将士们的想法后，甚为不悦，可是军心已经动摇，回北平的呼声很高，他只好让大家列队表态："同意回北平的站到左边，同意继续进击的站到右边。"结果站在右边的只有朱能、郑亨等几名将领，猛将王忠一人站在原地，不知何去何从，其余人都站到了左边。

朱棣见了不由大怒，厉声道："谁愿意回去，就回去吧。"诸将这才慌了神，不敢再提回师北平之事。

与此同时，朝廷军的日子也不好过，为了阻拦燕军，他们在灵璧一带筑起了营垒。燕军习惯打野战，不习惯攻城。于是，燕军采取包围营垒阻断对方粮道的计策，以造成对方补给困难，逼其主动出击。

灵璧守将得知粮道被燕军阻断，将士们很快就没有粮食吃了，只得下令以炮声为号突围出营，到淮北取粮。

第二天一早，朝廷军还没发出突围的信号，燕军就来攻营了，一时间炮声不断，朝廷军误将燕军攻营的炮声当成了突围信号，全都冲了出去，结果一出营就被燕军截杀，进不能，退不得，不少人被挤进壕沟之中，营垒很快便被攻陷了。

攻下灵璧后，朱棣想取道淮安南下，便派人去找朝廷派驻在淮安的驸马都尉梅殷，对他说："本王想去凤阳祭祀一下祖父，能否从你那里经过？"梅殷是汝南侯梅思祖从子，在诸驸马中最受太祖朱元璋喜爱，曾受其遗命辅佐朱允炆。梅殷一见来人便猜到了朱棣的用意，不但没给朱棣面子，还将朱棣派去的人处罚之后才放回去。

朱棣见借道不成，只好避开凤阳和淮安，取道泗州（今安徽宿州市泗县）。

灵璧之战后，朝廷军很难再打下去了。一些持观望态度的将领投降了朱棣。建文帝把武力抵抗燕军的最后希望寄托在盛庸身上。此时盛庸尚有数万兵马和数千战船，驻扎在淮河南岸，与到达泗州的燕军隔河相望。朱棣命将士们找来一些小船，又编了一些小筏子，摇旗呐喊做出要渡河强攻的架势，暗中则让朱能等率轻骑西进二十里，从上游悄悄渡河，迅速绕到盛庸背后，以炮轰之。朝廷守军听到炮声，吓得张皇失措，纷纷弃甲而逃。盛庸虽久经沙场，但这时也慌不择路，连马都骑不上去，被手下拖着登上一艘战船，匆匆逃离。

盛庸的数千战船几乎全落入燕军手中。燕军很快渡过淮河，来到扬州城下。

扬州是南京的门户，本有重兵把守，只是守城的官将心思不一，有的忠于朝廷，有的想投奔燕王，这就给了朱棣可乘之机。

扬州卫指挥王礼早就想要投靠朱棣，可是他还没来得及行动，就被镇守指挥崇刚、监察御史王彬发现，被抓了起来。王礼的弟弟王宗及其党羽一直在等待机会行动。朱棣知道，要想拿下扬州，非除掉崇刚、王彬不可。为此，他发了一道悬赏令，谁能把朝廷派到扬州的御史王彬除掉，就赏他三品官做。

王彬听说后防范极为严密，身边常有一名力举千斤的力士护卫，王宗等人一时难以下手。朱棣又派吴玉潜入扬州，找到王宗，让他去贿赂大力士的母亲，借口说家里有事，把大力士叫回家去。等大力士离开，王宗等人马上下手，将王彬抓了起来。接着，王宗等人又从狱中放出王礼，开城门降了燕军。王彬和崇刚都被交给朱棣，二人誓死不降，后皆被斩杀。

第三节　拒不议和

京城门户扬州不战而降，使建文帝又失去了一道屏障。很快，高邮、通州（今江苏南通市通州区）、泰州等江北重镇也相继投降。接着，燕军又攻克了仪真（今江苏仪征），驻扎在长江北岸，只见浩荡舟师往来江上，旌旗蔽空，声势逼人。

建文帝见大事不妙，赶紧写下《罪己诏》颁行天下，征兵勤王。然而，只见外出募兵的，却不见军队入卫京师。一些大臣见势不妙，纷纷要求外出分守，以求自保，致使京师更加空虚。面对这些不忠不义的臣子，一向仁柔的建文帝备感无力却也无可奈何，只有方孝孺等人仍日夜侍奉在皇帝身边，帮忙出谋划策。

方孝孺建议说："事情发生得太突然了，勤王之师一时难以到达，不如先派人去讲和，同意割地给他，等勤王的军队来了，再跟他决战于江上。燕军多为北方人，不善水战，到时谁胜谁败还说不定呢。"

此时建文帝没有半点主意，俨然把方孝孺当成了救命稻草，方孝孺说什么，他就做什么。

建文帝决定派庆成郡主到江北与朱棣谈判。庆成郡主是朱元璋的侄女、朱棣的堂姐，洪武年间册为庆阳公主，建文朝改封庆成郡主。

朱棣在营中与庆成郡主相见。见了堂姐，朱棣似乎动了真感情，竟然痛哭起来："我没想到还能活到今天，今天与姐姐相见，真是恍如隔世。"庆成郡主听了也泪流不止。姐弟二人哭了一会儿，又聊到了周王、齐王等人的近况，庆成郡主委婉地转达了建文帝割地求和的意思。

朱棣听后脸色顿时变了，说："本王是父皇亲封的，尚且保不住。如今说什么割地求和，这话谁信啊？我这次起兵，就是遵照祖训，诛杀奸恶，以清朝廷。事情办完，我就回还北平，还做我的藩王。"

庆成郡主感到很为难，沉吟半晌又说："我这次来也是受众弟妹的嘱托。这几年打仗死了不少将士，老百姓的日子也不好过。其实都是一家人的事，你还是别过江了，回去吧，不然等天下太平了，大家见面也不好说话。"

朱棣听到这里，脸上有了愤怒之色，他愤声道："这些年来，奸臣矫诏，发动大军来北平杀我，我九死一生才保全了性命。众兄弟姐妹难道没看到吗？那时大家怎么不为我说话？幸亏上有天地祖宗的保佑，下有我率领的将士拼命，才有我的今天。如今奸臣未除，你们让我回去，凭什么？你回去告诉皇上，如果他能理解我的忠孝之心，同意我入朝，仿照周公辅佐周成王，我就息兵，天下也就安生了。如果不同意，你告诉众兄弟姐妹，还是赶快搬到父皇的孝陵去吧，免得城破之日受到惊扰。"话已至此，庆成郡主只得起身告辞。

议和失败，建文帝更加不知所措。方孝孺连忙宽慰他道："陛下别慌！长江天堑，可挡百万雄师。我们已经将江北的船都烧了，他们没那么容易渡江的。况且现在天气炎热，过不了多久，燕军将士就受不了了，会自动退兵的。"

确实如方孝孺所说，燕军将士已经开始受不了南京的炎热了。朱棣深知，如果渡江迟延时日，等到建文帝征调的勤王之师集合，不仅夺取南京无望，恐怕议和北归也不可得。于是，他下令加快进攻的步伐。

建文三年（1401 年）六月初，燕军抵达浦子口。浦子口是南北津渡的要道，与南京的下关隔江相望，现由盛庸领兵驻守。两军很快战在一处，盛庸率部奋勇反击，燕军渐渐落败，危急时刻，朱高煦赶到。朱棣大喜，对这个儿子称赞有加。朱高煦听了自然高兴，与盛庸军进行殊死拼杀，燕军很快转败为胜，拿下了浦子口。浦子口失陷后，南京就完全暴露在燕军的面前了。

此时对于朝廷而言，能依赖的只有长江天险，以及受命守江的右军都督金事陈瑄。然而，在接到增援盛庸的旨令后，陈瑄却率领舟师投降了燕军，这就为不习水战的燕军增添了不可忽视的兵力。长江在朱棣眼中已经不是不可逾越的天险了。

六月三日，朱棣下令燕军将士登舟渡江。在此之前，他亲至长江边上祭祀大江之神。

这一天碧空万里，江上风平浪静。燕军将士都很高兴，纷纷表示是祭祀感动了大江之神，使之在冥冥中保护着自己，士气更加旺盛。驻扎在高资港（今江苏镇江市丹徒区西）的盛庸军远远看到燕军庞大的阵势，顿时慌了手脚，谁也不肯上前应战，个个慌不择路地往山上逃跑。燕军追奔数十里，斩杀数百人，盛庸单骑逃走，后收拾余众解甲来降。

渡过长江后，朱棣先攻取了镇江，以防止燕军腹背受敌。随后，燕军由镇江西进，驻营于南京附近的龙潭。

此时建文帝正在大殿内如热锅上的蚂蚁一样走来走去，他已经派人去召方孝儒急问对策。方孝儒似乎也没了主意，强装出一副镇定自若的样子劝慰皇上："之前派郡主没能办成事，现在可以再派曹国公等人去讲和，以探燕军虚实，等待援兵的到来。到时挑选精兵强将，内外夹击，肯定可以和燕军拼上一拼。如果失败，陛下可以去四川召集兵马，以待后举。"

建文帝采纳了这一建议，马上派李景隆与兵部尚书茹瑺、都督王佐等再赴燕军军营，重申割地议和之事。

李景隆等人见到朱棣，紧张得一句话也说不出来。朱棣以胜利者自居，用轻蔑的语气问道："诸公来这儿，有什么事情吗？"

李景隆把建文帝准备割地求和的请求说了一遍。朱棣冷笑两声，道："当初说什么大义灭亲，要削夺本王的王位，将本王贬为庶人。今日失败了，又要割地求和。父皇辛苦统一天下，传之子孙万世，哪个敢分割土地，其罪当诛。"他将之前对庆成郡主说的话又重复了一遍，表示自己只求除奸臣，别无他求。李景隆等人只得唯唯而退，回南京向建文帝回禀。

建文帝听了仍然不甘心，又让李景隆马上去见朱棣，言称齐泰、黄子澄等奸臣已被窜逐，待捉拿回来再送交军前，但也没有成功。

就这样，建文帝一次又一次的求和计划成了泡影，缓兵之计全部破产了。

第四节　问鼎南京

明朝的南京城因为是国都，特意修建了两层城墙，易守难攻。此时城内还驻有不少京卫军士，如果指挥得当，全力固守，南京城还是可以抵挡一阵子的。但是，建文帝及众大臣都吓破了胆。因为求和之计全成了泡影，建文帝更加六神无主，在奉天殿召见群臣时，竟然大声哭了起来。大臣们也都黯然神伤，纷纷劝他暂避锋芒，躲到浙江或是湖湘去，以图复兴。方孝孺也没有什么好计策，只是力劝建文帝暂时不必仓促出逃，应坚守京城以待外援，万一不行就去四川，在那里寻机待举。

根据方孝孺的主张，建文帝秘密遣人出城，以蜡丸裹诏书，催促各地赶快出兵勤王。但这些诏书都被燕军截获，直到南京陷落，也没见一支勤王军队赶来。南京城里更加混乱，防守之事几乎无人主持。

对于攻打京师，朱棣相当重视，以他对南京城的了解，他想着必定会有一场恶战。他先派人去朝阳门一带进行侦察，发现并没有什么防备，不禁大喜过望。此时南京城内人心惶惶，许多人在暗中谋划投降燕王。建文帝已经找不到几个可靠的人了，只好让诸王分守城门，但在削藩政策的威逼下，这些亲王在精神上与朱棣是相通的，也都在暗中盘算着投降燕军。

决战前夕，夜色昏暗且压抑，繁华的南京城犹如穿上了丧服，没有一丝繁华的喜色。宫内烛光摇曳，建文帝躺在龙床上辗转难眠，想到祖父将江山传到自己手中，自己只惨淡经营了四年，抱负还没施展，向祖父承诺的江山永固誓言也没兑现，如今一切都将付诸东流了。他越想越痛苦，又愧又悔，忍不住泪水长流。

第二天一早，内官匆匆来报，左军都督徐增寿暗中策划降燕，被御史魏冕、大理寺丞邹瑾等人发现并捉拿，被逮到殿前，请皇上下旨诛杀。徐增寿过去和朱棣一直关系不错，朱棣起兵后，他一直暗中提供帮助，现在见燕军攻到城下，便想再次做内应。建文帝亲自责问徐增寿有没有投降之事，徐增寿见事情败露，就闭口不答。此时已走投无路的建文帝仍然存有恻隐之心，不忍处理徐增寿，只命卫士将他关押起来。

此时，朱棣已率大军来到南京西北的金川门下，奉命守卫此门的是谷王朱橞和李景隆。李景隆出征丧师，临阵脱逃，不治罪已然说不过去，但现在还把这么重要的守卫任务交给他，可见建文帝是真的无人可用了。谷王和李景隆自然也知道建文帝是指望不上了，都决定抛弃这个仁柔的皇帝。所以，当他们在城墙上看到朱棣大军到来，立即打开城门迎接燕军入城。

朱棣下马登上城楼，俯瞰雄伟的南京城，内心感慨万千。他朝东南望去，那一片金光闪烁的楼台殿阁便是皇城，三十二年前，他在那里被封为一地藩王。但他雄才大略，怎能甘心只做一个镇守边关的藩王？如今他又登上了南京城楼，即将成为天下之主，怎能不唏嘘万千？为了这一天，他风餐露宿，披荆斩棘；为了这一天，他装疯卖傻，狂奔街头……一时间，塞外的狂风暴雪、白沟河的朗朗明月、东昌城下的累累伏尸，全都涌现在他的眼前，他忽然仰天大笑："朝廷罹祸，已举兵铲除！"

朱棣进城后，立马派人去接被幽禁的周王和齐王。周王看到许多士兵赶来，以为要杀掉自己，非常害怕，后来得知这是燕军士兵才破涕为笑。

南京城破后，建文帝一改平日的仁柔，发起狠来。他提着剑飞奔到左顺门，亲手斩杀了徐增寿。他的侍卫见了都大吃一惊，这位一向儒雅的青年皇帝竟会发这么大的火。但是，这时杀徐增寿也于事无补了。

斩杀徐增寿后，建文帝又到处寻找李景隆，然而他的身边只剩下一些近臣了。他见大势已去，就跑回宫中，点起了一把火。血红色的火光从红墙黄瓦间高高燃起，卷起滚滚黑烟，飞向天际。建文新政步履维艰地走过了四年的风风雨雨，就这样在熊熊大火中宣告结束。

一场血腥的争夺过后，燕军终于控制了全城。朱棣策马向皇宫奔去，来到承天门前，他发现三大殿后的皇宫笼罩在一片烈火浓烟之中。他最关心的是建文帝的下落，于是派人飞速冲进宫中灭火搜人，并下令全城戒严，严令士兵们守住各门，不得放任何人出入。大火被扑灭了，皇宫的每一个角落都经过反复细致的检查，士兵们从乾清宫的火堆中扒出了一具尸体，已被烧成灰烬。朱棣上前大声慨叹道："小子无知，乃至此乎！"于是宣布建文帝已经死了。

朱棣起兵时，打的旗号是平定国难，那么进入京师后，他就应该捉拿奸臣，然后返回北平继续做他的燕王。然而，谁都知道朱棣的真实目的是当皇帝。难道他就这样直接坐上皇帝宝座吗？不，这样就太明目张胆了，所以，他也像所有的皇帝一样，上演了一出劝进登基的戏码。

攻取京师的第二天，诸王就率群臣上表，力劝朱棣就皇帝位，朱棣不允。

第三天，诸将再上表劝进，朱棣还是不答应。

第四天，当诸王再上表劝进时，朱棣甚至面露不悦之色，一再言称自己无心于皇位。同日群臣再请，朱棣再次固辞不允。

到了第五天，朱棣觉得火候差不多了，再推辞下去，反而不好下台，便表示他本人并不想做皇帝，但是国家不可一日无君，所以勉为其难地"被迫"接受百官的劝进，决定明日登基。群臣无不感恩涕零，纷纷表示愿为新皇肝脑涂地，万死不辞。

建文四年（1402 年）六月十七日，阳光明媚，朱棣换上龙袍，骑马准备进宫，坐上那张自己梦想了几十年的龙椅。正行进间，人群中突然奔出来一个人，挡在他的马前。朱棣身边的护卫立马抽出刀剑护驾。只见那人三十来岁的样子，书生打扮，他见到朱棣不卑不亢，不慌不忙，伏跪在地，朗声说道："翰林院编修杨荣参见燕王殿下，千岁千千岁。"

朱棣一听顿时不高兴了，本王马上就是一国之主了，怎么还是殿下、千岁？

杨荣没有理会朱棣的不悦，平静地问道："敢问殿下，是准备入城，还是准备参拜孝陵？"

朱棣心头一颤，虽然大热天还捂着厚龙袍，但背上还是冒出了冷汗，也不理会杨荣的称呼了，率众掉转马头向郊外奔去。

先即位还是先拜陵，看起来似乎关系不大，其实有着不可忽视的政治影响。拜谒父皇的陵墓后再即位，表明自己是继承太祖的皇位，而不是建文帝的皇位。这对通过战争夺得帝位的朱棣来说，是一件很重要的事情，这样至少可以在天下人心里增加一些自己合法继位的分量。

来到孝陵，朱棣感慨万千。太祖朱元璋已经归天四年，但他还是第一次参拜父皇的陵墓。四年前，他被挡在淮河边上，不让进京；这一次，他占领了京城，即将坐上父皇坐了三十一年的龙椅，此时此刻，他的心情可谓五味杂陈。

在陵墓前，朱棣恭恭敬敬地磕头、行礼、参拜，不忽视任何一个细节，不想留下任何遗憾。参拜完毕，他还下令在南京附近的阳山开采巨型石材，在孝陵为父皇树立一块撑天拄地的"神功圣德碑"。全国先后有万余工匠被征调于此日夜开凿，从碑额、碑身到碑座的三块石材已大体成形。后来因石材过于庞大，无法运输，被弃于阳山西麓。有人说，朱棣从一开始就知道这件事办不成，却偏偏费时费力去做，只是想借题发挥，大造声势，说白了就是想借树碑来表明自己的正统性。

朱棣正式登基称帝后，于次年改元永乐。历经千辛万苦，他终于坐上了那象征着权力巅峰的龙椅。一位新皇帝在文武百官的呼声中诞生了，一个新的时代也由此开启。

第七章

铲除异己惩『首恶』

第一节　"奸臣"名单

朱棣终于登上了权力之巅，坐上了那把他渴望几十年的龙椅，他认为这是自己应得的，因为他为之付出了太多努力。为了这一天，他不惜装疯卖傻、露宿街头；为了这一天，他多次身陷险境、命悬一线；为了这一天，他抛弃了亲情恩义，变得冷漠无情……多少次功败垂成才换来了今天的胜利与成功，他理应兴奋、激动！但他知道自己还有更重要的事情要做，那就是清除那些指责自己篡位、反对自己当皇帝的人。

当初起兵时，朱棣打的旗号是"除奸臣，清君侧"，这个"奸臣"指的是齐泰、黄子澄二人，并未涉及其他大臣。然而现在不同了，他已经当了皇帝，那些不赞同他当皇帝的臣子就都成了"奸臣"。于是，他在脑海中将建文朝的文武大臣全将了一遍，仅文臣就理出了二十九个"奸恶"。这些人中有不少是明初的著名大臣，包括太常寺卿黄子澄、兵部尚书齐泰、礼部尚书陈迪、文学博士方孝儒、御史大夫练子宁、礼部侍郎黄观、大理寺少卿胡闰、大理寺丞邹瑾、户部尚书王钝、户部侍郎郭任及卢迥、吏部尚书张紞、宗人府经历卓敬、翰林院修撰王叔英等。

这份名单几乎把建文时期的六部九卿大臣一网打尽。

在这些人中，工部尚书郑赐、户部尚书王钝、工部侍郎黄福、监察御史尹昌隆四人曾迎驾归附，声称自己是受"奸臣"连累，于是朱棣让他们仍任原职。吏部尚书张紞因为有李景隆和茹瑺说情，朱棣也让他仍任原职。其余的人一律不予宽宥。

手持名单，朱棣越想越不舒服，总感觉耳边还响着反对之声，每每上朝，他看着殿下群臣，总感觉少了点什么。他左思右想，几天后又列了一份名单，将徐辉祖、葛诚、周是修、铁铉、姚善、刘璟、茅大芳等人都列入"奸臣"榜，连同上次的二十九人，共有五十多人。

朱棣所列的"奸臣"名单中到底有多少人，史书上说法不一，有的说有五十多人，有的说有四十四人，也有的说高达一百二十四人。

可以确信的是，朱棣的"奸臣"名单囊括了建文朝文武官员的主要人物，影响特别大。而且，朱棣还公开发出赏格：凡文武官员军民人等，绑缚"奸臣"，为首者升官三级，为从者升二级；绑缚官吏，为首者升二级，为从者升一级。

悬赏令一出，告密者蜂拥而至。不少人因擒获"奸臣"而得官，各地还有不少人趁机挟私报复，抢劫财物，造成了很大的危害。所幸朱棣很快发现了这样做的弊端，赶紧下令制止，然而风气一开就很难及时止住，过了好长时间才平息这场纷乱。

朱棣的皇位是起兵夺来的，所以他的脑海中一直萦绕着一个"篡"字，总感觉别人在指责他，危机感时时侵扰着他。皇帝不好当，他这个"篡"来的皇帝更不好当，心理上的不安最终转化为残酷的杀伐。

朱棣对"奸臣"名单上的人进行了首从区分，对"首恶"进行严惩；

非"首恶"者，只要悔罪降附，就给予宽宥。据史料记载，在惩治"首恶"的过程中，朱棣可谓无所不用其极。

第二节　齐黄"首恶"

朱棣首先要处置的是他的死敌——齐泰和黄子澄，这两个人正是他起兵时"除奸臣"口号中所提到的"奸臣"。

朱棣率兵进入南京城时，齐泰和黄子澄都不在南京。当初建文帝为了敷衍朱棣，说把这二人贬到了外地，实际上是让他们招募兵马去了。黄子澄打算联合苏州知府姚善到海外请兵援助，以图后举。姚善认为此计不可行，黄子澄便自行南下。但在朱棣悬赏活捉"奸臣"的有功人员官升三级的旨令下，黄子澄刚到嘉兴不久便被人发现，并扭送到京师。

对于朝廷在"靖难之役"中的失败，黄子澄应该负有"识人不明、荐人不当"之责，当初他大力推荐李景隆代替耿炳文，使朝廷军在失败的道路上越走越远。李景隆兵败丧师后，黄子澄请建文帝治李景隆的罪，建文帝慈悲心肠，竟然不肯，那时他已经看出建文朝凶多吉少，内心愧疚难当，曾写诗斥责李景隆，其实也是在深深地自责。

黄子澄被押到南京后，朱棣亲自审问。黄子澄坚贞不屈，仍然称朱棣为"殿下"，而不是"陛下"，遭到左右侍从的呵斥。黄子澄不以为然，傲然斥责道："臣知道殿下用武力夺取了天下。要不是皇上宽容忍让，哪里有你的今天？"

朱棣还是比较爱才的，想给黄子澄一条活路，便一脸和气地劝道："朕早就听说黄爱卿博学多识，如果你能迷途知返，朕可赦免你所有的罪过。"

黄子澄哈哈一笑，说："富贵不过是过眼云烟，有什么重要的？殿下既然做出这等篡逆之事，就不担心子孙后代有一天也照你的样子做吗？"

黄子澄这句话点燃了朱棣的怒火，他可以夺侄子的帝位，但绝不允许子孙骨肉相残。他气得半天说不出话来，遂转移话题问道："你为何要渡海搬兵与朕作对？"

黄子澄答道："先皇举义旗兴兵以定天下，看殿下勇武就封你为藩王，授你兵权，是让你保卫皇室的。而你呢，反而起兵与天子争夺天下，使皇室自相残杀。我去海外只是想借外力，与你的叛逆谋反截然不同。"

朱棣最不爱听的当数"叛逆"二字，听了黄子澄这番话，他怒火更炽，遂下令将黄子澄的族亲及妻族外亲都抓起来，一时间牢房内哀号震天。然而黄子澄仍然一脸平静。

朱棣说："朕早就猜到你不会为朕效命，既然如此，你就写下你的供词吧。"说完让人拿来笔墨给黄子澄。

黄子澄提笔写道："我黄子澄是先帝时的文臣，没有尽到职责，早早削除燕王，以致让他攻入京城，变成今天这个场面，给国家造成滔天大祸，希望后代子孙不要效仿。"

朱棣阅后恼羞成怒，遂命刀斧手将黄子澄砍杀。

黄子澄的江西籍亲族皆被斩首，姻亲外族一律发配戍边。只有一个儿子侥幸逃脱，改姓田，辗转湖广咸宁以避灾祸。直到明正德十五年（1520年），朝廷下诏为黄子澄平反昭雪，这个孩子才敢恢复"黄"姓。

齐泰是另一"首恶"。当时他奉密诏赴外地募兵，以图后举。但京师已经陷落，想举兵复兴已经不可能了。全国各地都在通缉他，风声甚紧。为躲避追捕，齐泰只好化装出行。他原本骑一匹白马，人们都认识他。为免被认出，他就用墨把马染成黑色。可是因为匆匆赶路，白马出汗，身上的黑墨就脱落了，齐泰也很快被人认了出来，擒送京师。

齐泰眼看复兴无望，壮志未酬，不禁仰天长叹，失声痛哭。和黄子澄一样，齐泰也不愿向朱棣屈服，于是被残忍杀害，还被"族诛"，堂兄弟齐敬宗等人被连坐，叔父齐时永、齐阳彦等被谪戍，亲戚乡党骆氏等五十多家也被打入军籍。齐泰年仅六岁的儿子因年幼免死，配给功臣家为奴，到仁宗时才被赦还，可谓不幸中的万幸。

第三节　铁血武将

朱棣起兵时只说铲除"齐泰、黄子澄"两个"奸臣"，但齐、黄二人被杀后，他并没有放下屠刀，而是继续挥向了其他大臣。在建文诸臣中，死得极为惨烈的还有铁铉和陈迪。

铁铉是山东布政使，朱棣南下时，曾在济南、东昌两地被铁铉打败，以致不敢再取道山东南下。朱棣对此一直耿耿于怀。朱棣攻破京师后，铁铉还在山东一带率领兵马抵抗，不肯降附。后来，朱棣设计将铁铉拿下，诸郡才随之平定。铁铉被押送到京师后，不肯朝见朱棣。朱棣亲自审问他，他就背立廷中，还谩骂不止，历数朱棣的罪状。朱棣让他回过头来看一下，他始终不肯回头。

铁铉死时三十七岁，父母都已八十高龄，仍被放逐到海南。铁铉的长子福安，时年十二岁，谪戍广西；次子康安，年仅七岁，起初发往匠铺，后被杀死。铁铉的妻女都被发往教坊司充作女乐。

陈迪的祖上为武臣，世抚州守御百户，陈迪却因精通五经而被推荐为文官，洪武中期官至云南右布政使，曾率士兵平定普定、曲靖、乌撒（治所在今贵州威宁）、乌蒙（治所在今云南昭通）等部。建文初期升为礼部尚书，督运军储。朱棣入京后，陈迪被逮捕，朱棣亲自对他进行审讯，陈迪抗节不屈，与其子凤山、丹山等六人同日被凌迟处死。诸子受刑前哭道："父亲连累了我们啊。"陈迪听了喝斥他们闭嘴，然后继续大骂朱棣。

人们在收尸时，从陈迪血染的衣带中发现一首遗诗：

> 三受天皇顾命新，山河带砺此丝纶。
> 千秋公论明于日，照彻区区不二心。

陈迪的妻子管氏自缢而死，幼子陈珠仅五个月大，乳母将其藏于水沟中才得以幸免。

第四节　"诛十族"

为了表明自己夺位的名正言顺，朱棣登基之后迫切要办的一件事，就是发布一份登基诏书。至于写这份诏书的人，他想到了当朝第一文臣、道衍所说的"天下读书人的种子"方孝孺。

方孝孺，字希直，一字希古，号逊志，曾以"逊志"名其书斋，浙江宁海人。他自幼聪慧，五六岁就能背诵大量古诗词，还会作诗。十五岁时，其父因官职变迁来到济宁，方孝孺也随之来到北方。之后他发愤读书，翻阅了大量的古典名著，吸取各家学问之长，后来又拜宋濂为师，很快就赢得了宋濂的青睐，成为其得意门生。

洪武十五年（1382年），方孝孺被推荐给朱元璋。来到南京后，他奉皇上谕旨在奉天门作《灵芝》《甘露》两首诗。朱元璋看后称赞有加，于是大摆筵席，要亲自接见。席间，朱元璋故意让宫女将方孝孺座位的椅子和餐具摆得乱七八糟，想以此试探他的人品。方孝孺到后，拜过皇上，看到座椅不正，马上过去扶正后才缓缓坐下。朱元璋见了非常高兴，认为他举止大方贤雅，而且知识渊博，就想让他辅佐自己的子孙，于是赏赐他许多财物，并派人送他回到家乡。

返乡后，方孝孺闭门读书，刻苦钻研学问，一读就是十年，其间写了大量的诗篇名著。方孝孺二十一岁时，遭遇了一场不幸，他的父亲遭仇人起诉，方孝孺也受到了牵连，家被官府封了，他们一家被押到南京问罪。朱元璋在诉状上看到方孝孺的名字后，下令把他放了。

洪武二十五年（1392 年），方孝孺再次被推荐给朱元璋，朱元璋授予他汉中府学教授之职。由于他学识渊博，通晓经史，深受蜀王朱椿的赏识，聘请他做了世子的老师，并在他读书的地方题字"正学"。自此以后，人们便尊称方孝孺为"方正学""正学先生"。

洪武三十一年(1398 年)，建文帝朱允炆登基。建文帝主张以文治国，所以极其看重方孝孺，召他回南京任翰林侍讲学士。建文帝非常信赖他，经常向他请教国家政事。朱棣起兵后，朝廷出师北伐，讨逆的诏檄也都出自方孝孺之手。建文帝将他视为当朝的士林领袖，言听计从，十分尊重，故而君臣相处十分和谐。方孝孺对建文帝也非常忠心，为朝政鞠躬尽瘁，全力以赴。

建文四年（1402 年），南京城破，方孝孺拒不迎降，闭门不出，并为建文帝披麻戴孝，昼夜啼哭。

朱棣出师南下时，道衍曾跪在朱棣面前密托："方孝孺博学多才，人品端正，为朝廷作了很多贡献。如果我们攻破南京，他肯定不会投降，但是请殿下千万不要杀他。杀了方孝孺，天下读书人的种子就绝了！"朱棣也曾听说过方孝孺的为人，于是就答应了。

如今要起草登基诏书，朱棣首先想到了方孝孺，觉得这份诏书由他来写更有说服力，能够起到安抚天下人心的作用，于是将方孝孺召至殿上，让他草拟诏书。然而，方孝孺虽为一介书生，却固执得很，一点也不买朱棣的账，在大殿上痛骂朱棣篡权，声音响彻殿宇。

朱棣虽然不高兴，但并没有发作，还命人给方孝孺设座，亲自上前劝慰道："先生这是何苦呢？本王只是想学周公那样辅佐成王罢了。"

方孝孺听了反唇相讥道："成王何在？"

朱棣皱眉说："自焚死了。"

方孝孺接着问："燕王为什么不立成王的儿子呢？"

朱棣辩解道："国家大事都是依赖年长的人。"

方孝孺直视朱棣，又问："那你为何不立成王的弟弟？"

朱棣有些火了，不耐烦地说："这是朕的家事，先生就不需要过问了。"

朱棣命人强行把笔墨塞给方孝孺，命令道："昭告天下的诏书，必须由先生亲笔来写！"

然而方孝孺毫不畏惧，傲然提笔在诏书上写了"燕贼篡位"四字，然后把笔扔在地上，厉声骂道："大不了一死，但是诏书我是绝对不会写的！"

朱棣大怒，说："难道你就不顾你的九族吗？"

方孝孺回答："你就是灭我十族又如何？"然后继续大骂。朱棣彻底被激怒了，厉声说道："既然你找死，朕就成全你！"

最终，朱棣将方孝孺磔杀于聚宝门外，并诛其包括朋友、门生在内的"十族"，入狱充军流放的也不可胜数。据说，方孝孺就刑时曾留下一首《绝命词》：

> 天降乱离兮，孰知其由？
>
> 奸臣得计兮，谋国用犹。
>
> 忠臣发愤兮，血泪交流。

以此殉君兮，抑又何求？

呜呼哀哉，庶不我尤！

方孝孺的两个女儿还年轻，没有嫁人，被逮到京城时，二人一起投秦淮河死了。

监察御史郑公智、陕西按察司金事林嘉猷都是方孝孺的学生，曾任巩昌通判、河南参政的郑居贞是方孝孺的朋友，这些人都受株连而亡。方孝孺死后，他的学生廖镛、廖铭因收其遗骸送葬，也被诛杀。刑部左侍郎胡子昭拜方孝孺为师，自然也被诛连。

在方孝孺之前，中国尚无"诛十族"之说，最重的也只是"诛九族"，而朱棣竟然诛方孝孺"十族"，可见他对建文旧臣的恨意有多深。

第五节 "瓜蔓抄"

在屠杀建文遗臣时，朱棣做下的另一件令人发指的事情便是"瓜蔓抄"。所谓"瓜蔓抄"，简单地说就是顺藤摸瓜，广加株连，滥杀无辜。这件事的主角是御史大夫景清。

景清，本姓耿，误传为景，明代邠州宜禄驿（今长武县芋元乡景家河村）人。景清自幼父母双亡，在外祖母家长大，并入了真宁（今甘肃正宁县）籍。景清自幼聪明好学，成绩优异。据说他在国子监读书时，曾借同学的书来读，说好读完就还。他不分昼夜地阅读，并熟记在心，可是超过期限好多天，他也没有归还。同学向他要，景清却说书是自己的，二人争执不下，便去请老师评判。景清当着老师的面将书背了一遍，一个字也不差，而那位同学却一句也背不出来，老师于是判定书是景清的。等老师走后，景清便把书还给了同学，并说：

"我是跟你开玩笑的，只是读书必须用心才行，藏着书不去读有什么用呢？"老师和同学无不惊奇，纷纷称赞景清才思敏捷、聪慧过人。

洪武二十七年（1394年），景清考取进士，以榜眼初任编修，后授御史。他为官做人洒脱豪爽，注重大节，刚直不阿。洪武三十年（1397年）春，朱元璋召见景清，任命他为左金都御史。后来，因为写奏章时偶尔会出现错字，景清常揣着印章更改，不料被给事中弹劾入狱，不久后被赦免。建文时期，景清任北平参议。朱棣见他博闻强识，议论明晰中肯，一直想要拉拢他，帮自己夺取江山。但景清始终不为所动，当他觉察朱棣图谋篡位时，便与方孝孺、练子宁等结盟起誓，力保建文帝。

建文四年（1402年），南京城破，建文朝臣很多同殉国难，不久，方孝孺等人也遭屠杀。景清因与朱棣有旧交，仍任原职。景清一直认为建文帝没有死，于是假装投降朱棣，伺机再图举事。他的袖子里天天藏着一把匕首，时刻观察着朱棣，打算等朱棣松懈下来就实施刺杀，然后找回建文帝让他重新称帝。

一天早朝，景清正准备刺杀朱棣，巧的是钦天监曾提前提醒朱棣"赤色犯上"，而那天景清正好穿着绯红色官袍。朱棣见状起了疑心，命校尉搜查，果然在景清袖子里搜到一把匕首。景清见事情败露，便开始咒骂朱棣："叔夺侄位，如父奸子妻！""我要为先主报仇。"朱棣听了既失望又愤怒，但景清仍骂不绝口。

景清死前的惨状实在令人不忍直视，连朱棣自己也噩梦不断，总感觉周围有景清的阴魂在向自己索命。于是，景清九族被诛，并辗转牵连，时人称为"瓜蔓抄"。景清的原籍亲属全被迫害，街坊邻里也受到株连。

"瓜蔓抄"的打击面远超"诛十族"，因为它没有界限可言，只要与当事人有一丁点关系，都可能受株连而死。

朱元璋当年猜忌多疑的心态现在轮到朱棣来体验了，对于建文旧臣，他总是持怀疑态度，感觉他们不是真正效命于己。"篡权"二字成了他的禁忌，更成了他心中的阴影。因此，他的屠刀久久不愿放下，使得这场屠戮持续了二十年之久。无辜罹难者成千上万，难以尽数。其杀戮之惨、手段之恶、株连之广，为历朝历代所罕见，因而遭到后世人的严厉谴责。

第六节 疑踪难释

朱棣一边屠戮着建文旧臣，一边在心里思索着一件事——建文帝在哪里？如果建文帝真的死了，那自己所做的一切都顺理成章；然而他知道建文帝没死，虽然当时他冲着一具焦尸痛哭失声，大声悲叹："小子无知，乃至此乎！"但他比任何人都清楚，那具尸体不是朱允炆。这件事就像一根刺，扎在朱棣的心头，让他寝食难安。

建文帝到底死没死？如果活着，他又在哪里？人们在猜测，朱棣也在苦苦寻找。这事还是从朱棣攻破南京城说起吧。

有逸闻这样记载：南京城破，建文帝怒杀徐增寿后，遍寻李景隆而不得，便想自杀。这时，大臣程济劝说建文帝出逃，以图再举。

建文帝沉郁地说："出逃或许是一个好主意，如果生活在列国时代，出逃定然可行。列国时，诸侯割据，这国不存去另一国。但今天出逃就行不通了，因为现在天下一家，逃到哪里都在大明境内，一查就能查到。再说，燕王已经不念君臣大义，更不会念叔侄亲情。与其日后被逮捕杀害，不如现在与社稷同死。"

程济说："兴亡是天命所在，难道死生就没有天命吗？陛下只有活着，才能看到天命。"

建文帝说："天命既然已定，行事前必先谋划。朕是一国之主，应该逃到哪里？还能做什么？为士为农，还是为工为商？应当先确定好一切，才能不暴露。"

程济说："士农工商都不是帝王应做之事，陛下只有落发为僧，才能游历在外。"

二人正讨论间，少监王钺跪下哭奏："陛下，今日落难，奴才有一事不能不说了。"

建文帝说："都到这个时候了，还有什么不能说的，快快说来听听。"

王钺忙说："先皇去世时曾留下一个匣子，是诚意伯刘基制作的，说临大难时可打开。"说罢涕泪如雨。

建文帝听了忙命人取来，打开一看，里面有几张度牒，一张上面写着法名"应文"，显然是给建文帝的。此外，匣子里还有袈裟、鞋帽、剃刀。匣子的旁边用红笔写着一行字："应文从鬼门出，余从水关御沟而行。薄暮，会于神乐观之西房。"

鬼门并不是皇宫的门，而是皇宫里的一条通道。于是，朱允炆带着身边的人来到鬼门，只见一艘小船已经等候在那里。原来，神乐观道士王升昨夜得朱元璋托梦，特来此处接建文帝。从此，建文帝在这些人的陪伴下，开始了流落江湖的生活。

至于建文帝都游历了哪里，做过什么事情，野史上多有记载，在此不赘述。还是来说说史书上朱棣对侄子的追踪吧。

朱棣明白，建文帝的存在就是一个隐患，随时有可能回来夺走自己好不容易得来的皇位。要想终结这一噩梦，必须找到这个侄子。于是，他一面发出诏令，在全国追治所谓"奸臣"，并追缴在逃诸臣；一面派心腹大臣四处查找建文帝的下落，有的明言出使，借机察访，有的则扮成普通百姓，秘密寻找。

永乐三年（1405 年），朱棣派太监郑和出使西洋，目的之一便是寻找建文帝。当时朱棣听说建文帝游历到了海外，急忙派内臣郑和率队，浮海下西洋。或许朱棣也没想到，这个举动后来会发展成为"郑和七下西洋"的盛事，使之青史留名。

永乐五年（1407 年），朱棣命户科都给事中胡濙以颁御制诸书及访寻仙人张邋遢为名，遍行天下州郡乡邑。"颁御制诸书""访仙人张邋遢"都只是明面上的任务，胡濙的主要任务和真正目的是秘密寻找建文帝的踪迹。

张邋遢是明朝初年颇具传奇色彩的一个民间人物，他的原籍是辽东懿州（今属辽宁黑山县），名全一，号三丰。因整天不修边幅，人称张邋遢。他身形修长，龟形鹤背，大耳圆目，胡须根根如针。不管是寒冬腊月还是盛夏酷暑，他随身都只有一件破衲衣和一领蓑衣。

此人记性特别好，读书过目不忘，说话特别诙谐风趣。传言说他能日行千里，居无定所，和我们在电视上看到的济公的形象差不多。当年朱元璋听说了张三丰的大名，曾派人访察，始终没能见着。如今朱棣又派胡濙去寻找，仍是一连找了好多年也没找着。或许胡濙一开始就没打算去找张三丰，毕竟他的真正目的是访察建文帝的下落。

胡濙游历民间达十年之久，将访察到的情况一一上报。朱棣非常重视胡濙的汇报，特命他将汇报的字迹写得大一些，以便夜间接报也能立即阅看。为避免泄露密察情况，朱棣不仅派胡濙外出寻访，还另外派了一些人暗中监视胡濙的行为。永乐十四年（1416 年），胡濙回到京师，向朱棣汇报了访察的细节，但是关于建文帝的下落只有一些民间传闻，并没有确切的情况。朱棣对此很不放心。这一年，胡濙的母亲病故，按规定他应回家守丧。但是朱棣没有批准，仍然让他外出访察。这种行为在明朝制度中称为"夺情"，没有特别重大的事情是不容许的。由此可见，在朱棣心目中，寻觅建文帝的踪迹是至关重要的事情。

永乐十四年（1416年）年底，发生了谷王朱橞案。朱橞是当年"金川门之变"的当事人，他或许知道朱允炆的下落。他利用蜀王之子崇宁王朱悦燇获罪逃到谷王府避匿的机会，欺骗众人说："往年我开金川门，出建文君，今在邸中。我将为申大义，事发有日矣。"这虽然是一场骗局，但朱橞作为当事人，必定知道许多内情，这才敢编造出建文帝在他家中的谎言。

当时老百姓之中也有人前来告发，说发现了建文帝的踪迹。浙江浦江郑义门厅中有建文帝亲书的"孝友堂"三字，于是有人向朝廷告发，称建文帝藏身于此。而这里正是建文朝翰林待诏郑洽的家，曾被朱元璋赐封"江南第一家"，传说建文帝出逃后认为这家人忠孝可恃，便藏匿于此。朱棣闻报急忙派人前去搜查，结果一无所获，他大怒之下，以诬告罪砍了告发者的脑袋。这个告发者明显触碰到了朱棣的痛处——他明明已经宣布建文帝死了，怎么又出来个建文帝？这不是打皇帝的脸吗？岂能活命！

永乐十六年（1418年），已官拜太子少师的道衍临终前请求朱棣释放僧人溥洽。溥洽是建文帝在位时的主录僧，因为建文帝一事被朱棣囚禁了十六年。道衍是"靖难"成功的首要功臣，他临死前提出这么一个请求，朱棣哪能拒绝，于是下令释放了溥洽。

释放溥洽，或许是因为朱棣认为朱允炆对自己的皇位已经构不成威胁了，不过查访之令并没有解除。永乐十七年（1419年），朱棣再派胡濙出巡江、浙、湖、湘诸府。这一次胡濙在外待了四年，至永乐二十一年（1423年）还朝奏事时，京师已迁至北京。胡濙到京请奏时是深夜，朱棣已经就寝，听说胡濙赶到，急忙起身召见。两人密谈至次日凌晨，胡濙才离开。虽然无人知晓密谈内容，但肯定与建文帝的踪迹有关。或许是得到了建文帝不再成为隐患的确切消息，如果不是死亡，那必定是已示甘心让国，恩怨勾销，总之可以放下心来了。两个月后，朱棣北征回师，下诏将建文旧臣死难者的家属都放了，并归还田产，这时才有人敢上奏与建文帝有关的事情。

至此，追寻多年的疑案总算了结，这时距朱棣去世只有八个月的时间。朱棣起兵夺位二十二年，却被朱允炆的疑踪困扰了二十一年。

第七节　野蛮"漂白"

朱棣肆意地屠戮建文旧臣，看着那些血淋淋的场面，他也感到过于残忍，心里很难受，可是他一听到"建文"二字，就忍不住拿起屠刀。因为这两个字实在太刺眼了，它无时无刻不在提醒着他的皇位得之不正。"不，朕要让'建文'彻底从这个世间消失！"朱棣暗下决心，并命人将道衍召来，心想："道衍肯定有办法！"

道衍很快来到大殿，朱棣将自己的烦心事和盘托出。道衍沉思片刻，说道："陛下，您忘记在北平誓师大会上讲的话了吗？"

真是一语点醒梦中人，朱棣一想，对啊，当初北平起兵时不是打着"恢复祖宗旧制"的旗号吗？当时自己怒声指责朝中奸臣变乱成法，破坏祖制，自己是为了"诛奸恶、保社稷、救患难、全骨肉"才起兵的，如今自己取得了胜利，必须抓紧时间恢复祖制，才能证明自己是太祖的正统继承人，是祖制维护者。他和道衍商议一番后，开始兑现当初"复旧"的誓言。

历史上朝代更迭屡见不鲜，但是不管是什么原因导致的更迭，都不会绝断前代的历史记载，而且新皇会命人为前代修史，就算是无道暴君，也只是革其命而不会去其位号，自春秋以来一直如此，但朱棣却是一个例外。或许是篡位者的心理作祟，他和道衍商议后，下令将建文四年（1402 年）改称为洪武三十五年，以后又将建文一朝共计四年全部革除，硬生生地从历史记载中夺去客观存在了四年的建文朝。

朱棣以"建文信任奸恶，悉更旧制，使天下臣民无所遵法"为借口，废除了建文帝的全部变革措施。比如，对建文帝实行的一些制度、上的一些尊号、改用的一些名称，一一进行更改，使之恢复洪武时旧制；恢复洪武朝的严刑峻法和江南重赋，使被精简掉的官僚机构很快又臃肿起来；建文年间遭废黜幽禁的诸王也一律恢复王位。

值得一提的是对太祖朱元璋和马皇后的改谥。建文帝给太祖朱元璋的谥号是"钦明启运俊德成功统天大孝高皇帝"，马皇后的谥号是"孝慈高皇后"。在古代，谥字越多表示越尊崇。为了表明自己是太祖的正统继承人，朱棣以极其隆重的礼仪给父母重新上了谥号，为朱元璋上的新谥号是"圣神文武钦明启运俊德成功统天大孝高皇帝"，马皇后的新谥号是"孝慈昭宪至仁文德承天顺圣高皇后"。朱元璋的谥号由原来的十五个字增至十九个字，显得更尊崇了。

为了塑造自己夺位的合法性，掩盖篡位的事实，朱棣不仅革除了建文帝的年号，还将建文朝的官方档案及记载粗暴地尽数毁除，对自己不利的部分一个字也不留，以致"旧园蚕室，尽付灰劫，头白汗青，杳如昔梦"，建文朝事十无一存。

如此大刀阔斧地革除一通后，朱棣长长地出了一口气："这下子建文总算不存在了吧。"谁知他的心情还没彻底轻松，一抬眼看到案桌上的《明太祖实录》，他心头的怒火又冒了出来。这部《明太祖实录》是建文元年（1399 年）修的，里面的文字肯定不利于自己，这样的东西怎能流传下去？

第二天，朱棣在朝会上对群臣说，《明太祖实录》"遗逸既多，兼有失实"，下令曹国公李景隆、忠诚伯茹瑺为监修，解缙为总裁官，重修《明太祖实录》。李景隆等人不敢懈怠，日夜赶工，于永乐元年（1403

年）六月，将修成的《明太祖实录》上报朱棣。李景隆毕竟是武将出身，难以领会朱棣的真实用意。起初，朱棣并没有表示出什么不满，除按照常规由礼部安排盛大的祝贺仪式外，还称赞纂述翔实，并对参与纂修的官员进行了嘉奖。

然而八年后，朱棣心里的刺又长了出来，每每翻阅那部实录，他又开始觉得刺眼，于是把过去褒奖李景隆、茹瑺等人的话置之脑后，斥责李景隆等心术不正，又成于急促，未及精详。永乐九年（1411年），朱棣命姚广孝（道衍和尚）、户部尚书夏原吉为监修，翰林院学士兼左春坊大学士胡广以及胡俨、黄淮、杨荣为总裁官，再次对实录进行修改。

这次实录的撰修费时五年多，修改得比较彻底。进呈之日，朱棣翻阅了好长时间，终于表示稍稍称心，笑着说："这回差不多了，朕比较满意。"

此书即今天所传的《明太祖实录》，与二修本相比，三修本补充了不少材料，同时也篡改得更为仔细，几乎达到了不留痕迹的地步。经过篡改的实录主要在"嫡出"和"靖难"两个方面对朱棣大加粉饰，为朱棣夺位制造种种合理借口。实录中增添了朱元璋"国有长君，吾欲立燕王"之语，还增添了朱元璋临死之前"敕符召燕王还京师，至淮安，用事者矫诏却还。及帝临崩，犹问：'燕王来否？'"等语，意在表示朱元璋曾产生过把皇位传给朱棣的念头，影射建文帝及其追随者阻挠了此事。说白了，就是再三表明，朱棣发动"靖难"是顺天承命。

不仅如此，朱棣还命人修撰了《奉天靖难记》，进一步销毁建文帝的历史痕迹，歪曲建文朝的历史事实，以表明自己夺位的合法性，对建文帝朱允炆及其父朱标极尽诬蔑之能事。书中还照搬《明太祖实录》中的一些说法，不惜笔墨地叙述朱棣当燕王时是多么智勇双全，多么受人拥戴，而将建文帝炮制成一个荒淫无道、完全具备被推翻条件的君王。

《奉天靖难记》所写的内容，后来又完全被《明太宗实录》抄录进去，并将建文年号革除，借以证明朱棣是直接继承太祖之帝位。这样的纪年方法和歪曲的建文朝史事，最终以官史实录的名义被记述下来。

朱棣对建文朝史实的撰修，其实就是他的一场名誉保卫战，意在为自己篡位"漂白"。然而，修改了文字，抹杀了表面名称，朱棣内心的那根刺就真的能拔出吗？不，刺仍在，他依然在惶恐，时常梦见建文帝朱允炆来向他索要皇位。

第八章

巩固皇权兴厂卫

第一节　甜蜜削藩

　　登上权力之巅后，朱棣并没有感到轻松，烦心的事情一件接着一件，尤其是作为一个以藩王身份夺取皇位的皇帝，烦心事更多。

　　建文帝削藩，才给了自己这个藩王一个崛起的机会，他绝对不能走建文帝的老路。那么，像父皇当年那样分封藩王吗？也不可，那不就等于给别人机会吗？万一别的藩王也仿效自己起兵夺位怎么办？朱棣太清楚封藩的弊端了，不由得想起当年叶伯巨对父皇封藩太侈的控诉。

　　那是发生在洪武九年（1376 年）的事情。那一年钦天监从年初开始便不断报告星象异常，朱元璋便诏令征求直言。

　　宁海人叶伯巨，当时以国子生的身份被授予平遥县儒学训导之职。他早就看出朱元璋政策上的失误，便呈上一份《万言书》。一些朋友曾劝他不要上书，以免招来杀身之祸。叶伯巨丝毫不惧，说："如今天下有三件事令人担心，其中两件事易见而患迟，一件事难见而患速。即使没有征求直言的诏书，我还是要说，更何况如今皇帝已下明诏。"

叶伯巨所说的"易见而患迟"的两件事是指"用刑太繁"和"求治太速";"难见而患速"的那件事,则是指"封藩太侈"。叶伯巨在《万言书》中总结了历代分藩裂土的祸事,恳请皇上切不可走历史的老路,避免因尾大不掉而致乱。

朱元璋读了叶伯巨的奏疏,大发雷霆,高呼:"小子离间朕之骨肉,赶快抓来,朕要亲手杀了他。"叶伯巨被投入刑部的监狱,最终死在狱中。

藩王对皇权的威胁之大,建文帝朱允炆知道,朱元璋后来也知道,朱棣更加知道。

削不成,封不成,该怎样处置这些藩王呢?朱棣起兵时,各藩王给他提供了不少帮助。比如,宁王朱权借精兵给他、谷王朱橞打开金川门免了一场厮杀……藩王问题令朱棣头疼不已,他不愿学建文帝野蛮削藩,也不能仿太祖赋予藩王重权,必须想一个好办法才行。

朱棣派人召集姚广孝等人前来商议。姚广孝不愧是朱棣所倚重的谋臣,很快便有了主意,他给朱棣讲了一个"温水煮青蛙"的故事,朱棣听了连连点头,遂下令恢复被建文帝废黜幽禁的诸王的王位。诸王纷纷入京朝见新皇,朱棣不仅给予优待,还大行赏赐。这一举动为他赢得了一片掌声,既收到了尊崇祖训、笃亲亲之义的宣传之效,又笼络了人心,巩固了皇位。朱棣"靖难"联合亲王、军人组成集团,现在他登上皇位,便做出一副与诸王分享胜利果实的姿态。

诸王与皇帝的关系一派和谐,王爷们都满心欢喜地等着与朱棣共享胜利成果,结果等待他们的却是手中的权力逐渐"缩水"。朱棣在满脸笑容地与他们大叙兄弟之情时,暗中已经开始了"温水煮青蛙"的计划。

建文四年(1402年)七月,朱棣命左都督袁宇前往四川、云南整肃军备,镇抚一方,并给岷王朱楩写了一封信,让朱楩"凡事可与袁宇计议而行"，还说朱楩所在封地至关重要，让他凡事要万分小心，谨言慎行，"庶诸夷有所瞻仰，而不负兄之所望"。话说得要多贴心有多贴心，事实上，藩王的地位发生了根本性的变化。《皇明祖训》规定，诸王下天子一等，公卿大臣皆不得与之抗礼。朱棣为燕王时，诸王在藩国都曾节制诸军。如今朱棣竟然让岷王朱楩凡事与命将计议而行，可见其地位已一落千丈。

同年九月，朱棣对各王府官军进行了一次赏赐，"赏分三等"："第一等比奇功，第二、第三比头功，第四等比次功例，不升官者加赏钞十锭，典膳仍在本职，食俸同正六品，赏准次功百户例，舍人准次功总旗例，凡五百八十七人，赏钞有差。"这样的事情是没有先例的，《皇明祖训》规定："凡王国有守镇兵，有护卫兵。其守镇兵有常选，指挥掌之。其护卫兵从王调遣。"王府护卫是亲王控制的军队。朱棣这一举动，扩大了皇帝对王府官军的影响，削弱了藩王的控制权。

对待这些藩王，朱棣将"温水煮青蛙"的手段玩得炉火纯青，诸王在其甜蜜与温情中丧失了很大的权力。

朱棣觉得藩王中最不好解决的是宁王朱权。朱棣当初向宁王朱权借兵时，曾与其有"中分天下"的约定，但现在真的要"中分天下"吗？朱权不敢想，朱棣也不愿这样做，但是姿态还是要做一下的。于是，朱棣让徐皇后将朱权一家约到宫内用餐。作为朱棣的贤内助，徐皇后对朱棣的安排一向言听计从。

接到徐皇后的消息后，宁王朱权在天刚黑之时便带着家眷赶到了皇宫。朱权比朱棣小很多，年纪如同朱棣的儿子一样；但是在谋略上，朱权比起朱棣却差不了多少。或许在接到邀请之时，他就猜到了朱棣的用意，不过在徐皇后面前，他丝毫没有表露出来，始终面带微笑地与之叙家常，只是在闲谈之时，双方都有意避免谈及政事。

徐皇后先问了一些关于朱权的儿子启蒙的事情。朱权的儿子还未启蒙。朱权笑着回答："臣平时只教授他一些经史之类，只是臣的学识有限，还得给他找一个合适的先生才行。"

徐皇后温婉地笑着说："这事好办，让你四哥帮忙找一个，那孩子聪明，切不可耽误了他。"朱权连忙拜谢："多谢皇后娘娘！"

几人聊了一会儿，朱棣回来了，一进门他便朗声笑道："十七弟，久等了！"

皇帝回来，免不了跪拜行礼。朱棣始终哈哈笑着，屋内一派祥和。寒暄一阵后，朱棣便命人传膳。虽然是请人吃饭，但朱棣的膳食依然简单，丝毫不见奢侈之迹象。朱棣笑着说："十七弟，朝廷国库困难，膳食简单些，你不要介意啊。"

朱权回答道："膳食已经很好了，多谢陛下！"

朱权早就猜到朱棣这次宴请的意思，没等朱棣开口，他便主动起身，先行一礼，说道："陛下，臣弟有一事相求！"

朱棣原本想等酒过三巡之后再谈正事，没想到朱权竟先开了口，他脸上有了一丝变化，说："十七弟是朕'靖难'的有功之臣，有什么要求尽管提。"

朱权说："大宁是一个苦寒之地，终日漫天黄沙，再说臣弟的能力不足以守北疆之重地，以后臣弟只想弹琴、读书，望陛下能改封臣弟到南方之地。只要陛下有用得着臣弟的地方，臣弟愿时刻为陛下效忠，肝脑涂地，在所不辞。"

朱棣闻言顿时松了一口气，看来这十七弟还挺有自知之明的。他亲切地拉着朱权重新坐下，笑着说："十七弟，在家里就不要行如此大礼了，快快坐下说。当初朕许诺与你共天下，又怎能食言？今天朕找你来就是与你说这件事情的。"

朱权听了连忙下跪，说："陛下折煞臣弟了，'靖难'过程中，臣弟并没立下什么大功，哪里有资格与陛下共天下？再说江山社稷怎能有两个君主，陛下乃真龙天子，臣弟哪能与真龙天子共天下。臣弟没有什么大志向，只想到一个地方做一个逍遥王爷，请陛下恩准！"

朱棣这下更放心了，扶起朱权说："你我兄弟，哪用行如此虚礼，快快起来。既然十七弟一心想出藩，不知可否想好了去处？"

朱权早就为自己选好了地方——苏州，那里风景怡人，反正他也无心朝政，那里很适合他舞文弄墨，修身养性。于是，他又跪下说："臣斗胆请命，请皇上准臣弟建藩苏州，臣弟自当感念圣恩，肃治藩务，为国效命！"

朱棣思忖片刻，推辞道："十七弟，你想就藩安国，是理所当然的事情。只是苏州是畿内之地，因循祖制，不宜建藩啊。"

朱权见得不到苏州，便退而求其次，道："既然苏州不便，那钱塘如何？"

朱棣回答："太祖在世时，曾想将钱塘封给周王，终不能往，朕怎敢擅逆太祖之意？"

朱权无奈，只得说："那就南昌吧。"当时的南昌还属于比较荒僻的地方，所以朱棣满口答应下来，说："好，就以南昌为十七弟封地，以大宁王府规模为十七弟兴建王府，即刻动工。这段时间，十七弟先留在京师，等那边王府建好了再动身也不迟。"

事情谈妥，一家人和和气气地吃了顿饭，宾主尽欢地散了去。

就这样，朱棣极其温柔地夺了诸藩王的权，之后又以雷厉风行之手段，贬的贬，废的废，迁的迁，使藩王们再也没有了起兵威胁皇权的资本。由建文帝开始的削藩大计，最后竟由夺其皇位的朱棣完成，说起来还真是讽刺。

第二节　创设内阁

藩王问题解决了，但朱棣仍感觉身心俱疲，因为他每天都有批不完的奏折、看不完的文书，这些工作不但枯燥，而且累人。这些曾经是宰相的工作，可是宰相一职被朱元璋废掉了，没有了宰相，皇帝大权独揽，却又分身乏术。

朱棣虽然被繁多的政务压得喘不过气来，但为了证明自己即位的合法性与正统性，他早已立下"太祖成法，万年不变"的誓言，所以即使再累，他也不会违背祖训重新设立宰相。

一天，朱棣坐在龙案前，双手按揉着太阳穴，看着像有说不出的疲惫。郑和体贴地走过去帮他捶着肩，问："万岁爷，很疲累吗？"

朱棣长叹一声，忍不住把自己的苦恼说了出来。郑和看似漫不经心地说："万岁爷，办法总是有的，祖训不让重新设立宰相，但也没有明说不能找几个人来帮忙处理政务啊。"一语点醒梦中人，朱棣哈哈一笑，说："还是你小子机灵！"他很快做出决定——成立内阁来分担自己的重负。

朱棣召杨荣进宫商议此事。这个杨荣，就是在朱棣准备登基时，拦马问他是先拜谒太祖还是先即位，使朱棣没有忘乎所以乱了方寸的那个人。

作为首任内阁成员，杨荣历经永乐、洪熙、宣德、正统四朝，为朱家四代帝王所赏识，在大明历史中也是赫赫有名的。不过，此时的杨荣还只是一个进士出身的翰林编修。

杨荣进宫后先是叩拜行礼，良久朱棣才让他起身，并让人看坐。朱棣盯着杨荣看了好一会儿，才漫不经心地说："杨爱卿是福建建宁府人氏，洪武三十三年进士及第，在会试中名列第三，殿试之中列位二甲第二。"

朱棣以淡定的语气，将杨荣的底细全说了出来，惊得杨荣冷汗直冒。他又跪下，边抬起衣袖擦汗，边小心翼翼地说："是，陛下说的都对。"

朱棣摆了摆手，说："杨爱卿不必紧张，快请坐下说。朕不是健忘之人，爱卿向朕谏言，朕都记在心里。今天找你来，是想与你商量一件事。"

杨荣颤抖着站起身，坐下之后也没敢答话，只听朱棣接着说："朕思量许久，决定组建内阁，选朝中有学识之人，负责为朕拟阅奏折，专门为朕建言献策。爱卿以为如何？"

杨荣略作思考，起身回道："陛下想得周全，朝中杂事繁多，仅靠陛下一人处理，肯定会非常疲累。若成立内阁，就可以由大臣先为陛下决断出意见，再由陛下亲自决定是否可行，这样就为陛下省了不少气力。"

杨荣稍作停顿，抬眼看了看朱棣，见他没有不悦之色，才又接着说："微臣认为，陛下不可赋予内阁大臣太大的权力，内阁不可有决策权，不可统领六部，更不可下达任何诏令，否则就容易演变成宰相制度。宰相要是太专横了，就会做欺上瞒下、于国于民不利之事。"

朱棣微微点头，对杨荣的回答相当满意，又问道："如果组建内阁，杨爱卿认为什么人可以胜任？"

杨荣此时不是害怕而是受宠若惊了，皇上在这么重要的问题上询问他的意见，是对他莫大的信任。他定了定神，回答道："臣以为解缙当为内阁之首。"

朱棣对这个解缙还是有所了解的。

解缙是江西吉安府人，自幼聪明好学，被同乡之人称为才子，洪武二十一年（1388 年）一举考中进士。朱元璋十分看重他，抽空接见了他。当时政治形势复杂，胡惟庸案已发，朝中大臣人人自危，很多人遇事都是睁一只眼闭一只眼，只求自保。然而解缙却是个例外，他勇敢地向朱元璋上书，针砭时弊，斥责皇帝不必要的杀戮，并呈上了一篇青史留名的《太平十策》，文中概述了他的政治思想和治国理念，为朱元璋勾画了一幅太平天下的图画，并对当前的一些政治制度提出了批评和建议。

人们都认为这位解学士疯了，这个时候竟然敢向皇帝提意见，都担心他命不久矣。出人意料的是，朱元璋并没有怪罪解缙，还心悦诚服地接受了他的批评。但是解缙有点恃宠而骄，没过多久又干了件惊天动地的事情——上书为李善长申辩。这下朱元璋恼了，于洪武二十四年（1391 年）把解缙赶回了家，并丢给他一句"十年之后再用"。

洪武三十一年（1398 年），朱元璋病逝，解缙进京吊丧，被袁泰弹劾，贬为河州卫吏。直到建文四年（1402 年），他才在礼部侍郎黄伦的说情下，被建文帝召回京师担任翰林待诏。

朱棣沉思片刻后，说："江西吉安府人，洪武二十一年中进士？曾被父皇要求回乡闭门思过之人？"

杨荣回道："是，解缙此人极有才干，刚直不阿，不善奉承！"

朱棣点了点头，又问："可还有别的人选？"

杨荣接着又道："杨士奇，他也是江西吉安府人，一岁丧父，母亲嫁给了德安同知罗性，后来罗性在陕西去世，他便带着母亲回到乡里，靠着开办私塾赡养母亲，现为翰林院编修。"

朱棣颔首表示赞同，又问道："还有吗？"

杨荣拱手道："臣知道的就这二人了。臣请自荐，臣虽然没有解缙、杨士奇二人的才华，但臣有颗忠诚的心，如果臣进入内阁，一定会竭尽全力为陛下效命。"

朱棣既然与杨荣商议此事，也确实有让杨荣入内阁的打算。但他没有直接答应杨荣，只是笑着说："朕知道了，这些事朕自会考虑。"

几天后，朱棣召见了杨荣、解缙、杨士奇、胡广、金幼孜、胡俨和黄淮七人。几人向朱棣行过礼后，朱棣开门见山地说："朕准备组建内阁，众爱卿有经天纬地之才，朕准备选你们入内阁。"

接着，杨荣受命向另外几位详细介绍了内阁的职能。杨荣介绍完毕，朱棣扫视一圈，问道："在这件事情上，诸位爱卿有什么要说吗？"

解缙首先开了口，他毫不畏惧地说："臣等七人进入内阁，遇到意见不一致时，该如何办？那些奏章该以谁的意见为准？"大才子就是大才子，提出的问题可谓一针见血。

朱棣笑着说："解爱卿考虑得极是，此事很简单，对同一件事，如果你们的意见不同，就都说出来，一起商量解决办法，然后再请旨执行。朕觉得这样不错，你们认为呢？"

朱棣的话说得很隐晦，话外之意就是你们有分歧，都说出来，至于最后的抉择，还是我说了算。

就这样，以解缙为首的七人组成了明朝第一任内阁。从那以后，但凡战争、用人，甚至立太子等事，朱棣都会与这些人讨论后再做定夺，其职权之大可见一斑。

不过，内阁成员的品级都不高，只是五品，远低于尚书、侍郎等中央官员。这也是朱棣精心设置的，目的是防止这七人权势过大，不利于控制。不过，为了让满朝文武知道这七人的重要性，也为了让这七人知道自己对他们的重视，朱棣时常当众给予他们赏赐，比如在赏赐六部尚书、侍郎金织文绮衣服时，也同时赏给这几个人。

这时，徐皇后这位贤内助又发挥了作用，她知道用人的重要性，提出要在皇宫接见这七位官员的夫人。于是，朱棣在接见这几位内阁官员时，对他们说："皇后说了好几次，要见见你们几位的夫人。"

这七位夫人在当时叫命妇，虽然是命妇，也是分等级的。只有一品、二品官员之妻能叫夫人，三品叫淑人，四品叫恭人，五品叫宜人，六品叫安人，七品叫孺人。明朝制度规定，每逢重大节日，命妇可以入宫朝见皇后，但只有三品以上的命妇才有这个资格。所以，这次召见在当时是一个特例，对这七人来说是莫大的荣誉，很好地为朱棣笼络了这些人的心。

内阁制度是朱棣在政治体制方面的一个创举，它不由一名具有百官之首身份的官员去管理百官，而是在皇帝和百官之间架起一座桥梁，建立一个指挥中枢，群策群力。中国内阁比英国内阁早三百多年，比日本内阁早四百多年，这也算得上是中国在政治体制上对世界的一大贡献。

第三节　锦衣酷吏

为了巩固自己的统治，强化中央集权，朱棣除了拉拢、任用内阁官员，也想方设法地严密控制臣下，任用酷吏打击异己。这是因为他的皇位来路不正，他自己对此心知肚明，有很多建文旧臣宁死不屈，坚决不承认其正统性。虽然他诛杀了不少，已经没有人敢公开反对他，但仍不能保证人人忠心。

说到酷吏，不能不提永乐时期的锦衣卫。"卫"是明朝最高一级的军事机构，锦衣卫与一般的"卫"不同，它是皇帝的侍卫亲军，主要负责皇帝的仪仗。明朝初期，朱元璋重视内务情报的搜集，大力推行间谍手段，加强控制，于洪武十五年（1382年）宣布罢仪鸾司，改置锦衣卫。锦衣卫由皇帝直接控制，任何人不得染指，负责搜集情报，还拥有侦察、逮捕、审讯及判刑等权力。没几年，锦衣卫就发展成为一股强大的政治势力，令百官闻之色变。后来，朱元璋担心仁柔的朱允炆掌控不了这股势力，又于洪武二十年（1387年）废除了锦衣卫制度。

朱棣一登基就重新启用了锦衣卫，让他们制衡百官。因为他是通过"靖难"而登上皇位的，再加上建文帝生死不明，所以他需要锦衣卫来监察百官的一举一动，并寻找建文帝的下落。

朱棣即位之初的许多杀戮都是由锦衣卫执行的。他身边有三个亲卫军指挥——纪纲、刘江、袁刚，经常侍奉于左右，因为名字发音相似，朱棣称他们为"三纲"。其中，锦衣卫指挥纪纲原来是济阳儒生，因品行不端被罢黜。让人吃惊的是，当年这个品行不端的纪纲，后来竟成了朱棣搏击臣民的鹰犬。

那是在建文二年（1400年），朱棣攻破德州后率军经过临邑，纪纲与同乡穆肃结伴投军。纪纲冒死拉住朱棣的坐骑，请求跟随效命。朱棣和纪纲聊了一会儿，感觉此人品行虽然不好，但善于骑射，且人又机灵，胆略过人，便将他收为帐下亲兵。

纪纲善于揣摩人心，且好逢迎拍马，颇得朱棣欢心，不久就被授为忠义卫千户。朱棣即位后升其为锦衣卫指挥使，掌管亲军，主管诏狱。

纪纲奉朱棣密旨，广布校尉，整日窥探臣民私密之事。朱棣将其视为心腹，赋予其特权，他便广织罪名，蓄意毁谤，严加惩治，很快又被提升为都指挥佥事，兼掌锦衣卫。纪纲广招羽翼，牢牢把控着锦衣卫，在永乐年间很是横行了一段时间。

明代著名廉吏周新就死于纪纲之手。周新在洪武年间以诸生身份进入太学，建文元年（1399年）以乡贡进士被任命为大理寺评事，其后历任监察御史、云南按察使、浙江按察使，以为官清廉、善于断案而著称。

周新疾恶如仇，铁面无私，人称"冷面寒铁"。他担任浙江按察使期间为民伸冤、执政为民，广受百姓称颂。

有一次，纪纲派一名锦衣卫千户到浙江查办案件，这个千户下到地方就作威作福起来，广收贿赂。周新打算治一治这个千户，没想到事情还没办就泄露出去，千户提前逃跑了。

没过几天，周新到京城办事，不想在涿州又碰到了这个千户，周新马上将其逮捕，投入涿州狱中。然而，还没等周新到达京城，这个千户已提前到了。于是，纪纲罗织周新多种罪状，上告朝廷。朱棣闻之大怒，立即命人逮捕了周新。周新还没见到朱棣就被锦衣卫打了个半死。周新知道自己是被诬陷的，当廷抗辩，但朱棣根本听不下去，当场下令斩立决。直到纪纲因罪被杀，周新才得以昭雪。

据说纪纲打算处理某个人时，总是先将其带到家中，让他洗个澡，设下宴席款待一番，装模作样地说要向皇帝为其说情，借此索要钱财。等到这个人家财散尽，纪纲就会立即将人杀掉。这样，他既得了财，又杀了人，还能到皇帝面前表忠心。在他掌管锦衣卫期间，臣僚被残杀者不可胜数。纪纲的官职不算高，但朝中大臣没有不怕他的，就连皇亲勋贵也对他敬而远之。

阳武侯薛禄是"靖难"功臣，官职远在纪纲之上，仍然不敢与其抗衡。有一次，纪纲想买一个女道士为妾，不想该女被薛禄先得到了，纪纲因此恨上了薛禄，在大内遇见薛禄时，突然将其头击破，使薛禄险些丧命。都指挥使哑失帖木大概有些不识时务，自认为与纪纲是同级官员，在路上与他相遇没有避让，结果被纪纲诬告冒赏捶杀。

后来，纪纲的胆子越来越大，竟然打起了皇帝的主意。永乐五年（1407年），朱棣下诏选妃嫔。各地送来的美人到达京师后，纪纲先细察一番，将姿色最出众的女子留给自己。明初大富豪沈万三在洪武年间家产被籍没，但遗漏的钱财尚有很多，其子沈文度向纪纲贿送了许多奇珍异宝，纪纲便让他打着皇室的旗号到苏州一带遴选美女，选来后两人私下分掉。

更过分的是，为了聚敛钱财，纪纲居然伪造圣旨，命令手下拿着假圣旨去各地敲诈勒索。在主持查抄罪犯财物的过程中，纪纲也会借机巧取豪夺。有一次，纪纲查抄吴王的冠服后，私自藏在家中，有时还穿在身上，命令左右饮酒祝贺，直接高呼万岁，简直目无王法。不仅如此，纪纲在家中豢养大批亡命之徒，暗中修建隧道，并制造了数以万计的刀枪、盔甲和弓箭。

可笑的是，为了检测自己的权势，纪纲决定效仿当年的赵高来一次"指鹿为马"的把戏。永乐十四年（1416年）端午节，朱棣亲自主持射柳比赛。比赛开始前，纪纲对手下人说："我故意射不准，你把柳枝折下来，大声呼喊说我射中了，看看众人中有没有敢出来纠正的。"比赛开始后，手下人按照纪纲的吩咐去做，结果在场的官员竟然没有一个敢站出来当面加以纠正。纪纲对此感到非常满意，觉得时机已经成熟，加快了谋逆的步伐。可惜想法是美好的，现实却极为残酷，朱棣毕竟不是秦二世。经人告发，纪纲很快被逮捕下狱。俗话说，墙倒众人推，纪纲的诸多罪名很快被报了上去。朱棣勃然大怒，下令将纪纲凌迟处死，全家男女老少发配戍边。

朱棣不仅设置锦衣卫，还重用酷吏。永乐三年（1405年）的一天早朝，朱棣正准备宣布退朝，陈瑛出班奏道："臣有事启奏。"

朱棣问："爱卿所奏何事？"

陈瑛大声道："臣要弹劾顺天刑部尚书雒金，他任职期间，贪赃枉法，残暴无度，搜刮民脂民膏，在顺天、应天大肆购置田产、地产，远远超过其薪俸数百倍。请陛下重处，以清纲明纪。"说完还拿出了一大堆证据。

朱棣"认真仔细"地看了一会儿，说："既然罪证确凿，此事当严加处罚，以儆效尤。着朕旨意送递顺天，让行部尚书郭资暂且兼雒金之职。"

随后，雒佥这位刑部尚书、二品大员被交到锦衣卫手中，并很快被列罪处死。

弹劾者陈瑛便是朱棣手下又一著名酷吏、"反腐斗士"，任都察院左都御史，专门负责纠劾百官。

陈瑛是滁州（今安徽滁州）人，洪武年间以才华入贡太学，擢监察御史，出为山东按察使。建文元年（1399 年）调北平按察司佥事，因收受朱棣贿赂而被告发，发配广西。

朱棣攻破南京登基称帝时，陈瑛正在广西痛苦、孤独地服刑。他听到消息后，顿时直起了腰身，知道自己翻身的时候到了。果然不出他所料，没几天，朝廷的谕旨就到了：马上赦免陈瑛的罪行，任命他为都察院左副都御史，并署都察院事。这一谕旨让在场所有人都大吃一惊，一个囚犯摇身一变成了朝廷官员，这实在是件稀奇事。陈瑛喜不自胜，立马梳洗一番，趾高气扬地乘上官车，直奔南京而去。

陈瑛是一个善揣人心之人，他知道朱棣起用自己的目的，也能猜到新皇帝的心头烦忧，所以他一上任就摩拳擦掌准备大干一场。他对朱棣说："陛下顺应天道人心，万民诚服，只是建文奸党实在太顽固、太可恶，竟然违背天命，效命于建文帝，与黄子澄、齐泰等无异。虽然这些人或死或被处决了，但他们的亲友还在，请陛下下令将这些'奸恶'的亲友统统抓起来杀了，以防后患。"

然而，陈瑛这次拍马屁却拍在了马蹄子上，朱棣回答道："朕要诛灭的'奸恶'只是齐泰、黄子澄等人，前段时间被列入奸党名单的王钝、郑赐、黄福等人，朕已经宽免了。你如今所说的建文罪臣中有几个并不在朕钦定的奸恶分子之中。算了，不要再徒增杀戮了。"

陈瑛一听，完了，跟皇上没想到一块去。然而，陈瑛是谁，他太明白朱棣的想法了，自然听出了其弦外之音：要重点追查的是"首恶"及其家眷和周边亲朋好友。陈瑛想明白后，立马深入贯彻去了。

　　此后，陈瑛采用各种诬陷牵连的方法，将杀人的范围扩大到"九族"之外的外亲。不久他便被提升为督察院左都御史。

　　陈瑛知道朱棣心里多有疑忌，所以在追治建文旧臣时不但尽量将范围扩大，而且热衷于告讦，造成了永乐初年官吏人人自危的政治局面。

　　永乐元年（1403年）八月，陈瑛弹劾历城侯盛庸"怨望有异图"，逼得盛庸自杀身亡。第二年，他又弹劾曹国公李景隆图谋不轨，又劾其弟李增枝知情不谏，多置庄产，蓄佃仆，心怀叵测，将他们兄弟二人打入大牢。

　　宁远侯何福是"靖难"中建文朝的主将，在永乐初年一度受到任用。永乐八年（1410年）他随朱棣北征，被指"数违节度"，陈瑛乘机弹劾他"心怀怨望"，逼得何福自缢。

　　梅殷是太祖朱元璋的驸马，但因其原本忠于建文帝，陈瑛照样毫不畏惧地进行弹劾。朱棣登基时，梅殷还在淮安坚守，朱棣非常恼火，便让妹妹宁国公主写下血书招降梅殷。梅殷见血书放声痛哭，遂回到南京。朱棣亲自迎接他，并说："驸马劳苦了！"梅殷却冷漠地回答："劳而无功，只能惭愧罢了！"一句话堵得朱棣无言以对。

　　梅殷虽然回来了，但并不是真心屈服，这让朱棣很是头疼。陈瑛揣摩出了主子的心思，于永乐二年（1404年）弹劾梅殷"对本朝极为不满，暗中蓄养亡命之徒，图谋不轨，且与女秀才刘氏朋邪诅咒"。第二年十月，梅殷上早朝时，突然被人挤到桥下溺水而亡。宁国公主哭着质问朱棣："驸马安在？"朱棣把罪责推到都督金事谭深和锦衣卫指挥使赵曦身上，将二人当替罪羊杀掉了。其实，这只是陈瑛与朱棣二人导演的一场戏而已。后来朱棣还让锦衣卫将梅殷的家人都抓起来，送往辽东去戍边。

　　以上这些人在"靖难"中都曾与朱棣为敌，对他们的弹劾应该也正是朱棣的本意。值得注意的是，陈瑛所弹劾的勋戚、官吏并不都是朱棣旧日的仇怨。比如朱棣的心腹大臣张信也曾被陈瑛弹劾。永乐八年（1410 年）冬天，陈瑛弹劾张信"无汗马功劳，忝冒侯爵，恣肆贪墨"。朱棣虽以勋旧不问，但开始时也曾命法司追治。

朱棣很清楚陈瑛的所作所为，只是当时他需要这样的人为自己做事。等到统治基本稳定了以后，他便逐渐疏远陈瑛了。永乐九年（1411 年）春，朱棣见陈瑛积怨太深，遂将其"下狱死"，天下人无不拍手称快。

朱棣毕竟是一个雄才大略的帝王，虽然任用酷吏为自己效劳，但绝不允许他们危害自己的统治。一旦酷吏有损自己的统治，朱棣就会毫不犹豫地除掉他们。

第四节　东厂宦官

在重新启用锦衣卫的同时，朱棣还于永乐十八年（1420 年）设立了一个特务组织——东厂。

东厂，又叫东缉事厂，专门负责从事"缉访谋逆、妖言、大奸恶"，其首领由朱棣宠信的宦官担任。东厂属于内廷机构，刺探到任何事情都直接向皇帝报告。

朱元璋鉴于历史上"宦侍误国"的教训，专门在皇宫门口树立了一块铁牌，上面写着"内臣不得干预政事，预者斩"；还规定各部门都不能与宦官有文书往来。到建文时期，朱允炆用文人士子治国，对宦官的管理更为严格。那么，以恢复祖制标榜自己的朱棣，为何会违反太祖的禁令而任用宦官刺事呢？朱棣有他不得已的理由。

朱棣登基后，社会上时不时出现建文帝未死的流言，加之朝廷中有很多大臣对新政权并不是十分支持，朱棣对这些大臣也不大信任。

为了加强对社会舆论的监督，朱棣决定重启锦衣卫，委任纪纲统领锦衣卫，但纪纲横行霸道、肆无忌惮，渐渐不受朱棣的控制，竟想篡权谋反。这又犯了朱棣的大忌，于是他考虑再找些人来监督锦衣卫的行为。

他正思量间，又一件闹心事发生了。蜀王朱椿密报，谷王朱橞扬言当年是他与李景隆故意打开金川门放走建文帝的，如今建文帝正躲藏在谷王府中。谷王声称要为建文帝伸张正义。

这其实是谷王朱橞自编自导的一出闹剧，但传到朱棣耳中，还是把他吓了一跳。朱棣很想过去把建文帝逮住，可是他早已宣布建文帝死了，如果公然派人前去捉拿，等于自打耳光。难道要任其发展下去吗？朱棣思来想去，越发觉得应该再找一些人来为自己刺探"秘事"。

朱棣渐渐发现，跟自己最贴心的不是朝中大臣，而是身边的宦官。宦官既忠心，个人事情又少，让他们为自己办理机密之事再合适不过了。"靖难"时期就有许多宦官偷偷跑到朱棣那里，向他报告朝廷虚实。正是因为宦官向他透露京师空虚的情报，他才孤注一掷。有些宦官甚至为朱棣拼杀疆场，屡立战功。比如朱棣的贴身侍卫狗儿，在"靖难"中多次随朱棣冲锋陷阵，战功累累，成为朱棣的得力干将。

想到这里，朱棣的思路明晰起来：创办一个由宦官主管，类似锦衣卫的新特务机构——东厂，让他们去刺探包括锦衣卫在内的所有人。

《明史》中有这样一句话：

> 凡内官司礼监掌印，权如外廷元辅；掌东厂，权如总宪。

意思是说，司礼监的大太监，权力与内阁首相差不多；东厂的大太监，权力与都御史差不多。那么，东厂宦官是如何为朱棣办事的呢？看完下面几件事就明白了。

有一次，广东布政使徐奇来京时带了些岭南土产分赠廷臣，还列了份详单。这单子立马被交到了朱棣手上。因为名单上没有杨士奇的名字，朱棣便把他单独召来相问，并准备以私交廷臣罪处置徐奇和名单上的人。杨士奇解释说，徐奇要去广东任职时，很多廷臣作了诗文赠予他，故有此赠答。当时他有病，没去送行，否则也肯定会被列入名单之中。徐奇这次所赠无非是些土产，而且不知廷臣是否都会接受他的礼物。经杨士奇这番解释，朝廷之中才免去一场风波。

朱棣甚至还能知道有人在文渊阁席地酣睡。一天，讲读文渊阁的庶吉士刘子钦借中午休息的时候，与几位朋友品酒。可能是多喝了点，他回到文渊阁后席地而睡，哪知睡得稀里糊涂的时候，模模糊糊听到有脚步声由外而来，还有人高声喊道："皇帝诏见刘子钦！"他惊得立马爬起来，酒意吓得全没有了，跟着太监去拜见朱棣。

朱棣见到刘子钦，斥责道："我的文渊阁书堂是你的卧塌吗？罚去其官，可就往为工部办事吏。"刘子钦不敢申辩，急忙谢恩，换上胥吏巾服，去了工部。刘子钦刚刚在工部与群吏开始做事，朱棣又叫太监传见他。刘子钦哪敢耽误，身上穿着吏服，匆匆去皇宫拜见朱棣。朱棣嘲讽他道："你这人好没廉耻。"说完，让左右还他之前的冠带，令归内阁读书去了。

宦官不但监视着朝中官员的动向，而且他们的眼线还遍布全国各地。

胡濙在云南一带调查建文帝的下落时，遇到了一位酋长。这个酋长看中了他的《洪武正韵》一书，便想拿三筐樱桃跟他换。这本书是太祖朱元璋时期官方公布的一部韵书，当时正音、写诗都以这部韵书为准。胡濙觉得这是件好事，就送了一本《洪武正韵》给酋长，但没有接受对方的樱桃。

胡濙回京述职时，朱棣突然问："樱桃是小东西，路上渴了吃一点没什么大不了的，你怎么没有接受呢？"胡濙一听吓了一跳，就这么一件鸡毛蒜皮的小事，远在千里之外的皇帝居然一清二楚。他擦了擦脑门上的冷汗，解释道："此事是因为他找我要一本书。"胡濙的意思是，如果对方不要书，他可以接受樱桃；对方若要书，就成了交易，他自然不能接受了。

胡濙本来就是朱棣的一个密探，时常向朱棣汇报其他官员的举动，没想到他这个密探也得随时接受其他特务的监视。

除了监视官员的一举一动，京城百姓的活动也在朱棣的秘密监视之中。据史书记载，京城街巷中发生了一起幼孙殴打祖母的家庭纠纷。这被认为是不孝的大事，朱棣很快便知道了。

东厂就像一台无孔不入的超级监视器，将天下之事事无巨细地汇报给朱棣。而且朱棣让东厂与锦衣卫互相配合，互相监督又互相牵制，从而形成了一张严密的特务网。厂卫的横行造成了"士大夫不安其职，商贾不安于途，庶民不安于业"的人人自危的恐怖气氛。

第九章

煌煌文治开盛世

第一节　偃武纳士

朱棣是用武力夺得皇位的，但治理国家显然不能再一味地使用武力，所以他开始尊儒重文，打算偃兵息甲。

一天，通政使赵彝来向朱棣汇报工作，然后说："皇上，臣不久前遇到一个山东汉子，非要面见皇上。"

朱棣一向要求广开言路，于是就宣他觐见。

第二天，赵彝领着山东大汉来见朱棣。朱棣问："你有什么事非要面见朕不可？"

山东汉子答："皇上，我家有一张祖传的《战阵图》，相传是韩信所作。小民以为，给了他人是糟蹋了，皇上武功盖世，又曾亲自领兵'靖难'，将它送与皇上，那皇上就如虎添翼、天下无敌了。"说罢，双手将一图举过头顶。

《战阵图》传到了朱棣手中，他并没有打开，且脸上毫无兴奋之色，说："这么说，天下百姓皆认为朕是穷兵黩武的帝王了？"

山东大汉低着头，完全不知道状况，继续说道："皇上拥有了《战阵图》，就可以横扫天下。"

朱棣闻言愈发不悦，说："自古帝王用兵，都是出于无奈。朕哪里愿意看到无辜男儿被赶到战场流血送死呢？朕起兵肯定是为国泰民安而起兵，正是为了天下安定。朕经常想，从今往后应该不再有刀兵之祸，休养百姓，修礼乐，兴教化。而你却来献《战阵图》，莫非是嘲笑朕是个好武的皇帝？"

这么一说，山东大汉不由得惊慌起来，完了完了，拍马屁拍到马蹄子上了。通政使赵彝也吃了一惊，唯恐皇帝怪自己不察之罪，顿时吓得冷汗直冒。朱棣把《战阵图》狠狠地扔到地上说："快拿走吧，这次朕且饶过你。"山东大汉连忙拾起《战阵图》，落荒而逃。

很显然，朱棣深知"马上得天下，却不能马上治天下"的道理。为了将自己的夺位说成是正义之举，他已经杀了太多的建文旧臣，再杀下去，他就无才可用了。而他好不容易夺得的天下，最终还得靠文人来维护治理。因此，要想当好这个皇帝，他必须摆出尊儒重文的架势，来笼络天下读书人的心。

其实，朱棣在"靖难之役"中就开始注重这方面的事情，比如他率师南下时经过山东孔孟之乡，便下令将士不得入境骚扰，表示了尊儒之意。这在他夺位过程中确实称得上是一大妙笔，因为在中国传统社会，谁做到了"尊儒"，谁就抓住了读书人的心。

不仅如此，朱棣还大兴科举，以培养一批自己的文臣。

科举是古代读书人改变命运的途径，也是帝王选拔人才的方法。中国的科举制度始于隋朝。隋炀帝杨广鉴于陇右门阀势力的强大，希望从平民中选择优秀人才充实到朝廷之中。唐朝继承了这种制度，只是由于平民百姓受教育条件有限，寒门之子很难经科举之途脱颖而出，所以能够做官任职的，多数为世家子弟。

到北宋时期，文化教育较为发达，逐渐打破了门第限制，科举盛极一时，形成了一套完善的人才选拔机制。

科举有着明确的时间规定，举办乡试三年一次。乡试由各地方在秋天举行，称"秋试""秋闱"，中试者称为举人，只有举人才有第二年参加会试的资格。第二年二月，各地乡试的获胜者将集中在首都进行会试，称为"春试"或"春闱"，中试者为进士。殿试是明清科举的最后一级考试，中试者分为三甲，一甲的前三名就是状元、榜眼、探花。

元朝也曾实行科举制，办法沿用宋朝。元朝科举一直持续到至正二十六年（1366年），后中断过一段时期。太祖朱元璋建立明朝，立即责令恢复科举，形式依然沿用宋制，并在洪武三年（1370年）八月进行了首次乡试。永乐朝的很多官员都是在洪武、建文时期，通过科举选拔出来的。

明代的科举只有进士科一门，规定子、午、卯、酉年秋季在各地省城进行乡试，只有秀才才能参加。乡试中举者可参加次年二月在京城的会试。

朱棣攻破南京那年正好是壬午年，本应举行乡试，但是因为"靖难"没有考成。永乐元年（1403年），朱棣一登基便下令各地举行乡试，第二年将在南京举行会试和殿试。同时下令继续维持丑、辰、未、戌年会试的传统，即在永乐三年（1405年）再进行一次乡试。这使大明的读书人又看到了希望。

永乐二年（1404年），朱棣在南京举行了大规模的会试，这一次的考题为《治国平天下》。按照传统，一般会试只录取二百多人，但朱棣一下子录取了四百多人。显然他也意识到了"靖难"对人才的严重摧毁。会试后又举行了隆重的殿试，从中分出三甲，排出名次。

此外，朱棣还下令挑选其中最出色的二十八人，直接进入翰林院读书，作为重点培养对象。这二十八人在当时被称为"二十八宿"。

据说这"二十八宿"还搞出了一场小闹剧。

朱棣虽然很看重这二十八人，但对于他们的才能还不是太放心。这些都是精挑细选的"天之骄子"，是未来的文臣新秀，得想办法考考他们，以免他们滋生傲慢之气。所以，朱棣为了让这些人不荒废学业，一有空就到文渊阁视察。

这天，朱棣再次来到文渊阁，看着这些埋头苦读的学子，忽然想起了自己曾读过的唐代柳宗元的《捕蛇者说》，于是就命这二十八人背诵一下。也不知道是因为害怕天子，还是很长时间没读过这篇文章，二十八人中竟然没有一个人能将全文背下来。朱棣顿时怒了，这些人都是从新科进士中挑出来的佼佼者，居然连这么有名的唐代文章都背不出来，将来怎能担当起大明重任？必须惩治一下他们的傲气和懒散习惯。于是朱棣下诏将他们人全部戍边充军，后来又让他们去做苦役搬运木头。这些读书人哪里干得了这样的重活，没几天就被折磨得不成样子。其中一人带头向朱棣上书，诉说劳役之苦，并一再表示自己已经幡然悔悟，绝不再犯。又过了一段时间，朱棣认为这些读书人也磨炼得差不多了，这才下令将他们召回。

这些人重回翰林院读书简直是脱胎换骨，再也没有了以前的傲气与狂妄，真正能静心读书了，结果还真培养出不少有作为的官员。

朱棣即位之初，一面对建文儒臣进行残酷屠杀，一面又高举振兴文教的旗帜，对儒士们大行尊优笼络之举。用他的话说就是"宽猛适中"。

朝臣中有一个姓丁的学士，颇有才华，朱棣对其很器重。一天，朱棣问他小时候师从何人。丁学士回答曾从学于元末翰林学士李征臣，并在朱棣面前盛赞老师的才学和德行。

李征臣是江苏扬州人，当过元朝的翰林待诏。他性格极为倔犟，明朝建立后，朱元璋叫他降明，为明朝效命。李征臣死活不干，哪怕家属被杀光也不肯屈从。朱元璋没办法，只得把他贬到宁夏去守边。

朱棣了解到这件事后，让人将李征臣接到京师，劝其为官。李征臣回答："洪武年间我都没有做官，现在更不会做官。"

"那你想做什么？"朱棣问道。

李征臣答："我想回到宁夏，继续当兵戍边。"

朱棣说："朕既然召你回来，怎么会让你再回去呢。"于是免去他的戍籍，让他回吴中老家。可李征臣根本无家可回，洪武年间他就没家了。朱棣按照他的意愿，送他到吴中故人盛景华家馆执教。

朱棣对会试落第的举人也很宽容，让翰林院选择其中较优秀的送入国子监继续读书，等到下次科举时再参加考试，并给予教谕的俸禄。永乐时期会试有"副榜"，这些人就是入国子监继续读书的落第举人。

通过这一系列的举动，朱棣在文人儒士中的形象终于有了改观，并慢慢地笼络了不少文臣儒将。

第二节　盛世修典

一个成功的君主不仅要上马能打仗，下马能安邦，还必须在历史上留下自己的印记，而最能青史留名的莫过于修书。朱棣凭武力夺得皇位，更想在历史上留下一些记录，以证明自己的"清白"。他酝酿了好久，终于下决心找"天下第一才子"解缙聊一聊。

永乐元年（1403年）的一天，下了早朝，朱棣喊住解缙，对他说："爱卿，朕最近有一个念头，想为后人做一件好事。"解缙听了有些不解，天子想做什么事不行，何况是做好事，这有什么可犹豫的？但他嘴上仍恭敬地问道："不知陛下所说的是什么事？"朱棣说："天下古今事物，都散见于各种书籍里，篇幅浩繁，查找起来很麻烦。朕以为，把天下文章典籍按经、史、子、集分类排列起来，再把天文、地理、阴阳、医卜、僧道、技艺等书全都集结成一套丛书，涵盖古今、包罗万象，这样查起来肯定方便许多。爱卿认为怎样？"

解缙一听顿时有了兴趣："皇上说的极是，这可是不世之功啊，只是这一工程相当浩繁……"解缙突然止住了话头。朱棣看了看他，说："爱卿想说什么就说什么，朕不怪你。"解缙接着说："皇上，此前也有类似的典籍，魏文帝曹丕组织编撰的《皇览》，有六百多卷；梁代刘孝标的《类苑》，有一百多卷；北齐祖珽的《修文殿御览》，有三百多卷。"朱棣笑了笑说："朕明白你的意思，就算是宋代李昉的《太平御览》怕也有千卷。你知道朕要编的这套书该有多少卷？""请皇上示下。"朱棣说："尽收天下图书典籍，至少在万卷以上。"

解缙惊讶道："这么浩瀚的典籍，也只有陛下有这样的心怀和大志。这需要众多的有识之士和文人墨客参与，况且费时、费力、费财物。"朱棣道："你说的是，但是如果做成了，将造福子孙万代。朕想让你当总修撰，爱卿意下如何？这是份很辛苦的工作，你可愿意？"解缙激动地说："盛世修书，臣求之不得。"就这样，君臣二人敲定了一件让朱棣青史留名的大事。

解缙领下任务后，丝毫不敢懈怠，立即行动起来。大才子说干就干，很快组织了一支一百多人的编纂队伍，让他们分头整理资料，抄录成册。他自己则担任总裁，统领全局。

解缙带领一群人夜以继日地工作了将近一年半的时间，于永乐二年（1404 年）十一月向朱棣呈上了他们的辛劳成果。朱棣见后非常高兴，给丛书命名为《文献大成》，并吩咐在礼部衙门举办庆功宴，好好慰劳这些劳苦功高的学士。在庆功宴上，朱棣大力表扬了解缙，又令户部拨出专款，对这群人进行重赏。

然而没过几天，解缙就被叫到了皇宫。他见朱棣脸色铁青，顿时冷汗直冒，还没来得及擦一擦额头上的虚汗，朱棣愤怒的声音就响起了："朕一再说让你修的是百家之书，可你收录的是什么？全是儒家经典！是朕当时没说明白，还是你的理解能力有限？"朱棣越说越气，把目录册扔到了地上。

解缙跪在地上，大气都不敢出，腹议道：当朝皇帝和汉武大帝一样雄才大略，为什么思路却完全不一样呢？汉武帝重用大儒董仲舒，罢黜百家，独尊儒术，而朱棣却对自己只收编儒家经典非常不满。这令解缙无法理解。也就是从这时起，解缙在朱棣心目中的分量就轻了许多。

解缙如此聪明的一个人，怎么会做出令朱棣如此不满的事情呢？是他过于自信，还是对工作太想当然了？根本原因在于他是儒臣，是儒学的卫道士，他对流传下来的书籍有自己的看法。解缙曾说：少年时代，他读书很多，可以说"无所不读"；"而后知昔之所读，有不必，有不可"；到了成年之后，更认为"虽然书不可不读，有不必读者，有不可读者"。那么什么书不必读、不可读呢？他说："方外异端之书不必读，妄诞迂怪之书不必读，驳杂之书不必读，淫佚之书不可读，刻薄之书不可读。"除去这些不必读、不可读的，就只剩下经、史、子、集中的儒家经典了，也难怪他编撰的全是儒家经典。

事情办砸了，解缙还以为自己会脑袋不保，所幸朱棣并没有苛责他，连职位都没撤除，也算是给足了他面子。不过，朱棣誓要编成这部所谓的百家全书，既然靠解缙一人不行，那就给他安排个顾问。这时，朱棣想起了一个人，那就是当年帮助他夺位打天下的谋臣道衍，即现在的姚广孝。此人兼通佛、道、儒和诸子百家之学，由他担任顾问，应该不会再出差错。

自从姚广孝参与到编纂工作之中，心高气傲的解缙完全收起了自己的傲气，事无巨细都向姚广孝请示。姚广孝也不客气，把自己感兴趣的五行异术、奇门遁甲一类书籍，通通录了进去。

朱棣对这次修书也更加关注，经常去查看进展。这天，朱棣来到文渊阁，想了解一下修书的情况。文渊阁里的各位大臣都赶紧放下手里的工作，出来参见皇帝。朱棣扫视一眼众臣，对姚广孝道："看到你们夜以继日地工作，真是辛苦了。总共有多少人参与修书？"姚广孝回答："启禀皇上，这次重修，臣估算光总裁官就有三人，副总裁二十五人，纂修三百多人，催纂五人，编写三百多人，看样五十多人，誊写一千三百多人，续送教授十人，办事官吏二十人，共两千多人。数量实在是庞大啊。"朱棣道："朕有准备，缮写誊抄让国子监和各府州县的生员来做，以后就立馆文渊阁，由光禄寺负责这些编书者的饮食住宿。"

在整个修书过程中，朱棣时常莅临文渊阁，并督促各项事务的推进。

永乐五年（1407年）十一月，在两千多名编纂人员的辛苦努力下，中国历史上一部空前的百科全书终于宣告完成。

这一天，奉天殿前载歌载舞，乐师们卖力地奏着喜庆的丹陛大乐，"万岁万岁万万岁"的呼声此起彼伏。一摞摞的新书，扎着红丝带，书面硬裱，用粗黄布包裹，朴实庄重，被摆放在大殿中央的御案上。朱棣面带笑容，站在堆积成山的书旁边，得意之情溢于言表。

姚广孝道："皇上，臣领旨修书，已经全部完成，请皇上查阅。"朱棣高兴地说："好啊，好啊，三千文士修大典，是我朝一大盛事，是你们的不懈努力才成就巨著，朕要好好奖赏你们。"

姚广孝介绍说："此书收录上自先秦，下迄明初，辑入经史子集、释藏、道经、北剧、南戏、平话、医学、工技、农艺、志乘等各类著作七八千种，共计一万多册，两万多卷，全部由人手一个字一个字地抄写而成。"朱棣感叹道："真是煌煌巨著啊！"

总裁官陈济在旁边插话道："这部书还没有命名，请皇上赐名。"朱棣一面抚摸着新书，一面陷入沉思，片刻后，他郑重地说："这书既然成于永乐年间，那就叫《永乐大典》吧！"姚广孝和陈济都附和道："好，《永乐大典》这名字再贴切不过了。"

一时间，歌功颂德之声纷纷响起。

听了众大臣你一言我一语的夸赞，朱棣喜不自胜，频频点头，准备封赏这些有功之臣。他说："朕的梦想终于实现了，朕要亲自作序。姚少师编书有功，朕要……"朱棣首先想到的是姚广孝的功劳。但姚广孝却推辞道："皇上，臣不求封赏，请皇上为其他辛苦之人封赏吧。"

对于姚广孝，朱棣还是比较了解的，知道他说不要封赏就是不要封赏，绝对不玩表面一套背地一套，便说："那好，陈济以编书之功，授以右赞善……"

封赏完毕，姚广孝又上前道："请皇上为《永乐大典》撰写序文。"朱棣凝神静气，提笔写道：

> 昔者圣王之治天下也，尽开物成务之首，极裁成辅相之宜，修礼乐而明教化，阐至理而宣人文。……朕嗣承鸿基，励思缵述，尚惟有大混一之时，必有一统之制作，所以齐政治而同风俗。

然后，这场答谢三千士子修书的君臣大宴就开始了。朱棣将参加修典和誊抄的士子全都请来，奉天门外的广场挤得满满当当，酒桌一直排到奉天门外面，盛况空前。大臣们按品级站在宴席后等待开席。

朱棣站起来，举杯道："我朝三千士子修大典，前无古人，后无来者。朕相信多年后，我们的子子孙孙，看到这巨著，定会记住你们这些修典者的功勋。"姚广孝、陈济等总裁官春风得意地站在最前面。

朱棣又说："朕汇编此书，是要保护文献大成，这是当朝的一大盛事。"此时奉天门的欢呼声不亚于当初的登基大典，直上云霄。随后，人们举杯同庆，君臣同饮，频频举杯，争相目睹永乐皇帝的风采。

《永乐大典》是中国历史上规模最大的一部类书，也是迄今为止世界所公认的一部大型百科全书。它的价值主要是内容丰富，收录了古代许多文化典籍，不光给后人留下了丰富的资料，也保存了大量的古籍。另外，作为一部类书，它宏大的规模、丰富的内容、创新的体例等，都远远超越前代的类书。

乱世用重典，盛世好修书。朱棣召集众多精英，耗费几年时间修成这部盛典，无疑是在向百姓们表明他的才能绝对胜任皇帝一职，国家形势一片大好。

第三节 《圣学心法》

除了命人修典，朱棣为了体现自己的治国之道，还亲自编撰了一本书，叫《圣学心法》。

一天早朝，朱棣与大臣们商议国事，最后拿出一本书来，对翰林侍读学士胡广等人说："秦汉之后，人们大多以韩非子的法家思想教太子治国，那不是正道。朕利用空闲时间，收集儒家圣人的言论，编成了这本书，你们看看有什么需要修改的。"他示意内侍将书稿拿给大臣们看，接着又说："朕希望你们认真核对，为朕指正。"

大臣们接过书看了看，齐声答道："臣等遵旨！"之后小心翼翼地捧着皇上的大作退出朝堂。

这部书稿其实是朱棣模仿唐太宗李世民"作《帝范》十二篇以训其子"的做法而编撰的。在历代帝王中，朱棣最推崇唐太宗李世民，这或许是因为他们有着相似的经历。朱棣曾说："古代治理天下都有其道，汉唐宋虽有圣贤明训，但学说众多，不能马上得其要领。皇太子是天下的根本，正是需要广泛学习的时候，朕希望让他知道治理天下之道，这样就可以保证将来的太平之世，所以才利用闲暇时间，采圣贤之言，编辑成册……"

几天后，朱棣再次召集大臣，询问书稿的相关事宜。他首先问胡广："胡先生，朕的书稿你读完了吗？"

胡广不仅读了，还颇有心得，他大声答道："回皇上，臣一字一句地读完了，还写了读书笔记。"

朱棣闻言甚为满意，笑着说："很好，那你说说看。"

胡广说："臣以为这本书包含了帝王的道德之要，臣请皇上刊印此书，让它与典谟训诰一起流传万世。"

朱棣点头表示赞同，又说："朕亲自编纂此书，就是想修文弃武，终身自勉。毫不夸张地说，这本书集历代圣贤治国方略语录之大成。不看一个人的言行，就无法知其内心；不知其内心，就不能体悟圣贤的深意。作为君主，其一言一行都关乎天下。心在则天在矣！"

大臣们道："皇上圣明！"

朱棣随即将此书命名为《圣学心法》，交付司礼监刊印。

《圣学心法》作为一部帝王学专著，反映了朱棣的儒家治国思想，也是他标榜自己皇位正统的举措之一。尽管他在序言中明确表示，自己撰写此书是受唐太宗《帝范》的影响，但《圣学心法》与《帝范》有所不同。《帝范》分为十二篇，每篇都有唐太宗的简短析论；《圣学心法》则分为序言、君道、臣道、父道、子道五个部分，其中君道除统言外又分二十五个子目，臣道除统言外又分四个子目。

朱棣在序言中阐述了三个方面的内容：其一，为君者要勤于学；其二，为君者要静心寡欲；其三，为君者要依据儒家基本原理治国。

朱棣认为自己之所以当上皇帝是受命于天，但他还认为，天命也不是一定的，只有遵照天道行事，才能得到上天的庇护。为君者做事如果有违天道，人心就会出现叛逆甚至反抗，这个时候，天命就会离开为君者。

朱棣认为，皇帝的品德可以决定国家的命运，他说："天运虽有前定之数，然周家后来历数过之，盖周之先德积累甚厚，其后嗣又不致有桀纣之恶，使夏殷之后不遇桀纣，未遽亡。若顺帝不恤军民，不理国政而荒淫无度，安得不亡！故国之废兴，必在德，不专在数也。"

朱棣还说，人是不可能骗过上天的，一个人无论做什么事，上天都会知道，也会做出相应的反应。作为一国之君，要是知道了这个道理，就会约束自己，谨遵天道行事。"王者知有天而畏之，言行必信，政教必立，喜怒必公，用舍必当，黜陟必明，赏罚必行。"

朱棣指出，帝王要想百姓之所想，百姓喜欢什么，君王也要喜欢什么。如果非要去喜欢百姓不喜欢的，那就是违背天理。

在朱棣看来，统治者一定要学会笼络民众，不能过分地压榨人民。他说："经国家者，以财用为本，然生财必有其道。财有馀则用不乏。所谓生财有道者，非必取之于民也。爱养生息，使民之力有馀，品节制度，致物之用不竭……民者邦之本，财用者民之心。其心伤则其本伤，其本伤则枝干凋瘁，而根抵蹶拔矣。"

朱棣在《圣学心法》中还详细阐述了帝王的用人之道、礼仪之道。他说："礼仪是治国的纪律，也是人情的体现。所以，以前的贤明君主为人民制定了礼仪。而作乐也是为了教化人民，让他们心平气和。"

对于那些不按规矩办事的暴戾之徒，朱棣认为应该用法律去约束他们。在他看来，法律最大的作用不是惩罚犯罪，而是震慑犯罪，所以，制定的法律不能太过严苛。

后来，朱棣敕谕皇太子监国时，将这部《圣学心法》郑重地交给了皇太子。他这样做，是想通过这本书把圣人之道传达给继位的君主。事实证明，他的继任者——仁宗、宣宗，都没有辜负他的期望，使明朝在他们统治期间持续了朱棣时的政治清明、百姓安居乐业、经济持续发展，出现了"仁宣之治"的盛世局面。

第四节　迁都北京

尽管一切都在稳中向好，但朱棣的日子过得并不是那么舒坦，政务繁多不说，时常做的噩梦扰得他几乎精神崩溃，每每闭上眼睛，方孝孺、铁铉、齐泰、黄子澄等人就浑身是血地围着他向他索命，建文帝的呐喊声也不时响在耳边，向他逼宫。加上南京的天气又湿又热，闷得人喘不过气来。每当这个时候，他就非常想念北平。北平虽然天气苦寒，但他活得恣意而率性，舒畅而奔放。

朱棣不仅一次产生了迁都北平的念头，可是却不知如何向大臣们开口。

永乐元年（1403 年），日本贡使来到中国，朱棣在接待使团的过程中一再提到北平，每每提及都是笑容满面，兴奋之情溢于言表。他说："中原平原的北边就是北平，燕山将之包围在里面，向南可俯瞰中原。自从大唐安史之乱后，北平在全国的地位日渐显著，曾经是大辽、金国和大元帝国的都城。北平交通便利，地势险要，南面是农业区，北边是牧区，各族都汇集到那里进行贸易，战略地位显著。朕以为，在不久的将来，北平必将发挥很大的作用。"

大臣中向来不缺能说会道者，礼部尚书李至刚等人在日本使团离开后很快就上了折子，声称："北平是皇上的龙兴之地，建议陛下效仿太祖当年将凤阳设为中都的做法，立北平为陪都，有助于国家社稷的兴盛。"

接到这样的奏折，朱棣非常高兴，忍不住对身边的侍卫说："李爱卿真是个聪明人，非常理解朕的心意。这件事一定要记入大事记中，还要告知所有大臣。"

洪武元年（1368年），大将军徐达攻克元朝的首都大都，朱元璋改大都为北平，并将城里的部分居民迁往汴梁，然后拆毁宫殿，在旧址上修建了景山。为便利防守，徐达将北面的城垣向南部迁移。如此一来，原本繁华的元大都变成了一座萧条冷清的北方边城。

后来，朱棣被封燕王，在北平建立王府，俗称燕京。徐达去世后，朱棣掌管了北方军队，将北平经营成大明北部的边防中心。朱棣在北平生活二十多年，治理得相对稳定。所以，他一向视北平为自己的幸运之地，不止一次感慨道："定都北平，向北既可以直接面对蒙古人，还可以进一步控制东北地区；向南可以掌控中原，非常有利于维护全国统一。这是于国于民都有利的大事，必须早做准备，早点行动。"

于是，朱棣逐渐提升燕京北平府的地位，并且不间断地向外界暗示：大明王朝打算迁都北平。

登基没多久，朱棣将北平改名为北京，将北平府改为顺天府。同时，他下令将各地的流民、江南的富户以及山西的商人等迁至北京，充实北京人口。

其实，朱元璋刚统一全国时，也曾想将京师迁到北方。因为历代统一王朝的首都都在北方，比如汉、唐的首都在长安（今陕西西安），宋（这里指北宋）的首都在汴梁（今河南开封），元的首都在大都（即北京）；而且他发现应天距离北方太远，对统治全国不利。于是，朱元璋下诏确定汴梁为北京，应天府为南京，在凤阳营建中都，仿效周、唐的做法。

但是，汴梁和凤阳都久经战乱，破败不堪，承担不起京师之重。

朱元璋只得放弃迁都到这两个地方的打算。洪武十一年（1378年），朱元璋取消了北京，改南京为京师。只是应天府的大明皇宫是垫湖而建的，建成没多长时间便地表下沉，皇宫逐渐形成了南高北低的状况。

后来朱元璋想迁都西安，于洪武二十四年（1391年）派太子朱标前往关中地区巡视。朱标回来后献陕西地图，提出迁都的方案，但并没有实施，因为第二年朱标便不幸病逝，这对年迈的朱元璋打击很大，不愿也无力再为更换首都而劳神费力。

朱棣即位后，因为倍受噩梦的缠绕与气候的折磨，他想尽早迁回北方，以实现父皇的心愿。

一天早朝时，朱棣故作不经意地询问大臣们："朕昨夜梦到把京师迁到北京了，众位爱卿说说这是什么意思？"

一个大臣马上回答说："日有所思，夜有所梦，可见皇上真的想迁都到北京去。"

他话音刚落，就遭到了另一个大臣的反对："应天府是我大明兴盛之地，怎能放弃物资丰富的帝都，去寒冷干燥的北京？"

其他大臣听了都深以为然。

听到这里，朱棣就明白迁都北京一事不好办，必须循序渐进且持之以恒地坚持下去。

永乐四年（1406年），朱棣派遣心腹大臣到北京征调大批工匠和民夫，正式营建北京的皇宫和城垣。为了避免不必要的麻烦，朱棣只说修建北京是想在北巡时有个住处。当年他在北京时有一座王府，但现在他是皇帝，不适合再住燕王府。永乐七年（1409年），北京的宫殿修得差不多了，朱棣便回了一次北京，并带去了吏部、户部、礼部、刑部、工部和都察院等机构的官员，只是在这些部门的名称前面都加上了"行在"二字。这等于将朝廷搬到了北京。

这次回到北京，朱棣在北京附近的昌平为自己选了陵址，并将该地改为天寿山。可见他已经下定了迁都的决心。

永乐九年（1411年），朱棣下令疏通会通河，打通南北的漕运通道，为迁都奠定交通和经济基础。此外，他还命人修建了北京东南面的一座海港——天津卫，这就是现在的天津，即天子的渡口。

永乐十四年（1416年）的一天，朱棣向大臣们正式宣布了迁都北京的计划。朝堂上一片嘈杂，赞同声、反对声此起彼伏。赞同的多数是跟朱棣一起"靖难"的大臣，反对的都是一些科道言官。怎样说服这些言官，让他们心服口服地同意迁都，使得迁都一事能上下统一意志，平稳过渡呢？朱棣决定先让大臣们自己去争辩，自己最后来拍板。

反对者认为："迁都是一项大规模的工程，将给朝廷的财政造成巨大的压力，而且猛然提升北京的地位，会使整个北方防线在向内收缩的同时也向北京集中，这就破坏了太祖在北方边防的均衡配置。况且中原与江南相比明显贫困，北京如果作为一个巨大的消费城市，无法就近解决大量需求的物资，必须依赖大运河从江南运输，这就为百姓增加了沉重的负担，导致国力的大量消耗，得不偿失。"

赞同者则说："东北和西北的虏患太多，太祖在位时采用分封诸王来守卫边疆，对付虏患，但效果并不是很好。北京北枕居庸，西峙太行，东连山海，南俯中原，沃野千里，山川形胜，完全可以作为天下中枢，实在是帝王万世之都。如今元朝的残余势力还在北方流窜，迁都北京可以加强北方的军事防务。"

大臣们唇枪舌箭，你来我往，始终没有争出个结果，谁也不服谁。朱棣实在听不下去了，便高声打断这一片混乱声，然后向众臣分析道："在古代，北方的黄河流域一直是政治、经济、文化上的重心。比如夏商周时期，王朝的活动中心就集中在这里。春秋战国时期，北方更是战争的主战场。这还不能说明北方的重要性吗？秦统一六国，建都咸阳，自此以后，大部分王朝都选择在北方建都。即使是被打到南方或本来就在南方的割据政权，一般也会选择靠近北方的城市建都，比如应天府、临安等。这是朕要说的第一点。

"第二，在交通上，南方河流众多，多用木船水运，航运速度较慢。所以在南方建都不利于治理天下。而北方平原众多，地势比较平坦，陆路运输比较成熟，在北方建都便于控制、威慑周边国家。而且，在宋之前，人口密集的大城市也都集中在北方地区。将都城定在北方大城市，可以增强都城在政治、经济、文化、军事等方面的优势。

"第三，大家都知道，水灾一直是威胁老百姓生存的重要自然灾害，所以很多王朝都会选择在相对干燥的北方地区建立都城，比如汉代的长安。而且北方的地势相对较高，这样的地势于战争而言也是有利的。历史上的许多战争都是南方政权败于北方政权，也有这方面的原因。

"第四，历史上有天子守卫社稷的传统，无论是秦、汉，还是宋。在北方建都意味着将军事、政治、经济中心北移。如果天子躲在南方，那么守卫北方的将士哪能安心戍卫边关？"

朱棣扫视了殿中众臣一圈，又朗声说道："朕曾以北京为基地，多次讨伐元朝残余势力，所以深知北京在军事指挥上的优势是南京无法比拟的。我们再也不能像东晋、南宋那样在江南苟活了。"

然而反对者仍然不依不饶，继续发表着反对言论。朱棣不由得恼了，声音也变得冷酷起来，冷笑道："你们说着这样那样的理由，其实都是借口，你们内心的真正借口却一直没有说出来，朕替你们说。那就是江南气候宜人，风光秀丽，自古以来就是文人骚客流连忘返之地，烟柳画桥，十里秦淮！你们谁都舍不得！"之后，他果断地惩戒了一些反对迁都的官员，以强权铁腕推行迁都。从此再没有人敢公开反对迁都了。

永乐十五年（1417年），朱棣下令营建北京，任命泰宁侯陈珪为总指挥，前后从全国各地招募二十多万工匠、上百万民夫，还有不少军队。从全国各地运来建城所需材料，历经千山万水从湖广、四川、贵州等地运来百年以上的珍贵木材；从山东运来城砖与墙砖；从苏州运来"金砖"（大方砖）铺就宫内地板。

明代的紫禁城建在元朝皇宫大内的旧址之上，但略向南移，南北方向上则扩大了许多。在东西南北的正中分别有东华门、西华门、午门、神武门四座城门。午门南面是皇城的南门，称承天门，就是今天的天安门。皇城外有护城河。紫禁城里的宫殿分前、后朝，前朝（外朝）有皇极、中极、建极三大殿，后朝有乾清宫、交泰殿、坤宁宫三大殿。六座大殿都位于全城的中轴线上，布局非常严整。

为了营建北京城，朱棣重用了一位能工巧匠，名叫蒯祥。此人出身于苏州的木工世家，其父曾主持过南京城宫殿木工活的制作。蒯祥的手艺也特别好，建房造屋，估计尺寸，量度长短，布置间架结构，与设计不差分毫。他还精通泥、石、漆、竹等手艺。据说他能够双手各拿一支笔，同时画两条龙，画成后两条龙的龙身可以完全重合在一起。

紫禁城的布局，多出于蒯祥的巧妙设计。他还常常解决一些技术难题。有一次，一个木工将一块珍贵木料锯短了一尺，这可是杀头之罪，木工顿时吓得六神无主。蒯祥得知后，仔细看了一会儿，说："没事，还能补救。"他让闯祸的木工将木料的另一头也锯短一尺，但木工怎么也不敢下手。蒯祥二话不说，拿过锯就锯起来，锯完按尺寸另外雕刻了两个口中含珠的龙头，在门槛上装了个活动龙头，再把门槛安装到门上，尺寸刚好合适，而且便于拆卸，使得这个门槛的设计更加完美。这种装置，被称为"金刚腿"。

还有一次，宫殿上梁时，一端的头怎么也放不准，在场的工匠又请蒯祥来解决。蒯祥爬到梁上，看准位置，猛一斧头，两根梁木就服服帖帖地吻合到一起了。蒯祥因此被人称为"蒯鲁班"。后来，蒯祥做到工部左侍郎，直到天顺年间，明朝宫廷内的所有营缮、建筑都还是他负责。

永乐十八年（1420 年），北京城和皇宫的工程基本完成，朱棣下诏宣布迁都北京。为了平息反对的声音，朱棣再次抬出太祖朱元璋的名头，在迁都诏书中这样写道：

> 乃仿古制，徇舆情，立两京，置郊社宗庙，创建宫室，上以绍皇考太祖高皇帝之先志，下以贻子孙万世之弘规。

意思是说，迁都北京是为了完成太祖朱元璋的遗愿。

永乐十九年（1421 年）正月初一，六十二岁的朱棣在刚刚建成的奉天殿接受百官朝贺。从这天起，前后进行了近二十年的迁都事宜，终于顺利完成。北京正式改名为京师，京畿地区称为直隶；原来的京师改称南京，其周边则改称南直隶。

迁都北京后，南京仍保留了都城地位，并保留了一套中央机构，设六部、都察院、通政司、五军都督府、翰林院、国子监等机构。官员的级别也和京师相同。北京与南京合称二京府。

这年初夏，北京天气闷热，雷雨不断。四月初八这天，朱棣和大臣们在新建的皇宫上过早朝，将近中午时分，一阵惊雷当头响起，击中了奉天、华盖和谨身三大宫殿，瞬间燃起大火。内阁官员指挥侍卫救火，但只抢救出一些重要图籍，堆放在东华门外，而新建成的三座大殿则在大火中化为废墟。

大火焚毁的不仅仅是三座宫殿，受到影响的还有人们的心灵。一时间，朝野沸腾。朱棣也是心惊不已，以为自己的德行、操守和为政存在缺失，才惹得天怒，以至于用雷电来警告自己。为了使天意回转，他决定广开言论，认真听取大家的建议和意见。大臣们纷纷上书，但都没有指责他的品德与施政，而是异口同声地说全是迁都惹的祸。

朱棣震怒，命言官与大臣俱跪于午门外对辩，辩至将午，大臣们猜到朱棣并不认为是迁都惹的祸，更加有恃无恐。一个叫萧仪的官员上书反对的言辞最为激烈，他言之凿凿地指出："迁都以后诸事不便，而且弃绝皇脉与孝陵，实在有违天意。"萧仪的大胆言论触犯了朱棣的底线。朱棣大发雷霆，下令以诽谤罪将萧仪打入死牢。

后来，在户部尚书夏原吉的周旋下，关于迁都的辩论才算停息。

第五节　疏通漕运

在朱棣召开的关于迁都问题的讨论会上，反对派找出种种理由加以阻挠，甚至提出一些尖锐的问题来质问朱棣。比如一个叫王洪的官员就曾向朱棣发难。

王洪是洪武三十年（1397年）二甲第二名进士，官居翰林院检讨，曾参与编撰《永乐大典》。王洪是洪武旧臣，且是浙江钱塘人，属于反对迁都的积极分子。在讨论会上，王洪公然质问道："皇上，如果迁都北京，怎样解决粮食问题？"对于这个问题，朱棣一时间还真回答不上来。

一朝首都往往是当时最为繁华的城市，人口往往在百万以上，比如唐朝的长安城。对于这么多人口，一个很现实的问题就是粮食。人们的日常食用、朝廷官员的俸禄、军队的粮饷，每年需要数十亿斤粮食才能满足首都的需要。而在明朝，江南是粮米重地，北方大多是贫寒之地。北京以前是元朝的大都，还算繁华，但周边的河北、山东、山西等地都不是产粮大省。一旦迁都北京，必须从南方运粮到北京，以养活定居在北京周围的军队、官宦等。若粮食不足，必将动摇国本。因此，运粮就成了关乎首都存亡的大事。

朱棣毕竟是个雄才大略的帝王，怎么可能被一个属下难住，几天后，他就给出了答案——通过大运河运粮。

大运河的历史可追溯到公元前486年。春秋末期，吴国为北伐齐国争霸中原，在如今的江苏扬州附近开凿了一条引长江水入淮的运河，当时称邗沟。隋朝统一全国后，建都长安，然而此时江南已成为全国重要的粮仓，北方都城的粮食供应很大程度上得靠南方的漕运。当时长安城的地理位置不利于漕运，粮食经水路到达长安的数量相当有限。每遇关中灾荒年，都会发生官民一起到洛阳就食的情况。隋炀帝杨广即位后，立即迁都到三面环山、背靠黄河的洛阳。为了控制南方广大地区，使江南的丰富物资能够运到洛阳，隋炀帝下诏召集百万民工，以洛阳为中心分别向南北开凿通济渠、永济渠，连接如今的杭州、北京。这条全长一千多公里的"之"字型运河，使南方的粮食能够便捷地运往京城及北方地区，从此进入了中国漕运的繁盛时期。

到13世纪末，元朝定都大都，为了使南北相连，不再绕道洛阳，元朝花了十年时间，先后开凿了济州河和会通河，把如今天津到江苏清江之间的天然河道和湖泊连接起来，清江以南接邗沟和江南运河，直达杭州。而大都与天津之间的原有运河已废，又新修通惠河。这样，新的大运河比绕道洛阳的隋唐大运河缩短了九百多公里。到了元朝末年，会通河已废而不用。

明初建都南京后，大运河的作用有所降低，加之黄河频繁泛滥等原因，运河的某些河段常被淤塞，造成航运中断。洪武二十四年（1391年），黄河于原武黑洋山（今河南原阳县西北）决口，会通河基本淤塞。

朱棣即位后，要将国家的政治、军事中心转移到北京，用这样的大运河往北京输送粮食、物资，显然满足不了需求。

永乐初年，掌管户部的大臣郁新向朱棣建议，因南段运河多浅滩，建议使用载粮三百石的浅船，由淮河、沙河先运到陈州颍溪口（即颍岐口，沙水与颍水相合之处，约在今河南周口市西）跌坡下，再用载两百石的浅船运到跌坡上，接着用大船运入黄河道，到八柳树等处后，由河南的车夫陆运至卫河，之后转运北京。朱棣采纳了他的建议。但这样转来转去其实是相当麻烦和艰难的。

永乐九年（1411年），济宁同知潘叔正上书，历陈"河运兴而兴，河运衰而衰"的道理。正为运河之事烦恼的朱棣阅后欣喜万分，立即召见了潘叔正。

潘叔正拿出一幅图——疏浚大运河的设计图，边指点图上各处要点，边陈述自己的观点："大运河是南北交通命脉，因济宁水道淤塞，锁住了整个水道咽喉，使大运河发挥不了应有的作用。现凡给饷辽卒全部通过海上运送，但海运路程长、气候复杂、颇多险阻，常常因台风潮汛致船沉没。每年由江南运粮到直沽总量在六十万一千二百石左右，可安全运达的只有四十九万石，沉没、损失的粮食占总运量的百分之十七，在运途中被淹死的船工更是不计其数。而今旧会通河四百五十余里而淤塞近三分之一，何不浚之以通漕，这是利国利民的大好事啊！"

朱棣听得频频点头，君臣议罢，立即命工部尚书宋礼会同刑部侍郎金纯、都督同知周长，赴山东主持会通河的治理。

宋礼接到任务后，立即征调山东、徐州、镇江等地民工，用了二十个月，全面疏浚了自济宁至临清的三百多里河道，河深一丈三尺，宽三丈二尺。但由于号称"水脊"的南旺地段高出济宁地段三米之多，疏通后的河道水源不足，成了一条"干河"。这时，汶上老人白英向宋礼献了一计："借水行舟，引汶济运，挖诸泉，修水柜。"白英自幼聪明好学，博古通今，学识渊博，尤爱水利，且志向高远，通读了《水经注》等水利方面的著作，并利用带领民工兴修水利的机会，熟悉掌握了汶上、东平、宁阳、兖州、泰安等二十多个州县数百里范围的地形水势，对解决运河水源问题早就了然于胸。

宋礼欣然接受了白英的建议，因地制宜，度地施工，从汶河引出水源，注入惠通河和大清河；又在南旺河设置三十八个水闸，河水通过水闸的调控奔流而下，直抵临清。这一段小小的工程，即便在宋礼的亲自领导下，还是用了三百天的时间方告完工。

运河的南方河段依然需要疏通，特别是淮安和扬州之间地势低洼，很容易造成堵塞。这个任务落到了当年向朱棣投降的陈瑄身上。陈瑄负责设计建造了四十七处船闸，以及三千艘专门用于浅水运输的防沙平底船。因为出色的工作能力和领导水平，他被朱棣任命为漕运总兵。

在治理运河的同时，解决黄河泛滥的问题也提上了日程。因为黄河决堤问题不解决，会通河仍然面临着随时被黄河水冲淤的危险。一旦黄河河堤有大的决口，整个会通河的疏浚工程将毁于一旦。为此，工部侍郎张信等人向朱棣建议：治理黄河，以使黄河不危害漕运。于是，朱棣命宋礼兼职治理黄河，发河南民夫十多万人，开始对黄河进行大规模的治理。

宋礼采取以保运为主的方针，一方面疏浚河南封丘到山东鱼台的黄河故道，使黄河水安稳地流入运河中段，这样做既分杀了黄河水势，又解决了运河中段的缺水问题。另一方面，宋礼在荆隆口筑坝设闸，以节制流经东平的河水。冬季会通河水小，就开闸引黄河水入会通河济运；夏秋季黄河水大，泥沙多，就闭闸断水。这样，既杀了黄河水势，减少了黄河决堤的危险，又保证了会通河的安全，收到了黄、运兼治的效果。

　　至此，沟通全国南北的大动脉——京杭大运河才实现了真正意义上的南北贯通和航运畅通，将北京这个国家政治中心和江浙南方经济中心连接起来。整修之后的运河，每年漕运量高达四百万石，进一步消除了朱棣迁都的障碍。

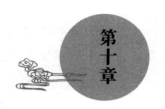

第十章

都司卫所营四境

第一节　稳定东北

　　作为篡位者，朱棣需要用一系列的政绩来证明自己，证明自己比建文帝朱允炆强，证明自己可以跨越太祖朱元璋这座大山，而稳定四边就是彰显其才略的一大功业。

　　唐朝中期以前，东北一度归河北道管辖。安史之乱后，中央政府再也无力控制这块广袤的领地。元朝时，元廷在东北设置辽阳行省，管理广袤的东北地区。

　　洪武元年（1368 年），朱元璋推翻元朝，建立明朝。对东北地区，他采取了军事征服和招抚相结合的政策，先派重兵北上，尽可能地消灭元朝残余势力。明朝军队势如破竹般扫除了全国的割据势力，逐渐统一了全国，东北的元军势力也受大势影响发生了动摇和分化。洪武四年（1371 年），北元辽阳行省平章刘益向大明投降。七月，明朝廷在辽阳设立定辽都卫，隶属山东布政使司（洪武八年，改定辽都卫为辽东都指挥使司，简称辽东都司），任命马云、叶旺为都指挥使，并增兵防守。辽东都司是当时明朝管辖整个东北地区的最高军政机构。

辽东都司建立后，东北南部的各支先前的元军部队相继归降明朝，但是北部及黑龙江南部地区仍控制在纳哈出手里。

纳哈出是元朝末年驻守辽东的"宗室王"之一，也是元朝开国功臣木华黎的第九世孙。当年，元朝在东北地区设置了七路、一府、十二州。沈阳路便是七路之一，归属辽阳行省管辖。元朝末年，全国爆发农民起义，反抗元朝的残酷统治。至正十五年（1355年）六月，朱元璋率领起义大军从和州（今安徽马鞍山和县）渡过长江，直抵元朝太平路（今安徽当涂）。当时任元朝太平路万户的纳哈出被朱元璋俘虏。

朱元璋欣赏纳哈出的才能，非常优待他，每日三餐都会送上鸡鸭鱼肉、美酒名茶。然而，纳哈出却以沦为阶下囚为耻，终日郁闷不堪，不思茶饭。对此，朱元璋拿出了十二分的耐心，决定感化对方，分化瓦解元朝的统治。不久，朱元璋释放了纳哈出，并厚赠银两，准许他回到北方元朝统治区域。至正二十年（1360年），纳哈出占据辽沈地区，担任辽阳行省左丞相。

明朝建立后，朱元璋多次派人去招抚纳哈出，但纳哈出不仅置之不理，反而变本加厉地扩充军事实力。随着兵马的扩充、势力的增强，纳哈出坐镇金山（今吉林怀德一带），图谋恢复元朝统治，成为明朝统一东北北部地区的严重障碍。

洪武五年（1372年）六月，纳哈出率军侵入辽东，被明朝都指挥使叶旺所率军队打败。同年冬季，纳哈出率领数万军队，偷袭明军的辽东军需仓库牛家庄（在今辽宁昌图县），烧毁十余万石粮食，杀死数千名明朝将士。洪武八年（1375），纳哈出再次入犯辽东，兵锋直达金州，被辽东都卫马云、叶旺等击败。其后，他屡次入塞侵犯，皆为明军所败。

洪武二十年（1387年）正月，朱元璋命冯胜为征虏大将军，傅友德、蓝玉为左右副将军，统兵二十万征讨纳哈出。与此同时，明朝派出降将乃剌吾，劝说纳哈出归顺明朝。三月，冯胜大将军率军出长城松亭关（在今河北宽城满族自治县西南上石梯子村，一说在今迁西县北喜峰口），建筑大宁、宽河（今河北宽城县）、会州（今河北平泉市南五十家子镇会州城村）、富峪（今河北平泉市北）四座城池，并留兵屯守，以便保障前方将士的后勤供应。五月，冯胜率军直扑纳哈出大本营金山。在辽河东岸，明军俘获纳哈出的屯军三百余人、战马四百余匹，遂进驻金山之西，逼近纳哈出的老巢，史称金山之役。纳哈出闻讯向北逃窜。降将乃剌吾紧随其后，一直追到松花江畔，才与纳哈出照面。见到乃剌吾后，纳哈出大吃一惊："我以为你已经死了，没想到我们又见面了。"乃剌吾向纳哈出转达了明朝招抚的诚意。纳哈出颇为心动。

洪武二十年（1387年）六月，纳哈出自知实力不敌，再加上乃剌吾的劝说，最终率余部向明朝投降。此役随同纳哈出投降的故元官吏、将校多达三千余人，共获降卒四万余人。朱元璋亲封纳哈出为海西侯。

纳哈出归降后，元朝在东北的军事力量基本被消灭，打通了往黑龙河流域的通路，之后明廷招徕女真（满族）内迁，将他们安置在东宁（治所在今辽宁辽阳）、三万（今吉林珲春附近，次年迁至今辽宁开原北）、辽海（治所在今辽宁海城西北牛庄）等卫，为明朝统一东北地区清除了重大障碍。

朱棣登基后，积极对东北进行全面经营。永乐元年（1403年），朱棣派行人邢枢偕知县张斌往奴儿干，招抚诸部，使女真诸部纷纷来附。同年十一月，朱棣在女真聚居地区设置建州卫（今绥芬河流域），于十二月又设置了兀者卫（今呼兰河流域）。

永乐二年（1404年），奴儿干地区诸部首领纷纷来京，朱棣决定设置奴儿干卫，并任命把剌答哈、阿剌孙等四人为指挥同知，古胪寺等为千户所镇抚，赐予诰印、冠带、袭衣。其后，朱棣在黑龙江和乌苏里江流域相继建卫所一百三十余个。

永乐七年（1409年），奴儿干卫的首领来朝，称奴儿干地处要冲，宜设元帅府。朱棣表示赞同，决定设置奴儿干都司，统辖各卫所。以东宁卫指挥康旺为都指挥同知，千户王肇舟等为都指挥佥事。然而当年这个决定并没有得到落实。因为在这年四月，蒙古可汗本雅失里囚杀了明朝使臣郭骥，并举兵东进。设置奴儿干都司的计划只得暂停，朱棣派大将丘福率师北伐，没想到丘福轻敌，致使全军覆没。

永乐八年（1410年），朱棣亲征漠北，击退了蒙古势力的东犯，使东北获得了暂时的安定。永乐九年（1411年），朱棣派太监亦失哈等率领官军一千多人、巨船二十五艘，护送康旺等官员至亨滚河（阿姆贡河）口对岸的特林地方，正式开设奴儿干都司，作为明王朝管辖黑龙江口、乌苏里江流域的最高一级地方行政机构。朱棣一再强调黑龙江流域是"锁钥之地"。亦失哈曾奉命九上北海巡察，对都司、卫、所官员授予官职、印信，赏赐衣物钱钞。在此期间，明朝在松花江上建成了造船厂，留有著名的阿什哈达摩崖石刻（位于今吉林省）。

永乐十一年（1413年），亦失哈在奴儿干都指挥使司治所附近兴建了一座供奉观音的寺庙，祈愿奴儿干地区与人民永世昌宁，故名"永宁寺"。勒石为碑，作《永宁寺记》，记述他奉成祖之命，巡视奴儿干，抚慰各部民众以及修建永宁寺的情况。

宣德七年（1432年），官至都知监太监的亦失哈第九次到奴儿干巡视，发现永宁寺被吉列迷人毁坏，一片狼藉。亦失哈没有怪罪，更没有追究处罚，而是"仍宴以酒，给以布物，愈加抚恤"。于是，百姓们踊跃欢迎，心悦诚服。次年春，亦失哈奉命重建永宁寺，继续用怀柔远人的方法经略这里，并刻石作《重修永宁寺记》。国人无远近，皆来顿首，谢曰："我等臣服，永无疑矣！"

奴儿干都司的设立，促进了当地经济文化的发展，增进了各民族之间的交流。

第二节　设哈密卫

西北也是朱棣即位后关注的重点之一。明军每次北征，西路军的进攻方向就是西北地区。当时，天山南北分裂成于阗（今新疆和田）、别失八里（今新疆吉木萨尔县北破城子）、吐鲁番和哈密等大小不一的割据势力，他们为争夺地盘，长期征战不休。

哈密在西汉时期归西域都护府管辖，当时称伊吾卢，王莽篡汉后被匈奴占领。东汉时期，汉明帝派军重新收复这里，并派军在此地驻扎屯田。唐朝时，哈密隶属陇右道，当时称伊州。安史之乱爆发后，吐蕃乘朝廷调边军入内地平叛之机占领此地。北宋雍熙朝以后，哈密被回鹘占领。元朝时期，哈密归阿力麻里行中书省管辖，察合台汗国的后裔兀纳失里被封为肃王后，哈密成为他的封地。

哈密是大明疆域最靠西的地区，为东西陆路交通要道。为打通与西域的联系，明朝自建立初就与哈密建立了密切联系。

元至正二十七年（1367 年）十月，大局初定，朱元璋便命徐达为征房大将军、常遇春为副将军，率军二十五万人由淮河进入河南进行北伐。洪武元年（1368 年）十二月，徐达兵分三路，一举攻克太原、大同、宣府（今河北宣化）等地，盘踞在这里的元朝重臣王保保逃到甘肃北部。洪武二年（1369 年）三月，明军攻占陕西的西安、凤翔等地，到八月已经占领陕西全境。

洪武五年(1372 年)正月，朱元璋又集中步骑十五万，分三路北伐。徐达的中路军在蒙古高原被王保保的军队击败，损失惨重；李文忠的东路军在鄂尔浑河也被击败；只有冯胜、傅友德的西路军攻取甘州（今甘肃张掖）、兰州，又在瓜州（今甘肃安西西南）和沙州（今甘肃敦煌西）击败元朝残部，明朝由此控制河西走廊。

洪武初年，朱元璋在平定陕西、甘肃等地后不再西进，改为开展政治攻势，同时加强防卫，设置卫所，修补长城，屯田戍边；并以招抚的方式拉拢元朝残部以及边疆少数民族首领，使其成为明朝的藩属，从而构筑起一套新的防御体系。洪武八年（1375年），元朝安定王卜颜帖木儿率领撒里畏兀儿投降明朝，朱元璋在其地设立安定卫、阿端卫。

哈密是天山南北两路与河西走廊的交汇处，是河西走廊的前哨卫所，担负着"通诸番之消息，凡有入贡夷使、方物，悉令此国译文具闻"之责。因此，洪武十三年（1380年），明军都督濮英奉朱元璋之令进攻哈密，占据此地的兀纳失里遣使投降，被封为哈密国王，此地成为明朝朝贡体系下的一个属国。

洪武二十四年（1391年），兀纳失里因为请求"以马市易"遭到明朝拒绝而阻断从西域来的朝贡者，太祖朱元璋遂命左军都督佥事刘真、甘肃都督宋晟率军攻占哈密。第二年，兀纳失里派遣使者贡马请罪，朱元璋恢复其国王之名。洪武二十六年（1393年），兀纳失里病死，其弟安克帖木儿继为肃王。

朱棣即位后，明朝西北疆域继续向西扩展。永乐元年（1403年），朱棣特许安克帖木儿可以用马匹来交易需用之物。安克贴木儿非常高兴，立即派使者前来朝贡。永乐二年（1404年）六月，安克帖木儿遣使朝贡并要求明朝赐爵，朱棣封其为忠顺王，赐予金印。然而第二年，安克帖木儿便因臣服明朝而被蒙古鞑靼部首领鬼力赤毒死，朱棣闻报后遣官致祭，并让他的侄子脱脱继为忠顺王。永乐四年（1406年）三月，朱棣决定设立哈密卫，以其首领马哈麻火者等为指挥、千百户等官，又以周安为忠顺王长史，刘行为纪善，负责辅助脱脱，共同管理当地军政事务。由此，哈密国成为设有明朝卫所的王国，哈密卫正式成为明朝嘉峪关以西的卫所体系的一部分。

永乐八年（1410年），脱脱病故。朱棣派官员前去追祭，并提拔都指挥同知哈剌哈纳为都督佥事，镇守哈密。同时，封脱脱的堂弟兔力帖木儿为忠义王，赐予诰印、玉带，命其世代守卫哈密。从此，忠义王不断朝贡马匹等物。当然，得到的赏赐也极为丰厚。

哈密卫的设立使哈密地区附属于明朝的直接统治之下，从而延续了自汉唐、元朝以来中央政府对西域各地的管辖。

第三节　改土归流

自古以来，在我国的西南地区，聚集着苗、瑶、彝、壮等少数民族。

秦汉时期，朝廷对西南少数民族地区建立有效统治，设立一些州县，由部族首领世袭其长官，效忠中央王朝。朝廷承认当地人首领，将他们封王封侯，让他们自行管理内部事务，并纳入朝廷管理。当然，这些地区依旧属于中央领土的一部分。到唐宋时期，为了加强对西南的控制，当地除了有部族首领领导之外，朝廷还委派官员前去监管。到了元朝，这种管理政策逐渐演化成了土司制度。

所谓土司制度，是利用当地少数民族上层人物进行统治的方式，其实质就是"以土官治土民"，中原王朝承认各少数民族的世袭首领地位，给予其官职头衔，进行间接统治。

然而，西南地区的少数民族在土司的统治下，土地和人民都归土司世袭所有，土司各自形成了自己的势力范围，其辖内的司法、财政、行政、兵事都由土司决断，对当地人民掌握一切生杀大权，其割据性越来越强。各势力范围之间时常为了争夺土地和人口而互相攻杀，甚至起兵叛乱，使得朝廷的各种敕诏在西南地区不能得到真正的贯彻与执行。

朱棣一登基就开始思考西南的治理，不时召集文武百官进行商议，最后决定对西南部分地区实行改土归流，即改土司制为流官制，也就是将原来西南地区统治少数民族的土司头目废除，改为朝廷派任流官。朱棣这一改革，最值得一提的当数贵州省的设立。

明朝初期，贵州有三大土司，其中思州宣慰司（治所在今贵州凤冈县）设置于元朝，朱元璋还没称帝它就归附了，朱元璋仍令旧故土司管理。朱元璋称帝后，将其分成思州和思南两宣慰司。洪武五年（1372年），朱元璋设置贵州宣慰司，让原官世袭，赋税自行纳贡。

朱棣即位后，对西南少数民族地区仍用土官进行治理，不过严格约束了各土司的管理，对土司的职责、义务都进行了严格的规定，并让土司必须定期进京进贡。假如要承袭，不管距离多远，都必须亲自到京城接受朝廷任命。土司如有违反朝命，即视为有罪，要严加惩处。如此一来，土司就不再像之前那样自由了。

永乐八年（1410年），思南宣慰使田大雅去世，他的儿子田宗鼎承袭土司位。田宗鼎性情凶暴，与他的副使黄禧结怨，两人经常相互攻讦。朱棣便改任黄禧为辰州知府。这一举措助长了田宗鼎的气焰。不久，田宗鼎与思州宣慰使田琛争夺地盘，仇恨越结越深。黄禧趁机与田琛勾结，共同对付田宗鼎。双方的冲突逐渐扩大，最后造成了大规模叛乱。

永乐十一年（1413年），朱棣任命镇远侯顾成为将，率领五万兵马去镇压思州地区的叛乱。朝廷军队势如破竹，很快平定了叛乱，顾成将叛乱头目逮送京师。朱棣抓住这次机会，将他们的地盘分成八府四州，设贵州布政使司。又置贵州都指挥使，领十八卫，属兵部。府以下参用土官,土官的朝贡符信属礼部,承袭属吏部,领土兵者属兵部。永乐十四年(1416年),朝廷又在当地设立贵州提刑按察司。从此,贵州就成为明朝稳固的一部分,"改土归流"实施成功。

遗憾的是,这次改革只是针对贵州叛乱的两个宣慰司,只触及贵州的一小部分地区,西南大部分地区仍然实行土司制度。并且,土司制度没有得到削弱,反而在明朝中后期达到我国历史上土司制度的顶峰。

第四节　经营西藏

西藏在唐宋时期被称为吐蕃,7世纪时开始建立政权。西藏盛行喇嘛教,喇嘛教内部有许多教派,互相争夺统治权。元朝时,西藏与中原地区有着比较密切的联系。元朝初年,元世祖忽必烈封藏传佛教萨迦派首领八思巴为大宝法王,并以他为西藏政治首领,在西藏实行政教合一的统治。八思巴死后,他的徒弟凡是承袭大宝法王的,均称为帝师。

元朝在青藏高原还设置了一系列的军政机构。起初元朝在河州(今甘肃临夏)设立吐蕃宣慰司,作为管理整个藏族地区的行政机构。为此,八思巴还在至元九年(1272年)到至元十一年(1274年)在河州居住了两年多。后来因为所辖地域太大,又设置了一个宣慰司,到至元十七年(1280年)八思巴圆寂后,元朝出于施政的需要,又在卫藏设置一个宣慰司。

后来元朝出现内乱,与西藏的关系逐渐疏远。一直到明朝建立初期,西藏与中原王朝几乎没有接触。

明朝称西藏为乌斯藏。由于太祖朱元璋早年当过和尚,后来在推翻元朝统治的过程中也充分利用了宗教的力量,因此,他对藏传佛教并不反感，还深刻意识到可以通过佛教交流建立明朝与西藏之间的联系。明朝建立的第二年，朱元璋即派人出使西藏，广加诏谕，宣布朝廷仍承认元朝对僧侣的封号，指出西藏是在明朝的幅员之内，并要故官赴京授职。

洪武六年（1373年），在元朝末年出任代理帝师、主管西藏僧俗事务的南杰贝桑波代表西藏的六十多个僧俗首领，亲自到南京朝见皇帝，朱元璋接见了他们，并正式宣布由明朝取代元朝在西藏的统治。朱元璋发布诏令，撤消元朝在西藏设置的乌斯藏纳里速古鲁孙等三路宣慰使司都元帅府，在西藏设置乌斯藏卫指挥使司为最高军政机构，下辖乌斯藏宣慰司都元帅府（乌斯的中心在拉萨、藏的中心在日喀则）和俄力思军民元帅府（今西藏阿里地区）。

与元朝不同的是，明朝在西藏设置的各级军政机构，上至指挥使、副使、同知、佥事、宣慰使、都元帅，下至万户长、千户长，都是直接委任西藏本地势力的首领担任，而不是从朝廷派官员到西藏任职。

朱棣即位后，对西藏进一步加强了经营和管理。永乐元年（1403年），朱棣派遣司礼监太监侯显、僧人智光一起前往乌斯藏，带着敕书和礼物，请藏传佛教噶玛噶举派的高僧哈立麻来南京主持宗教仪式。哈立麻先派人来京贡纳，自己随后亲自来朝。永乐四年（1406年），哈立麻到达南京。朱棣非常高兴，不仅派驸马都尉沐昕去迎接，还下令为哈立麻举办非常盛大的欢迎宴会，并赐给他大量精美礼品。第二年春，朱棣命人在京师近郊的灵谷寺修建了一座寺庙，供哈立麻主持普渡大斋。

此外，朱棣还赐给哈立麻大宝法王封号，这是当年忽必烈赐给藏传佛教高僧八思巴的封号。随哈立麻前来的徒弟有三人被封为大国师。

此后，朱棣又命哈立麻前往五台山主持大斋，为太祖和高皇后荐福，并给予丰厚的赏赐。永乐六年（1408年）四月，哈立麻辞返，朱棣再次赐予金币、佛像等物，还派宦官为其护行。

后来几年，朱棣又连续封了萨迦派的首领贡噶扎西（汉籍中称昆泽思巴）为大乘法王，并在永乐八年（1410 年）邀请贡噶扎西到南京讲经说法。永乐十一年（1413 年），邀请贡噶扎西到京，不仅大行赏赐，还封其为"万行圆融妙法最胜真如慧智弘慈广济护国宣教正觉大乘法王西天上善金刚普应大光明佛领天下释教"，简称大乘法王。

朱棣了解到西藏各大教派势力各占一方，不适合采用行政官僚体制。为了加强对西藏的管理，朱棣尽可能多地册封西藏的高僧，承认并抬高他们的地位。在法王之下，还有五王，这些王都是灌顶国师，都是僧人。五王有固定封地，要定期朝贡，承袭时也要由朝廷遣使册封。这样法王加五王的体系，既反映了西藏的现实，又不让某一家独大形成足以挑战朝廷的势力。对后世影响最大的则是对黄教首领的册封。

14 世纪末期，藏族僧侣宗喀巴创立了一个新教派——格鲁派。该派要求僧侣戴黄帽，故又称黄教。黄教以"严守戒律，学行并重，不与世俗争权"为教义，受到西藏上层人士的欢迎与支持。永乐七年（1409 年），宗喀巴在拉萨大昭寺举行法会，参加的僧众多达万余人。朱棣封了两个法王后，黄教徒也想得到封赏，于是纷纷前来京城邀恩。朱棣一一给予厚赏。永乐十二年（1414 年），宗喀巴派弟子释迦也失来朝，朱棣盛情款待。第二年四月，朱棣封释迦也失为"妙觉圆通慈慧普应辅国显教灌顶弘善西天佛子大国师"，并赐予诰印。永乐十四年（1416 年），释迦也失辞归时，朱棣又给予厚赐，并亲撰赞词相送。永乐十七年（1419 年），朱棣派中官杨三保往赐佛像、衣币等给黄教首领。黄教势力迅速扩大。到宣德时，释迦也失又被加封为大慈法王。

为了进一步密切中原与西藏的联系，方便西藏和内地的人员及物品交流，永乐十二年（1414 年），朱棣命中官杨三保赴乌斯藏，命阐教、护教、赞善三王一起修建驿站，从而使雅州（今四川雅安）到乌斯藏的道路畅通无阻。当时，征蒙古、下西洋，耗资甚巨，国库空虚，财政相当紧张。修这条穿山越岭的道路，工程浩大，不仅耗时，更耗钱，而且短期内看不到收益。因此，朱棣这一决定遭到了大臣们的一致反对。然而，朱棣决心已下，谁反对也无效。朝堂上，他怒斥反对者，并严办了几个大臣，最终统一了思想。历经千难万险后，这条路终于修通了。这条路从四川雅安直通藏区，大大加强了西藏地区与中央朝廷的联系，加深了西藏和内地的经济联系，很多商队利用这条通路进行茶叶和丝绸贸易。

此后几年，西藏僧人来内地的次数大大增加，不过这些交往都没有什么政治色彩。西藏僧人的目的主要是开展宗教仪式活动，同时也为了促进茶马贸易；而朱棣也借着这些宗教活动强化了自己的正统地位。

睦邻友好四海服

第十一章

第一节　出兵安南

在国内局势逐渐稳定下来、政务步入正轨后，朱棣开始把眼光投向了外部。

永乐三年（1405 年）春节，大明的金銮殿里热闹异常，朱棣坐在龙椅上，如看戏般看着下面的一干人众：有人在愤怒地斥责，有人在低声下气地认错，有人在痛哭流涕地诉说。原来，这是朱棣安排的一场对质大戏，一方是安南国使臣，另一方是安南原国王之弟陈天平及安南国陈朝旧臣裴伯耆。

朱棣为何要安排这么一出戏呢？事情还得从头说起。

安南古称交趾，主要指今越南的北部地区，在历史上相当长的时间里都是中国领土。公元前 219 年，秦朝大将屠睢、赵佗统领五十万大军，猛攻楚国南部的百越部落，很快在此设立了桂林郡（今广西大部）、南海郡（今广东大部）和象郡（北达今贵州南部，南至越南中部）三郡，实行直接统治。从那时起，广东、广西和越南北部就成了中国领土的一部分。

秦灭亡后，南海郡尉赵佗趁机兼并了桂林郡和象郡，建立了南越国。汉朝建立后，赵佗迫于汉朝的强大，被迫称臣纳贡，成为外藩，但其政权仍是独立的。公元前112年，汉武帝攻取南越国，将其纳入大汉版图，设立了交趾（郡治在今越南河内）、九真（治所在今越南清化省清化市西北十余里）和日南（治所在今越南广治省东河市）三郡，交趾就是原来的象郡。

唐朝灭亡后，中国进入五代十国时期，越南地区也出现了吴权、十二使君、丁部领和黎桓等分裂势力。1009年，李公蕴统一了今天的越南中北部，建立李朝，定都河内。1054年，李朝正式定国号为大越。当时宋朝内忧外患不断，无力收复这片国土，便于1174年承认其藩属地位，赐名安南。不久，陈朝取代了李朝。元末战乱，安南趁机脱离中国版图，一度发兵攻入思明路永平寨，超越元朝定界铜柱二百余里，霸占丘温、庆远等五县。

明朝建立后，安南学习朝鲜，定期向明朝纳贡，被朱元璋列入永不征讨名单。朱棣发起"靖难之役"时，安南国也发生了一场政变。建文元年（1399年），陈朝权臣黎季犛杀害国王陈日焜，控制了整个国家。随后，黎季犛改名胡一元，自称是虞舜后人胡公满的后代，改安南国号为大虞，年号圣元。不久他又传位给次子胡汉苍（胡𡗨），自称太上皇。

朱棣登基后，凭篡夺得国的胡𡗨为免引起明朝猜疑，于永乐元年（1403年）派使臣到南京请封，并称自己是陈氏的外甥，为众所推，暂理国事，并发誓永远效忠明朝。朱棣不明内情，便封胡𡗨为安南国王。

北方一直是朱棣的关注重点，他从来没把安南放在心上，但是两个人的出现改变了他的想法。永乐二年（1404年）初，安南国大臣裴伯耆跋山涉水来到南京，这位陈朝老臣在朝堂上一把鼻涕一把眼泪地向朱棣倾诉了胡氏父子的种种恶行，希望皇帝能兴吊伐之师，隆继绝之义，荡除奸凶，复立陈氏。朱棣听了未置可否，只是安排他住下。

同年八月底，原安南国王之弟陈天平在老挝宣慰使的护送下来到京师。见到皇帝，这个年轻小伙子也是声泪俱下，诉说了陈朝被胡氏颠覆的情况。朱棣虽然相信了陈天平的身份，但并没有马上表态，同样命礼部官员好生招待。此时朱棣已经开始重视安南问题，之所以不予理会，是在等一个时机。

几个月后的正旦，当安南国使臣到达南京后，朱棣便安排了一场别开生面的对质大戏。

陈天平的出现让安南使臣大惊失色，他们愣怔半天才下跪行礼，甚至当场流下了激动的泪水。裴伯耆当场指责安南使臣"弑主篡位，屠害忠臣"。至此，朱棣确信陈天平是安南的王位继承人。

了解真相后，朱棣马上传旨，责令安南胡氏解释自己的行为。很快，朱棣收到了对方的上书。在上书中，胡奆深刻地检讨了一番，并说自己一直在寻访陈天平的下落，现在找到了，他非常欣慰，恳请送陈王回国主持朝政，他愿意当一名小官，效忠陈王。这番陈词让朱棣很满意，马上派大理寺少卿薛嵓为特使，护送陈天平回国继位，并下诏给广西将军黄中、副将吕毅，任命二人为副使，率领五千精兵，一路保护陈天平的安全。

一个小小的陈天平，居然让朱棣如此兴师动众地护送，似乎有点小题大做，然而，途中还是出事了，五千精兵也没能保住陈天平的性命。永乐四年（1406年）三月，黄中等人护送陈天平进入安南境内，黄晦卿等人以牛酒犒师，见陈天平皆迎拜，独独不见胡奆前来。黄中询问黄晦卿，黄晦卿说胡奆染了重疾，不能远行，但会在前面迎接。黄中信以为真，命部队继续前行，谁知在即将进入升龙城（今越南河内）时遭遇了伏兵。这里山路险峻，林木茂密，又遇上大雨，队伍走得艰难又狼狈。突然四周伏兵大起，鼓噪之声震撼山谷，安南约十万兵士杀将过来，疲惫不堪的明军将士哪里抵挡得住，这一战直杀得天昏地暗，明军损失惨重。战斗结束后，黄中等人发现陈天平不见了，连忙四处寻找，直到天色大黑时才找到，但找到的却是一具尸体。黄中等人吓坏了，这可是杀头的大事，他们只得迅速返回南京，向朝廷报告。

听闻陈天平被杀，朱棣非常恼怒，决定发兵安南，誓要让胡氏父子为他们的行为付出代价。他花费了两个多月的时间调兵遣将，筹集粮草物资，然后举兵八十万，分两路进发：一路由成国公朱能和新城侯张辅统领，从广西进入安南；一路由西平侯沐晟统领，由云南进军，并派兵部尚书刘儁随军出征。

这是朱棣即位以来首次大规模用兵，所以他非常重视，对各方面都做了周密的部署，不但对两军将领多次交代战略战术事宜，而且对行军纪律也做了详细的说明。官军所经之处必须秋毫无犯，进入安南后要区分善恶，攻下郡邑后要保留好文书图籍等。

永乐四年（1406年）七月初一，天气晴朗，军势雄壮，朱棣在南京亲自主持了出征誓师大会，并让解缙宣读了《讨安南黎酋檄》，然后亲至江边送朱能和张辅一众将士出征。

十月初二，朱能率军走到广西凭祥时，不幸染疾而亡。右副将军张辅便暂代其职，管理军队，并派人回报朝廷。张辅之才不亚于朱能，也是个勇猛能干的将领。他率军刚进入安南境就传檄各地，列举胡氏父子二十条罪状，并向安南人民表达了立陈氏之后为安南王的宗旨。胡氏父子拼死抵抗，想以持久战来拖垮远道而来的明军。张辅识破了对方的计谋，决定速战速决。他激励士气，连战皆捷。永乐五年（1407年）正月，明军在木丸江大败安南兵。张辅即刻下令访求陈氏子孙。这时，上千安南耆老来到张辅军前，请求内附。张辅马上派人将情况上报朝廷。

五月间，张辅擒获了胡奃父子，顺利平定了安南。朝廷收到消息，众臣皆欢，朱棣也非常高兴。六月初一，朱棣正式颁布《平安南诏》，改安南为交趾，设布政使司，如同内地，命工部尚书黄福掌布政、按察二司事宜，为当地最高行政长官。

第二节　遣使西域

为了宣扬自己"共享太平之福"的理想和明朝特有的礼制体系，展示灿烂的中华文明，朱棣还加大了对西域的经营力度，多次派人出使西域，重新激活了丝绸之路的繁华。

提起通西域，人们通常会想起西汉的张骞、东汉的班超，这二人前赴后继，远行数万里，历尽雨雪风霜；任千难万险、刀兵相向，仍不屈不挠、不辱使命，终通好西方列国，宣中华国威于域外，其英雄功业历经千载，至今仍令人心向往之。其实，在明代也有一位这样的英雄人物，他五次出使西域，重开丝绸之路，并将行程及所见所闻写成《西域行程记》，永存史册。他就是陈诚。

陈诚是江西吉水人，自小"博文强志，悉通藏回蒙等诸番语"，曾拜明初大儒梁寅为师。然而，陈诚并不擅长四书五经，数年苦读，才在洪武二十六年（1393 年）中举人，第二年中贡士，殿试勉强中了个三甲。因成绩不尽如人意，他只能在翰林院任检讨，是一个从七品的小官。陈诚性格耿直，不因官职低微而废言，洪武二十八年（1395 年）差点因此被下狱，幸得兵部侍郎齐泰求请，才免除牢狱之灾。

洪武二十九年（1396 年），陈诚升兵部"驾部员外郎"①，奉命出使西域的撒里畏兀儿（今新疆柴达木盆地），但未出今新疆境。从此，

---

① 驾部：即驾部司，官署名。隋朝始置，为兵部四司之一。司的长官，隋初称为侍郎，以员外郎为佐官。

陈诚开始了他跋涉万里的一生。

这次出使是有一定历史原因的。14世纪初，四大汗国之一的察合台分裂为东西二部。东察合台控制着今新疆一带，西察合台控制阿姆河和锡尔河一带，两部多年来战争不断。洪武三年（1370年），帖木儿成为西察合台的君主。他自称是成吉思汗的继承人，积极向外扩张，企图恢复蒙古帝国的统治，很快占领旧察合台全境，又征服了波斯、花刺子模，攻入如今的伊拉克、俄罗斯等地，迅速建立起以撒马尔罕（今乌兹别克的撒马尔罕州首府）为首都的大帝国。

明朝初期，帖木儿是向明王朝纳贡称臣的。然而随着地盘的扩张、实力的增强，帖木儿也膨胀起来，渐渐地不再把明朝放在眼里。洪武二十八年（1395年），他居然扣留了朱元璋派出的使臣傅安。朱元璋意识到了帖木儿帝国的野心，于是先调西宁侯宋晟镇守凉州，又派陈诚出使西域，以加强西北的防务。陈诚于洪武二十九年（1396年）冬抵达柴达木盆地，招抚当地部落。曾有人建议明朝"尽逐番人，移民实边"，陈诚坚决拒绝，力陈此举"有伤天和"。此后，陈诚委任当地部落首领为官，在柴达木盆地建立安定卫、曲先卫、阿端卫三个军事要地，并请朝廷派遣"户部熟农务官吏"，在当地推广中原先进的农业生产技术，发展生产。此举使当地游牧部落从此转为定居生活，令各部落"归附如流"。

建文四年（1402年），在朱棣登基的同时，帖木儿打败了奥斯曼帝国，感到再无后顾之忧。朱棣即位后曾遣使往谕，责备帖木儿数年不朝贡之过。狂妄的帖木儿居然声称要来见明朝皇帝，让其向自己称臣纳贡。永乐二年(1404年)，帖木儿在首都撒马尔罕召开中亚誓师大会，宣称要"反明复元"，随后起兵二十万。消息传来后，朱棣命凉州左都督宋晟整军备战，而陈诚在柴达木盆地设立的三卫也"整军经武""日夜备战"。由于撒马尔罕距离中国内地路途遥远，一路上都是高山和沙漠，水草缺乏，供给困难，帖木儿军中战马死了很多，他本人也在行军途中染病过世，因此，这次声势浩大的"远征"无疾而终。

帖木儿过世后，汗位由其孙哈里继承。不久，帖木儿第四子沙哈鲁与哈里开始争夺汗位，而明朝也开始经营西北边境，于永乐四年（1406年）在新疆哈密设哈密卫等军事要地，派驻重兵，正式行使对今新疆地区各藩属国的主权。哈里与其祖父的理念不同，他并不想和明朝兵戎相见，便于永乐五年（1407年）六月派使者送回傅安等人。

傅安等人自洪武二十八年（1395年）出使撒马尔罕，至此已有十三年之久。他们在异国他乡吃尽苦头，不畏威逼利诱，始终拒绝投降，维护了大明帝国的尊严。傅安出使时正值壮年，归来时却须发尽白。使团原有一千五百人，"生还者十有七人而已"，由此足见此次出使的艰难不亚于汉武帝时期的张骞出使西域，一时举朝皆感其忠义，朱棣也对他厚加赏赐。

此时在文渊阁任职的陈诚，得知帖木儿帝国正陷入夺位争斗，立刻向朱棣建言："速派使节，熄其兵火，宣示天朝威德。"永乐六年（1408年），朱棣派曾出使帖木儿帝国的郭骥率团出使，带去自己的亲笔书信，在帖木儿帝国当地调解两派——哈里和沙哈鲁的纠纷。夺位成功的沙哈鲁最终释放被囚禁的哈里，将伊剌黑作为其封地，帖木儿帝国持续三年的内战终于和解。次年，正式成为帖木儿国王的沙哈鲁派使团至南京朝见朱棣，送上豹子、狮子等礼品。双方重新恢复了朱元璋时代的宗主国关系，从此友好往来。

永乐十一年（1413年），朱棣派已任吏部封验司员外郎的陈诚，以大明使团"典书记"的身份，带八名使节出使帖木儿帝国。这是陈诚第二次出使西域。陈诚对这次出使进行了周密的规划，并奏请朱棣精选故元旧臣后人随行。使团从北京出发，经玉门关进入西域，历经一年多的长途跋涉，终于在次年十月抵达帖木儿帝国国都赫拉特（今阿富汗赫拉特城）。陈诚走访了帖木儿周边中亚诸国，以大明国使的身份先后册封达什干、迭失迷、赛兰、沙鲁海牙等国国王。

永乐十二年（1414年）十月，帖木儿国王沙哈鲁在赫拉特设盛大仪式，欢迎陈诚一行。会见期间，陈诚以其优雅的大国使节风范，得到了沙哈鲁的敬重。当时沙哈鲁的一员大将当场指责明朝是驱元而起，让沙哈鲁多加提防。陈诚则针锋相对，坦言"国之运祚，在德不在威"，接着一一列举元朝的旧臣在明朝受到优待的事实，并让使团里的回族官员萨都木当场现身说法。他正告帖木儿国君臣：明朝与帖木儿国的通好，是"行德安民之举"，若再起争执，只会"祸连贵国苍生"。陈诚有礼有节的应对，令帖木儿国的君臣上下叹服。

在留居帖木儿国期间，陈诚还走访当地知名宗族、商会，结好驻帖木儿国的各国使臣，逐一驳斥逃到当地的故元遗臣对明朝的歪曲描述，"尽言大明仁德"；而中国使团带来的瓷器、丝绸等精美礼品，更在当地产生了轰动效应。

永乐十三年(1415年)十月，陈诚率队返归南京，向朱棣献上了记录他出使心得及中亚各地风貌、民俗的著作《西域行程记》和《西域番国志》。这是两本详细记录中亚国家风俗民情的专著，不但在中国史料里有重要地位，更为西方学者所重视，近现代还有不少西方历史学家专程来到中国，重金求购此书。陈诚还向朱棣建议接受各国请求，开放与西方各国的双边贸易，坚称此举不但能够"消减边关之患"，更能"岁增巨赋，收百年之利"。朱棣采纳了陈诚的建议，在新疆哈密、甘肃凉州等地设立"互市"，允许西域各国商队来此贸易。这一政策的"连锁反应"是，帖木儿帝国也重修了原本因战火而废弛的伊朗西部古驿道，连贯至如今土耳其乃至埃及地区。至此，从元末开始荒废的丝绸之路，重现商旅繁荣的盛景。

陈诚一行这次归国，帖木儿国也遣使随其入贡。朱棣赐其首领白银、彩币等物。辞归时，朱棣又命陈诚和中官鲁安偕同前往。陈诚一行受到帖木儿国国王沙哈鲁和他儿子的盛情款待。陈诚除交上玺书外，还交给沙哈鲁一幅绘画，上面画着一匹马。沙哈鲁一眼就看出画上这匹马正是他献给朱棣的。沙哈鲁深受感动，便遣使护送陈诚一行回国。从此，两国关系日益密切。

永乐十六年（1418 年），陈诚第四次出使西域。这次出使前，陈诚的母亲病逝，按照规定陈诚需在家丁忧三年，但朱棣认为"非子鲁不可担此任"，命他"夺情视事"。十月初二，陈诚一行抵达帖木儿国首都赫拉特。这次出使，陈诚给帖木儿国带来了朱棣特命翻译的北魏贾思勰的《齐民要术》和郦道元的《水经注》两部典籍。陈诚主动与帖木儿国主管农业的官员接洽，详解书中的疑难之处。在陈诚的建议下，沙哈鲁还在王宫里开辟了"试验田"，中国先进的农业灌溉技术从此在中亚地区广为传播。陈诚归国时，沙哈鲁"相送百余里，不舍之情溢于言表"。这感人的场景，也在许多中亚和西方的史料中有记载，而送别的双方谁也未曾想到，这一次竟成为永别。

永乐十八年（1420 年）十一月，陈诚携中亚各国回访使团五百人返归北京，朝见正筹谋北征的朱棣，朱棣特意派六千名精锐骑兵从肃州开始一路护送，此时北京周边重兵云集，旌旗招展。朱棣允准帖木儿使臣在北京周边地区"自由参观"，各路部队不可"妄加阻拦"。他还在明军"三千营""五军营""神机营"中挑选精兵，为使臣们表演马术骑射、步兵突击、火器操练等军事科目。

这些使臣在北京一直住到永乐十九年（1421 年）四月。他们除了参加必要的礼仪活动之外，大多数时间是在四处游览。

据说，帖木儿使臣初来时，以"吾国无此风俗"为由，拒向朱棣行叩拜礼，仅行鞠躬礼。但在历时半年的"参观"后，临归国前他们再次觐见，却齐行跪拜礼，叩首触地。到底是什么事情促使他们改变态度的呢？

那年清明节后，朱棣从猎宫归来，突然通知使臣前来觐见。使臣们赶回驿馆，发现平日接待他们的官吏一脸愁容，不复之前的热情。经再三追问，那官吏才悄悄说出实情：原来朱棣此次出猎，骑的是沙哈鲁进献的马匹，结果马在行猎中突然跌倒，致使朱棣摔伤。朱棣十分生气，谕令将使臣加镣看守，准备流放到辽东充军。使臣一听顿时惶恐起来。

使臣一行人忐忑不安地来拜见朱棣，当时朱棣正在装饰着金宝的黄缎帐幕中，与群臣商讨处治使臣的办法。诸臣大都主张赦免使臣，认为将使臣治罪不利于"怀柔远人"。朱棣当初从马上跌落，一时恼怒，欲加罪于使臣，此时情绪已有所缓和，既有群臣相劝，也就不再追究。

使臣上前叩跪进见，这一次他们是真正叩首触地了。朱棣提起贡马之事，使臣忙解释说：此马是沙哈鲁的父亲帖木儿十六年前的坐骑。此番一解释，这马就不一般了，朱棣顿时转怒为喜，不再计较摔伤一事，并下令厚赐使臣。

这次出使无疑收到了"不战而屈人之兵"的效果。陈诚因功升为从三品广东布政司右参政。

永乐二十二年（1424年），陈诚再次受命出使帖木儿国。这时，朱棣正在进行晚年不断的北征，他带病出师，不久病故。陈诚这次出使也因此中途返回。仁宗朱高炽登基后不务远略，与西域各国的关系日渐疏远，使臣往来的盛世也就一去不复返了。

第三节　平倭扬威

对于周边的近邻日本，朱棣在放开海禁的同时，实行怀柔政策，把消灭倭寇的希望寄托在日本政府身上，希望与日本通好。这在初期确实有一定的效果，但是也为后来日本人的得寸进尺埋下了祸根。

永乐十五年（1417 年）的一天，大明朝堂上，众大臣噤若寒蝉，低眉顺眼，屏息静气以降低自己的存在感，以免招来池鱼之殃。龙案前，朱棣脸色黑沉，怒发冲冠，手指颤抖地指着殿中的几个人，怒吼道："滚，给朕滚出去！"骂声响彻整个皇宫。御前侍卫急忙冲进来，将那几个人"请"了出去。

被请出去的几人身穿和服，脚踏木屐。是的，他们正是日本人，是日本的足利义持将军派来的使者。友邻来朝，朱棣本应高兴才是，为何如此暴怒？这都是倭寇惹的祸。

元朝在灭了南宋后曾于 1274 年和 1281 年两次用兵日本海上。忽必烈的举动也间接引发了日本国内的危机，随着镰仓幕府^①的灭亡，大量武士沦为浪人，其中一大部分成为倭寇，勾结中国海盗和不法商人流窜到中国东南沿海劫掠作乱，成为明朝东南海上一大祸害。

明朝建国后，大明王朝正是内忧外患之际，北方有残元势力的威胁。朱元璋迫切想与日本恢复邦交，希望两国携手消除"倭乱"，维护东亚海域的和平与稳定。

洪武三年（1370 年），朱元璋派山东莱州府同知赵秩出使日本。怀良亲王^②派遣僧人祖来赴明奉表称臣，进贡马匹和方物，并送还被倭寇掳掠的浙江沿海百姓七十人，双方关系遂得以恢复。朱元璋还以

---

① 镰仓幕府（1185—1333）：开启日本幕府政权的时代，其建立者是武将源赖朝。镰仓幕府的建立标志着日本由中央贵族掌握实际统治权的时代结束了，在贵族时代地位较低的武士登上了历史舞台。他们崇尚以"忠君、节义、廉耻、勇武、坚忍"为核心的思想，结合儒学、佛教禅宗、神道，形成武士的精神支柱"武士道"。

② 怀良亲王（1329—1383）：日本南北朝时的皇族，后醍醐天皇之子，也是南朝的重要政治人物。因担任征西将军，又被尊称为征西将军官。

"祖训"的形式，将日本列为十五个不征国之一。

但中日的友好关系没有维持多久，洪武十九年（1386年）十月，宁波卫所指挥林贤被捕，经审查他与六年前因谋反案被诛杀的胡惟庸有交集，连带牵扯出前日本使者瑶藏主有资助胡、林谋反的嫌疑，这使朱元璋对日本更加嫌恶，断然中止一切往来，并全力实行海禁。中日再次断交。

建文时期，日本又派使臣携带日本国书和厚礼来到南京，并送还被倭寇所虏的许多百姓，试图修复两国关系。建文帝热情招待了来使，并于第二年颁赐大统历，派遣禅僧道彝天伦、教僧一庵一如与日本使臣一同返回日本，室町幕府将军足利义满亲自到兵库（神户）港口迎接，并在京都北山金阁寺举行了隆重的接诏仪式，承认日本是明朝的属国。

朱棣一登基就遣使以即位诏谕日本。永乐元年（1403年）九月，朱棣派左通政赵居任、行人张洪偕同僧人道成一起出使日本。但他们还没出发，日本贡使已到宁波。朱棣得报后很高兴。但是，日本贡使附带的私物中有刀枪之类的兵器，违犯了中国的禁令。礼部尚书李至刚奏请"籍封送京师"，但朱棣为怀柔远人，改善与日本的关系，没有治他们的罪，反而命官府出钱将这些刀枪买下。日本贡使于十月到京，献上日本国王源道义的上表与方物，朱棣也赐予对方厚礼，并派官员与来使一起回日本。从此，两国使节往来不断，关系日益密切。

然而，倭寇依然猖獗，经常在中国东南沿海抢劫财物，掳掠人口。永乐二年（1404年），朱棣借册立皇太子、日本特使来朝贺的机会，诏谕其国王，要日本逮捕这些倭寇。日本感到倭寇的行为妨害了两国关系的发展，立即组织严打，把对马岛上倭寇团伙的老窝都抄了。二十个团伙头目被绑到宁波。朱棣闻报十分高兴，正式承认日本为大明属国。

在日本称臣纳贡的前提下，明朝对其开放贸易大门，规定每十年进贡一次，每次只允许两艘船入境，每船限二百人，在宁波进行贸易，给予日方勘合符一百道。

所谓勘合符，就是由明朝官方发行的木制贸易凭证，上面写有文字和签章，居中分割成两半，中日各执一半，每次日方来航按编号双方进行对合，吻合与否作为验明正身的标准。勘合贸易给日本带来了巨大的利益，这从宝德年间的遣明使楠叶西忍的日记可见一斑。

永乐六年（1408 年），足利义满过世，日本朝政大权落入其子足利义持手里。足利义持品性恶劣，声称"本国开辟以来，百事皆听诸神"，"灵神托人谓曰：我国自古不向外国称臣"，遂与明朝断绝了外交往来，并一改其父打击倭寇的政策，对倭寇的行为置之不理。这就使倭寇之害日益严重。永乐十五年（1417 年）倭寇先后掳掠松门（今浙江温岭市东南）、金乡（今浙江平阳县南）、平阳（今属浙江）等地。朱棣命沿海守军严行剿捕。清远侯王友募民协助剿倭，沿海百姓也自发组织民团协助官军作战。

可恨的是，足利义持一边纵容倭寇为害中国沿海，一边又在拒绝对大明称臣纳贡的情况下，于永乐十五年（1417 年）派遣使节来到南京，要求明朝开放对日贸易，以获取高额利润。足利义持的行为直接激怒了朱棣，他警告将对日本发动战争，并将日本使者赶回了日本。

朱棣一方面要求日本国王对倭寇严加约束，另一方面则加强沿海防务，对来犯的倭寇严加剿捕。

早在永乐八年（1410 年），朱棣就派左都督刘江镇守辽东，其任务之一便是防倭。刘江，本名刘荣，明代邳州宿迁（今江苏宿迁）人。刘江是他父亲的名字，刘荣因替父从军，所以冒用父亲的名字刘江。刘江在辽东经营数年，于旅顺口、望海堝（今辽宁大连市金州区东北三十公里的亮甲店街道金顶山）、左眼、右眼、西沙洲、三手山、山头等地修建烽台七座，以加强警戒。即便如此，战争还是发生了，永乐十七年（1419年）六月，著名的望海埚之战爆发。

六月十四日傍晚，哨兵来报，称东南方向的王家岛上有火光。当时，金州卫主力集中在金州城和红嘴堡。望海埚仅设一名守堡官和百余名兵士。金州距离望海埚约六十里。刘江收到消息后，估计倭寇将至，连忙增派马、步兵连夜赶赴望海埚。刘江赶到望海埚后，将兵力分为三部分：一部分守城，步兵主力埋伏于望海埚山下，马队则绕到敌后隐蔽待命，又令百户姜隆率精锐潜入倭寇登岸处焚烧敌船。

次日拂晓，倭寇一千五百余人分乘三十一艘船，闯入青云河口常江澳，船泊马雄岛（今大连金州区大李家镇城山头），弃舟登岸。倭寇头目率领部众成一字形，鱼贯而行，直扑望海埚城堡而来。这支倭寇的头目相貌丑陋，挥兵率众，兵势颇锐。而刘江泰然自若，秣兵以待。倭寇进入堡中，发现堡中并无守军，怀疑中了埋伏，准备退出望海埚城堡。此时天已大亮，刘江披发仗剑，举旗鸣炮，明军伏兵四起。猝不及防的倭寇尸横遍野，残军且战且退，进入望海埚下樱桃园空堡中。刘江指挥部队将空堡团团包围。为减少己方伤亡，他采取"围三缺一"的战术，只攻三面，留下西面不打，逼迫倭寇往西面海边撤离。倭寇败退中自然很难保证队形完整，明军骑兵趁机在中途围追堵截。登岸倭寇几乎全灭，少量率先出逃的倭寇退至青云河口，也被等待已久的姜隆擒获。此次战役从早晨一直到天黑方才结束，明军将士个个奋勇当先。

朱棣闻报非常高兴，封刘江为广宁伯，子孙世袭。有功将士也都受到了不同的封赏。刘江原来冒用父亲的名字，这时才恢复真名刘荣。

自望海埚之战后，倭寇元气大伤，多年不敢到辽东为害。足利义持害怕明朝东征日本，遂派遣使节前来明朝朝贡。这一次他没有了"我国自古不向外国称臣"的狂妄，国书上老老实实地为自己署名日本国足利义持，大明王朝的海疆由此平静了数百年。此后三百多年，倭寇不敢再犯辽东。

第四节　六下西洋

在朱棣的外交政策中，派郑和多次出访西洋各国是其中一大手笔。

在六百多年前的六月十五日，当第一缕阳光透过厚重的云层照亮江苏太仓的刘家港时，海面上影影绰绰地显露出一大片如小山一般的庞然大物，连绵不绝地填满了整个港口和河道。这个庞然大物是一支由二百多艘海船组成的远洋船队，上面载有两万多人以及中国的各种名贵特产，如丝绸、茶叶、金银财帛等。船只上竖立的一根根巨大的桅杆，如同森林里的参天大树，密密麻麻地矗立在港口。这支船队即将驶入大海，奔向远方，去完成一项伟大的任务——出使西洋。这是一次古老的中国将眼睛看向大海深处、海洋的另一边，探索中国大陆以外的广阔世界的征程。

这支庞大的远洋船队的带队人叫郑和，是朱棣经过慎重考虑后挑选的得力干将。朱棣的这一选择，也让"郑和"这个名字永远载入中华民族的史册，让后世的华夏儿女永远铭记心间。

由于自己的皇位不是按照法统得来的，朱棣心里总是笼罩着一片不合法的阴云，生怕建文帝伙同旧势力卷土重来。为此，他总是竭尽全力地证明建文帝远不如自己，让那些不支持他的人彻底闭嘴。初登大宝之日，朱棣便敞开国门，积极迎来各国来华朝贡，还多次派使节出使他国，以彰显他与元朝不同的对外方略。

所谓西洋，是指今南洋和印度洋一带的国家和地区。对于出访西洋的使者人选，朱棣是极其慎重的。西洋远在大明之外，非得各方面条件都适合的人不可。之所以选中郑和，是基于朱棣对他的信任与了解。

郑和，原姓马，云南昆阳州（今云南昆明市晋宁区昆阳街道）人，许多史书称其为马三保。洪武十五年（1382年），明军攻灭云南的梁王政权，郑和被俘入宫，阉割为宦官，后被朱元璋拨给燕王朱棣听用。朱棣起兵夺位时，郑和随军出征，出入战阵，多建奇功，得到了朱棣的赏识和信任。朱棣即位后，擢其为内官监太监，官居正四品，并赐姓为郑。永乐初年，郑和又从道衍皈依佛教，受"菩萨戒"，法名福吉祥。众所周知，在东南亚和南亚一带，佛教有着很大的影响力，在这一点上，郑和有着便利的条件。

据说，朱棣在派郑和出使前曾问术士袁忠彻（袁珙之子）的意见，袁忠彻也极力称赞郑和："三保姿貌才智，内侍中无与比者。臣察其气色，诚可任。"这进一步坚定了朱棣的决心。为了保证郑和顺利出使，朱棣多次下令建造海船，并组建了人才齐全的出使队伍。

万事俱备，永乐三年（1405年）六月十五日，郑和与王景弘等率领一支庞大的船队，自苏州刘家河（今江苏太仓浏河）沿江出海，至福建，再由福建五虎门扬帆，开始了第一次下西洋的航程。

郑和此行肩负着多重任务，既要奉旨诏谕西洋诸国来大明朝贡，又要悄悄寻找建文帝的下落。此次航行到达的最远处，是印度半岛上的古里国①。郑和在那里代表朱棣赐赠国王诰命、银印，并建亭刻石。碑文写道："其国去中国十万余里，民物咸若，熙皞同风，刻石于兹，永昭万世。"

永乐五年（1407年）九月，郑和回京，随其来朝的有苏门答剌（今苏门答腊岛北部）、古里、满剌加（今马六甲）、小葛兰（今印度奎隆）、阿鲁（今苏门答腊岛日里河流域）等国使臣。此次出使，郑和做了一件令朱棣相当满意的事情——生擒了海盗首领陈祖义。

---

① 古里国：又作"古里佛"，是位于南亚次大陆西南部的一个古代王国，曾为马拉巴尔地区的一部分，其境在今印度西南部喀拉拉邦的科泽科德一带，为古代印度洋海上的交通要塞。

陈祖义祖籍广东潮州，洪武年间全家迁到南洋。他盘踞在马六甲十多年为海盗，拥有战船百艘，匪众超万人，雄霸于日本海、南海、印度洋等海面。他曾率领手下劫掠超过万艘以上的过往船只，攻陷过五十多个沿海城镇，当时南洋的一些国家甚至向其纳贡。后来，陈祖义跑到三佛齐（今苏门答腊岛上的巨港）的渤林邦国，在国王麻那者巫里手下当了大将。国王死后，他干脆自立为王，成了渤林邦国的国王。

陈祖义给大明"进贡"，一般是驾驶着空船出发，一路抢，抢到什么送什么。返回的时候也不落空，又是一路抢夺。此举着实令朱棣深恶痛绝。

永乐五年（1407年），郑和船队在回航时抵达陈祖义的驻地。陈祖义觉得这支庞大的船队上必有宝贝，又想来抢。幸好郑和早有防备，在陈祖义率队来袭时，采取"火攻战"烧毁海盗船，共杀死海盗五千余人，并生擒陈祖义囚禁船中押解回京，朱棣断然下令将陈祖义杀掉。

郑和第一次出使回朝后三天，朱棣便命都指挥汪浩督办改造海船二百多艘，做好再次下西洋的准备。十天后，朱棣命郑和再次率舟师出海，第二次下西洋。此次主要访问了占城（今越南中部和南部地区）、爪哇、暹罗（今泰国）、满剌加、南巫里[①]、加异勒（今印度半岛南端东岸）、锡兰（今斯里兰卡）、柯枝（今印度西南部柯钦一带）、古里等国，于永乐七年（1409年）夏末回国。

在这次航行过程中，郑和专程来到锡兰，对锡兰山佛寺进行布施，并立碑为文，以垂永久。

永乐六年（1408年）九月，朱棣命郑和第三次出使西洋各国，但因郑和出使尚未归来，因此正式出发时间为永乐七年（1409年）九月。

---

① 南巫里：即蓝无里国，古代国名。故地约在今印度尼西亚苏门答腊岛西北角。蓝无里国在宋朝史籍记载中又作蓝里，元朝史籍作喃哩，明朝史籍作南淳里，清朝称南渤利和南巫里。

这次，郑和率领将士两万余人，分乘大船四十八艘、小船近百艘，自刘家河开船，经福建长乐太平港，从五虎门顺风扬帆出洋，直去占城。此次郑和的主要任务是"往诸番国开读赏赐"。赏赐是朱棣对那些应诏而来的西洋各国的回礼；而开读的敕谕，则是怀柔远人的内容。

中国人向来崇尚礼尚往来，朱棣也非常重视这种礼节，赏赐各国国王锦绮纱罗等礼物，作为他们来中国朝贡的回礼。此次出使，郑和还有一个任务——调解海外邻国之间的纠纷。原来，占城的贡使回国时，因遇到大风而漂到彭亨（今马来西亚彭亨州），被暹罗扣留。朱棣赐给满剌加、苏门答剌的印诰也被暹罗强行抢去，两国都来控告暹罗的蛮横。郑和到暹罗宣读了朱棣给国王的诏谕，暹罗马上派使臣来明朝朝贡，并为此前的行为谢罪，遣还占城贡使，送还满剌加、苏门答剌的印诰。这一带至此恢复了和平和安定。

郑和出使通常会受到各国的礼遇，不料在锡兰却受到了锡兰权臣亚烈苦奈儿的冷遇和侮慢。亚烈苦奈儿在锡兰的宫廷斗争中一度落败，建文元年（1399 年）从印度逃回锡兰，经过一番你死我活的争斗后，亚烈苦奈儿成功架空国王，成为锡兰的实际掌权者。锡兰是个海中岛国，无法发展农耕经济，只得靠抢劫海船度日。当郑和船队来到锡兰时，亚烈苦奈儿看到郑和船队有那么多金银珠宝，于是心生歹意，想灭了郑和船队，将财宝据为己有。郑和看出了亚烈苦奈儿的心思，为了不起正面冲突，他干脆提前离开，将一场阴谋扼杀在摇篮里。但郑和是个执着的人，访问半途而废让他难以释怀，于是在回程时再次到访锡兰。亚烈苦奈儿仍然贼心不死，不过这次他改变了方法，先是假装友好，邀请郑和前往皇宫做客，想将郑和调离，然后派兵抢船。郑和对他已有防备之心，便挑选了两千名精兵随他一起入宫。当锡兰军队猛攻郑和船队时，郑和趁着皇宫空虚，一举捉拿了亚烈苦奈儿及其一家老小。

永乐九年（1411年）六月，郑和回朝时，一并将亚烈苦奈儿及其家属带回，交给朱棣处理。当时锡兰与邻国关系不睦，多次劫掠各国使者，各国正感苦恼无奈，这次亚烈苦奈儿被郑和俘获，没有人肯为他讲情。朱棣召群臣议事时，群臣大都主张将亚烈苦奈儿杀掉。朱棣觉得这个人虽然恶迹颇多，但毕竟不同于陈祖义之类流寓海外的华人，杀掉恐不妥当，想来想去，还是决定将他遣送回去。不过，锡兰国王不能再让他当了，朱棣任命锡兰贤者耶巴乃那为国王。从此以后，锡兰对大明王朝毕恭毕敬，一直保持着友好的关系。

锡兰之役很好地宣扬了大明天子的威德，朱棣对郑和的行为极为满意，命礼部专门拟定了《下西洋官军锡兰山战功升赏例》。按照这个升赏例则，凡在锡兰作战中建有奇功、头功的将士或匠役都可以得到升级和赏赐，而阵亡的将士、匠役还可以得到额外的加赏。

郑和三次奉命出使西洋后，明王朝与海外各国的交往日渐密切，各国前来朝贡的使臣充斥于廷。朱棣向往的那种"四海咸服""万国来朝"的局面已基本实现。

即便如此，朱棣仍不满足，于永乐十一年（1413年）冬第四次命郑和率队出使西洋诸国。这次出使，朱棣提出了一个新的要求：尽可能到达西洋更远的国家，诏谕更多的国家尊崇中国，遣使朝贡。这一次，郑和船队不但到达了当时的西洋大国忽鲁谟斯①，而且越过印度洋，到达了赤道以南的非洲东岸。除忽鲁谟斯外，沼纳朴儿（印度北部）、不剌哇（今索马里布拉瓦一带）、竹步（今索马里朱巴）、阿丹（今也门亚丁）、剌撒（今索马里泽拉一带，一说在阿拉伯半岛南岸木卡拉附近）、溜山（今马尔代夫）、沙里湾泥（今也门北部沿海沙尔伟

---

① 忽鲁谟斯：即霍乐木兹，又作和尔木斯，在今伊朗东南米纳布附近。临霍尔木兹海峡，废址在霍尔木兹岛北岸，扼波斯湾出口处，为古代交通、贸易要冲，今为对岸阿巴斯港所取代。

恩角一带）等国也都遣使随郑和船队赴大明朝贡。

永乐十三年（1415 年），郑和率领船队回国，在途经苏门答剌时又遇危险。苏门答剌是中国通往西洋的必经之地，从永乐初年便不断与明朝互通使节，往来颇密。据说苏门答剌国王在与邻国花面国（在苏门答腊岛北部）的战争中中箭身亡，王子年幼无法复仇。其王妃遂通告全国，说谁能帮她复仇，她就嫁给谁，并与此人共掌国事。很快一个渔夫前来应召，率众攻打花面国，杀掉了国王，之后与王妃结合，人称渔翁国王。后来王子长大，与部属密谋，杀死渔翁国王，夺取了王位。渔翁国王的弟弟苏干剌逃到大山里，聚众为乱，内战不息。郑和这次来到苏门答剌，因为没有给苏干剌颁赐，引起了他的不满。于是，苏干剌率领数万匪众攻打郑和船队，不料被郑和击破，一直追击到南巫里，终将苏干剌俘获。

郑和回朝时，朱棣刚结束北征返回北京，郑和遂将苏干剌押解到北京，交给朱棣处置。朱棣下令以大逆不道的罪名将苏干剌处死，各国使臣都为之震栗。

来朝的各国使臣准备告辞回国时，朱棣决定再次派遣郑和率船队护送。于是，郑和于永乐十五年（1417 年）第五次下西洋。这时中国通往东非的海上航道已经畅通无阻，郑和第五次下西洋又是满载而归。各国国王为感谢明廷的赐赠，回送了不少珍禽异兽作为礼物让郑和带回大明。朱棣特意命人在奉天门展示了这些礼物，让群臣前来参观。这些见所未见、闻所未闻的珍禽异兽，令群臣大开眼界、惊愕不已。

永乐十九年（1421 年）正月，朱棣正式迁都北京，忽鲁谟斯等十六国派使臣带来了不少名马方物，算是对迁都的祝贺。朱棣命礼部宴劳使臣之后，又派郑和等人偕同使臣前往各国颁赐，以示回谢，于是便有了郑和的第六次出使。

此次郑和与副使们到达苏门答剌后，便分道前往各国。除了护送各国使节回国、沿途颁赏之外，朱棣还命船队采办海外珍宝。前一次带回的珍奇十分引人注目，这一次舟师将士水手们也各自携带钱物，沿途交易。因为是分头行动，回朝时间也不统一，郑和回归时间较早，于永乐二十年（1422年）八月回京。

永乐二十二年（1424年）正月，郑和奉命到旧港（即今印度尼西亚苏门答腊岛巨港）册封已故的宣慰使施进卿之子施济孙袭其父之职。这只是一次小规模的出使，不在郑和七下西洋之列。

郑和回朝时，朱棣在北征途中驾崩，仁宗朱高炽采纳户部尚书夏原吉等人的建议，中止了下西洋的行动，永乐时声势浩大的通使西洋活动就这样停止了。尽管在宣德五年（1430年），宣宗朱瞻基还派遣郑和、王景弘等率领一支由六十一艘宝船组成的船队进行过一次大规模的出使西洋活动，去告谕西洋诸国，明朝已有新皇帝登基改元，要求各国派遣使臣来朝，但这只是整个下西洋活动的尾声。

郑和下西洋是世界航海史上空前的壮举，其规模大、时间早、技术先进，且成就巨大、意义深远，但也耗费惊人，后来一度被一些儒臣批评为弊政。

第五节　万国来朝

郑和在永乐年间六下西洋，使大明王朝威名远播，东南亚及非洲国家派来的使节络绎不绝，盛况空前。

永乐十九年（1421年）正月朔旦，北京新落成的奉天殿巍峨壮阔、金碧辉煌，明朝的文武百官齐集殿前广场，参加正式迁都的庆典。前来庆贺的还有海外各国的使臣。庆典隆重恢宏，气势磅礴，彰显宇内同庆、德霭万邦的天朝气度。

听着震耳欲聋的"万岁，万岁，万万岁"的呼声，看着大殿之下云集的各方来客，朱棣脸上露出了自豪的笑容，内心一阵轻松，似乎长久以来压在他心头的由于篡位所带来的的合法性不足的重石终于卸下了。据《明太宗实录》载，出席迁都庆典的有"忽鲁谟斯等十六国"。这从一个侧面表明，永乐年间的中外友好交往达到了前所未有的高度，难怪朱棣会如此自豪。当然，这一盛况与他一直以来坚持的柔远怀人的外交政策是分不开的。

为了鼓励外国人来中国，朱棣恢复了朱元璋晚年废掉的市舶司，在福建、浙江、广东设立了三个市舶司，还在京师建了会同馆专门接待外宾。为了方便与外国使团沟通交流，他还建了四夷馆，这是当时的翻译机构，并专门培养翻译人员。这样一来，各国贡使"络绎于道"，其频繁程度为中国数千年封建社会所罕见。

为了彰显天朝国威，朱棣屡屡派人出使西域和西洋诸国，同时实行"朝贡外交"的政策，使得中国与世界有了广泛而密切的联系，也使得亚非诸国对泱泱中华有了更多的向往。

在郑和下西洋的推动下，永乐五年（1407年），即郑和第一次下西洋回国这一年，琉球、中山、安南、暹罗、日本、别失八里、阿鲁、撒马尔罕、苏门答剌、满剌加、小葛兰等国遣使节来到中国。除少数几个国家外，许多国家的使节都是搭乘郑和的船只而来。

永乐十七年（1419年），郑和第五次下西洋回国，带回了十七个国家和地区的贡使。

永乐二十年（1422年）郑和第六次下西洋回国，第二年来朝贡的有"十六国，遣使千二百人贡方物至京"。

据统计，洪武年间，自洪武二年（1369年）二月开始有贡使来华，到朱元璋去世的二十九年间，共有来华使节一百八十三次。永乐年间，自永乐元年（1403年）二月至成祖朱棣去世的二十一年间，共有来华使节三百一十八次。洪武时平均每年六次多一点，永乐时则平均每年达十五次之多。这种盛况在中外关系史上是空前的。

除了中外使节的频繁往来以外，还有四位外国国王七次访问中国。这是历代封建王朝所不曾见过的。他们都受到了朱棣的盛情款待，其中有三个国王因病死在中国，并葬在中国，留下了许多友谊的佳话。

浡泥王是永乐年间访问中国的第一位国王。永乐五年（1407年）郑和第二次下西洋期间到过浡泥。浡泥，即今天的文莱，为加里曼丹岛北端的古国，北宋时就与中国有了来往。洪武年间，朱元璋曾派使臣前往诏谕，浡泥也曾遣使来贡，两国关系在永乐年间更加密切。永乐六年（1408年）八月，浡泥王麻那惹加那亲率使团前来朝贡。使团先到达福建，地方官马上向京城报告。朱棣闻报立即派中官杜兴前去迎接，并设宴款待。朱棣下令，凡浡泥王所到之处，地方官都要设宴款待。浡泥王到京城后献上方物，对大明皇帝极尽赞扬。朱棣听了非常高兴，对浡泥王再三赏赐，对其随从也都给予丰厚的赏赐。当天朱棣亲自在奉天门设宴，款待浡泥国王，又在旧三公府设宴招待王妃及其随从。

遗憾的是，浡泥王在中国只停留一个多月，就因水土不服，一病不起。朱棣赶紧派宫廷御医前往医治，无奈回天乏术，浡泥王死在了中国。朱棣甚为悲伤，为了表示对其尊重与怀念，下旨停朝三日，并遣派大臣前去祭拜，诵读祭文。朱棣特意命工部为浡泥王备棺椁、明器，将浡泥王安葬于南京安德门外的石子岗，立碑勒铭，并于墓旁建祠，谥号"恭顺"，逢春秋时前往祭祀。

浡泥王有一儿子，名叫遐旺，年仅四岁。朱棣命其袭王爵，赐予冠服、玉带等物，让他的叔父尽心辅佐。朱棣还专门找了三户人家充当坟户，专门为浡泥王守墓，免除其徭役。

朱棣还按照遐旺及其叔父的请求，敕谕爪哇，不准其再向浡泥每年征收四十斤片脑（即龙脑香）。永乐十年（1412 年），浡泥王遐旺和他的母亲一起来中国。朱棣命礼部官员先在会同馆设宴为他们接风洗尘。第二天，朱棣亲自设宴于奉天门款待遐旺，另设宴款待他的母亲。两天后，朱棣再次设宴款待，并赐冠带、袭衣等物给遐旺，对其他人也各有赏赐。遐旺一行回国时，朱棣又赏赐大量金银财物，彰显了大国君主的慷慨与大度。

满剌加王也曾来到中国。满剌加即马六甲，今属马来西亚，当时该地尚未建国，也没有国王，而是隶属暹罗。永乐元年（1403 年），刚刚登基的朱棣派尹庆出使满剌加，赐予其酋长拜里迷苏剌许多织金文绮等，并宣示了大明皇帝朱棣的威德和招徕之意。拜里迷苏剌非常高兴，于永乐三年（1405 年）派出使臣来到中国，入朝贡献方物。

朱棣龙颜大悦，颁诏封拜里迷苏剌为满剌加国王，赐给诰印、彩币、袭衣、黄盖等物。满剌加国的使者表示，他们的国王愿意每年来朝贡，请求大明皇帝"封其山为一国之镇"。朱棣答应了他们的请求，并亲制碑文立于山上。以后郑和下西洋多次到达满剌加国，两国交往日深。永乐七年（1409 年），郑和还在满剌加建了一个像小城一样的官仓，一应钱粮都储存在这里，各分支船队都在这里取齐，等风顺时一起回国。

为了表达对大明及其皇帝恩赐的感激之情，永乐九年（1411 年）七月二十五日，满剌加王拜里迷苏剌率领妻子及陪臣五百余人来到中国。一个小国竟派出如此庞大的出使团队，足见满剌加王对这次出使的重视。朱棣对他远离故乡、跋涉海道万里来朝的行为十分欣赏，特派官员前去迎接。拜里迷苏剌一行到达京城后，朱棣亲自接见，并在奉天门设宴慰问，赏赐了许多东西。九月初一，朱棣又在午门外赐宴招待。拜里迷苏剌在南京停留了两个月，九月十五日才启程回国。临行前，朱棣又于奉天门设宴饯行，并感慨地说："王涉海数万里至京师，坦然无虞，盖王之忠诚，神明所佑也，朕与王相见甚欢。"第二年，拜里迷苏刺派他的侄子来中国专程感谢大明皇帝，从此以后贡使往来不断。

永乐十二年（1414年），拜里迷苏刺去世，他的儿子母干撒于的儿沙亲自来到中国，向朱棣告讣。朱棣让他承袭满剌加王，并赐予财物。永乐十七年（1419年），新王率妻子、陪臣等人亲自来中国，一是为了谢恩，二是来向朱棣求援，因为满剌加国受到暹罗国的侵扰。母干撒于的儿沙对朱棣讲述了暹罗侵犯的状况，请求裁断。朱棣当即颁诏给暹罗，申明两国同是明廷藩属，理应和睦相处，不应以兵相加。他谴责暹罗国国王说："听说你国无故派兵侵扰满剌加国，兵就是凶器，两国相争，对双方都有损害，所以说好兵不是仁者之心。况且满剌加国王既已内属，则为朝廷之臣，彼如有过，当向朝廷申诉，不应动不动就用兵。"暹罗慑于明廷之威，遂罢兵回去。两年后，暹罗派遣使臣向明王朝请罪。就这样，两国的纷争被朱棣调停了。

永乐二十二年（1424年），母干撒于的儿沙去世，他的儿子西里麻哈剌嗣位，又一次率妻子、陪臣来中国谢恩。两国间的友好关系进一步得到巩固，两国间的经济文化交流发展到了很高的程度。

永乐年间到中国访问的还有苏禄国王。苏禄，即今菲律宾的苏禄群岛。苏禄王的来访与郑和的出使有关。当时苏禄有三个王——东王、西王和峒王。永乐十五年（1417年），苏禄国三位国王一起率领一支三百余人的使团前往中国。他们循着"东洋针路"，在南海望岸而行，途经浡泥、满剌加、真腊（在今柬埔寨境内）和占城抵达中国南方。使团从福建泉州登岸，经苏州、杭州，沿京杭大运河来到北京。朱棣命所经各地官府以国宾之礼接待。三位国王向朱棣进金缕表，献珍珠、宝石、玳瑁等物。朱棣对他们的礼遇也很优厚，并以印诰、袭冠带及鞍马、仪仗器物还礼。

苏禄使团八月二十七日向朱棣辞行。临别时，朱棣又赐予金银、玉带、文绮、绢帛等，赏赐十分丰厚。不幸的是，使团走到山东德州时，东王突患病症，不治身亡。朱棣闻报非常悲伤，马上派专员到德州祭拜，为东王举行隆重的葬礼，并命地方官为东王在德州城北十二连城九江营的西南部修建了陵墓。朱棣还亲自撰写悼文："贤德芳名流播后世，与天地相悠久，虽死犹生。"拟谥号"恭定"。朱棣命东王的长子回国继承王位，留王妃、东王次子和十名随从按中国习俗守墓三年。

为照顾守墓王妃、王子的生活，朱棣特意安排三户生活习俗相近的百姓，从历城（今济南市历城区）迁至德州。这三户人家免除杂差徭役，与苏禄王裔"相兼看守王墓"，"供给王裔役使，耕种祭田，供王祀事"。东王王妃于永乐二十一年（1423年）回国，共守墓六年。东王次子和一些随从则长期留了下来，因为他们已适应中国风俗，并与当地通婚，在德州北营村繁衍生息。现德州北门外的安、温二姓都是其后裔。

永乐十九年（1421年），新东王的叔叔来朝贡，献给朱棣一颗重七两多的珍珠，朱棣非常高兴，赏赐了对方很多东西。永乐二十二年（1424年），苏禄又一次来贡。永乐年间中国与苏禄国的密切交往，成为中国和菲律宾友好关系史上的佳话。

永乐年间，古麻剌朗国王也曾到过中国。古麻剌朗又称麻剌，今属菲律宾。永乐十五年（1417年），朱棣派太监张谦出使麻剌，并赠送给国王斡剌义亦敦奔绒锦、纻丝、纱罗等物。永乐十八年（1420年）十月，麻剌国王斡剌义亦敦奔率妻子、陪臣随张谦来到中国，贡献方物。朱棣命礼部按接待满剌加王的规格来接待麻剌王。麻剌王对朱棣说："虽为国中所推，但并没有受到朝廷的委命，请皇上赐命。"朱棣遂对其进行册封，仍沿用旧王号，并给予诰印、冠带、金织袭衣等，对王妃和陪臣都给予丰厚的赏赐。

永乐十九年（1421 年）正月，麻剌王向朱棣告别，朱棣又赠予丰厚的财物。使团一行四月间到达福建，不想国王斡剌义亦敦奔不幸病逝于当地。朱棣听说后极为悲伤，派礼部主事杨善前去告祭，谥号"康靖"，又命地方官治坟墓，以王礼将麻剌王葬于福州。朱棣命其子剌苾继承麻剌王位，率领使团回国。

可以说，永乐年间的海外交往达到了空前的高度，向大明称臣的国家，从东往西，从日本到东非沿岸，大大小小的国家有三十多个，真正实现了万国来朝的盛大场面。这不仅与明王朝"德威远被"有关，更是朱棣积极推行睦邻友好政策的结果。

第十二章

五征漠北归途殁

第一节　亲征大漠

　　朱棣当政时的主要功绩，除了迁都北京、编修《永乐大典》、收复安南、郑和下西洋之外，还有一个就是北伐，甚至五次亲征蒙古。

　　太祖朱元璋时，在明军的不断攻击之下，残元势力不得不退出中原之地，返回大漠草原。不过，朱元璋并未就此罢手，因为残元势力虽然失去了染指中原的能力，但仍然活动于广阔的北方草原，以及山西、陕西、四川、云南、贵州等广大地区，对明朝来说仍是很大的隐患。

　　为了北部边疆的稳定，朱元璋先后八次派大将率兵征讨，直到大将蓝玉平纳哈出 ①，当地蒙古诸部皆降，进一步瓦解了元朝的残余势力。与此同时，又加强了对北方长城沿线的管理，于洪武二十二年（1389年）设置三卫。

　　在之后的十几年中，蒙古势力内部开始出现矛盾，逐渐分裂为三部：一是篡位称汗的鬼力赤，自号鞑靼，仍以和林为中心（今贝加尔

---

　　① 　纳哈出：元末明初名臣，官至太尉，两次被朱元璋降服。

湖以南）；二是瓦剌部，其祖先是成吉思汗时期征服的"林木中百姓"，居住在今蒙古国西部和准噶尔盆地一带；三是居住在西辽河、老哈河一带（今吉林、辽宁地区）的兀良哈部。三部相互仇视，战乱不断，对明朝也时常袭扰。

永乐八年（1410年）正月，朱棣下诏亲征鞑靼，皇太孙朱瞻基留守北京主持朝政，张玉之子英国公张辅，内阁首辅杨荣，文渊阁大学士胡广、金幼孜随军出征。

二月十日，朱棣亲率五十余万大军浩浩荡荡出北京德胜门北上，征讨鞑靼，明军士气高涨，朱棣立下誓言：不破敌军，誓不回转！二十三日，大军出居庸关。

朱棣非常赞赏金幼孜的文才，每经要地，都让金幼孜记录山川地形。时值初春，天寒地冻，风雪刺骨，朱棣对金幼孜等来自南方的文臣甚为关怀。大军到达兴和的时候，朱棣单独召见了胡广，告诉他脚受冻的时候不要立即去烤火取暖，慢慢行走脚自然就会暖和了，接着又问道："金幼孜在哪？他的脚不会冻伤了吧？"

朱棣不但很欣赏金幼孜的文采，而且对金幼孜本人也极为器重，两人话很投机。据金幼孜自己记述，每天晚上，朱棣都和他在营帐里深谈到夜半。

三月初，由宣府兴和出塞，朱棣登上凌霄峰远眺漠北，不禁为这昔日百姓聚集之地变成眼前之萧条景象，昔日以泉水清澈甘甜而闻名的清水原的水质变得咸苦难饮而感叹，并为所遇唯一一处水质未变之泉，赐名"神应泉"。

三月十六日，大军从凌霄峰出发，由于行军速度较快，金幼孜、胡广、杨荣三人没来得及跟上朱棣的车驾，迷路陷于山谷中，经过艰难跋涉才在第二天早晨到达大营。三人去拜见朱棣，朱棣见到三人后喜出望外，得知三人是迷路，不禁大笑；又见三人神色疲惫，便让他们早点去休息。

三人出帐后，遇见了随军出征的兵部尚书方宾。方宾对他们说："昨日皇上在途中多次召见你们三人，久久不见人来，就知道你们肯定是迷路了，很是担忧，一共派了三十人四处寻找你们的踪迹，早晨又增派了十余人前去，没想到你们自己回来了。"三人听了都大为感动。

四月十六日，朱棣大军过禽胡山，金幼孜为军队士气所感，写下了一生中最著名的《早发禽胡山》：

> 六师严号令，车骑肃前征。
>
> 塞月云中暗，胡尘雨后清。
>
> 沙鸡随箭落，野马近人惊。
>
> 咫尺闻天语，常依御辇行。

十九日，大军驻扎在广武镇，朱棣对当地一泉赐名"清流"。

四月末，大军到达长清塞，将当地一泉赐名"玉华泉"。

五月初，过顺安镇，因一路山气洁白，望之如白云，赐名"白云山"；抵达胪朐河，因大军饮马河中，改其名为"饮马河"……

五十万明军深入草原腹地，令鞑靼人十分惶恐。本雅失里的第一个念头就是逃跑，向西逃。可是阿鲁台却不同意，因为他的发迹地是在蒙古高原的东方，经过十几年的经营，才控制东蒙古，又慑服兀良哈三卫，他的权力根基在东部，如果西奔，无异于离开老巢，丧失争霸资本，所以他要向东走。本雅失里能登上汗位，完全是因为阿鲁台的支持，所以他的王权也受阿鲁台制约。他之所以想往西奔，不排除想要借机摆脱阿鲁台的控制。而阿鲁台要本雅失里往东奔，又何尝没有继续保持自己在整个鞑靼的话语权的意思。两部发展到各不相让，互相拼杀，最后两败俱伤，分道扬镳。

　　也就是在这个时候，明军发现了本雅失里部的行踪，朱棣遂率大军渡过饮马河，命清远侯王友和金幼孜驻兵河上，他自己与方宾、胡广率精锐千骑轻装前进，每人只带二十日口粮，命杨荣率勇士三百人作为亲兵跟随，直扑本雅失里驻地兀古儿扎河（今蒙古国东方省乌勒吉河），可当他们到达时，本雅失里已经离去。朱棣下令连夜西追，果然在斡难河（今黑龙江上源鄂伦河）追上了本雅失里率领的鞑靼主力。明军突然追至，鞑靼军顿时大乱。明军乘势出击，鞑靼军大败，伤亡惨重，本雅失里率亲随七人逃走，明军得俘虏颇多，辎重颇丰。

　　出师大捷，朱棣很是高兴，命人释放全部俘虏，并且回师饮马河。

　　由于轻装前进，在回师途中，明军的粮草供应紧张起来，士兵几乎断粮。杨荣建议朱棣将御用的储粮散发给将士，并且让军队中粮多与粮少者借贷互济，还京后加倍偿还。朱棣采纳了他的建议，使明军顺利地度过断粮危机。路过兀古儿扎河时，朱棣将其改名为“清尘河”。

　　朱棣打败本雅失里后，让军队在饮马河休整几日，又挥师东进攻打阿鲁台。六月初八，双方在今斡难河东北方向相遇。阿鲁台军不敌，被明军堵在飞云壑山谷中，派人请降。朱棣怕其中有诈，不予接受，下命攻入谷中。经过激烈交战，明军杀敌无数，阿鲁台中箭落马，幸有亲随拼死相护，才得以逃脱。因天气炎热、缺水，且粮草不济，朱棣下令班师。

　　经过明军这次打击，鞑靼部势力大减。阿鲁台不得不于当年十二月，主动派遣使者带大量马匹向明朝臣服，并许诺年年进贡。朱棣接受了他的纳款，并命礼部设宴款待，也给予优厚的赏赐。永乐十一年（1413年）七月，阿鲁台接受“和宁王”的封号，并得到朱棣同意，接管女真与吐蕃诸部。

第二节　二征漠北

朱棣第一次亲征漠北，重创了鞑靼部，使明朝北部获得了暂时的安宁。可惜好景不长，瓦剌部随着自身势力的逐渐强大，日益骄横起来，一边千方百计地离间明廷与阿鲁台的关系；一边暗中积蓄力量，企图侵犯大明，还把败逃的本雅失里及部分鞑靼部众收入麾下，以壮大自己的力量。永乐十年（1412 年），马哈木将本雅失里杀掉，立同族人答里巴为主，大权都掌握在马哈木手中。

之后马哈木愈发骄纵起来，渐渐不把明廷放在眼里。永乐十年（1412 年）五月，马哈木派知院[①]海答儿等来朝，请明廷帮其铲除阿鲁台，并说瓦剌士马整肃，请军器。这让朱棣无比反感，但只当他是狐鼠辈，不与之计较。永乐十一年（1413 年），马哈木又派人来朝，请求明廷归还被掳的鞑靼人为他的部属，态度极其傲慢，并将明廷派去的使臣舍黑撒答等人拘留不还。朱棣多次派使臣去责备马哈木，但他毫不收敛。

永乐十一年（1413 年）十一月，备御开平的成安侯郭亮派人来报，说抓获一个瓦剌的斥候，对方招供马哈木率大军已经到达饮马河（即胪朐河）一带，表面上宣称攻打阿鲁台，实际上是要进犯大明。朱棣闻报龙颜大怒。没过几天，阿鲁台又派人来报，说瓦剌兵已渡过饮马河，欲进犯开平、兴和、大同。朱棣更加恼火，一直提防的瓦剌到底来犯了，既然要战，与其被动防守，不如主动出击，就像当年征讨鞑靼那样，

---

① 知院：宋以枢密院掌管军政，长官为枢密使。如以他官主持枢密院，称知枢密院事，简称知院。后遂为枢密使之通称。

让马哈木见识一下大明的军威。于是，朱棣马上传令集结军队，筹备粮草辎重，准备再次出征。只是因为已进入冬季，不宜对漠北用兵，他决定等到第二年春天。

永乐十二年（1414年）三月，江南已经春暖花开，南京鸡鸣寺、莫愁湖的樱花和玄武湖的迎春花竞相开放，吸引着人们前去观赏。十三日这天，皇太子朱高炽身穿皮弁华服，率领一众大臣登上皇城社稷坛，为朱棣再次北征举行告祭仪式。

此时北方虽然有了春的气息，但却是浅浅的、淡淡的，冬的余威还在，寒意尚未褪尽。三月十七日，北京承天门下，身着武弁服的朱棣，手按腰间宝剑，威严肃穆地向众官员及五十万大军作出征训话。这是他的第二次北征。为了避免发生第一次北征时出师便遇到大雪的问题，他特意将出发时间拖后了一个多月，但是刚出居庸关，天空便纷纷扬扬地飘起了鹅毛大雪，使本来就不温暖的北方初春又添了几分寒意。

这次出征，朱棣身边还有一位特殊的人物——皇太孙朱瞻基。为了带上朱瞻基，朱棣还特意向大臣作了一番解释：皇长孙勇智过人，聪颖英睿，得让他上战场见识一下，体验一下将士们的辛苦以及征战的不易。刚满十六岁的朱瞻基骑着一匹枣红色的战马，在行军途中兴奋异常，一会儿和大臣们说说话，一会儿跑到皇祖父跟前，北疆的峻美山色、迤逦雪景吸引着他的眼球，使他全然忘却了北国的寒冷。

五月初，大军到达擒狐山（在今河北张北县西北）。朱棣对此地有着特殊的感情，这里不仅是他第一次北征所到之地，更是他当燕王时擒获乃儿不花、初露锋芒的故地。于是，他命礼部尚书吕震去祭拜这里的山川之神。五月二十三日，大军抵达饮马河。一路上，明军未遇到瓦剌骑兵的抵抗和袭扰，但朱棣不敢有丝毫放松，他告谕将士们：马哈木一定集中了全部主力，想在某处伺机突袭。他传令大军加紧搜索和戒备，防止敌人偷袭。

　　这时，都督朱荣来报，发现有数千人由西往东进发。朱棣认为这肯定是瓦剌人，命朱荣再去侦察。二十七日，前锋都督刘江来报，已探知敌人向东进发的确切路线。朱棣命令刘江率一千多名骑兵急追，在前方相机行事，他自己则率大军随后赶上。

　　六月，刘江在三峡口遭遇小股瓦剌骑兵，双方进行了一番激战，杀敌数十人，还俘虏了几人。俘虏招供说："马哈木在忽兰忽失温（今蒙古国乌兰巴托东南）一带，且没做什么防备。"朱棣并不完全相信俘虏的口供，认为马哈木在忽兰忽失温是真，没有准备是假，马哈木肯定已经占据有利地形，等着长途跋涉的明军找到他，他则可以以逸待劳击溃明军。

　　尽管如此，得知了马哈木的确切地址，朱棣还是很高兴，命诸营厉兵秣马，准备第二天前往忽兰忽失温。

　　第二天，朱棣亲率精锐部队——三大营，日夜兼程地赶往忽兰忽失温，留下五百名铁骑保护皇太孙殿后。

　　六月初七，明军到达忽兰忽失温。果如所料，马哈木亲率骑兵主力三万余人，占据制高点，列阵于山头，企图趁明军立足未稳之机冲下山，凭借骑兵的高速冲击，一举将明军击溃。马哈木的想法是美好的，但朱棣早已识破了他的计谋，当瓦剌骑兵风驰电掣般冲下山，手抡大刀呼叫着砍人时，明军三大营之一的神机营使用神机铳炮猛轰，在天崩地裂般的爆炸声中，瓦剌骑兵人仰马翻，死伤无数。瓦剌军只得退却，但朱棣不打算放过他们，命令武安侯郑亨率众追击，宁阳侯陈懋等攻击敌人的右翼，丰城侯李彬等人攻击敌人的左翼，都督朱荣等率神机营上前，连发神机铳。瓦剌兵的确悍猛，他们奋起反击，不仅伤了郑亨，还连挫陈懋部、李彬部，使得明军损失惨重。站在高处观战的朱棣见此情形，亲率铁骑奋击，大军的呐喊声震撼山谷，马哈木抵挡不住，慌忙奔逃。

明军大败瓦剌，杀了十多名瓦剌王子，斩首数千，尽收其牛羊驼马十多万。忽兰忽失温之战，开创了中国古代战争史上首次使用枪炮与步骑兵协同作战的先河。

瓦剌残部败逃时，朱棣本想一鼓作气，彻底追歼马哈木。这时，皇太孙朱瞻基提议道："陛下督战勤劳，天威已然让敌人吓破了胆。现在他们已经逃了，喘息未定，连个栖息之处都找不到，哪里还敢返回来偷袭呢！"接着，他又给朱棣分析了明军的情况：数十万北征的明军，大部分为步兵，而且深入草原，后勤补给仅能维持一段时间。这样的部队组成适合犁庭扫穴，直捣敌人巢穴，不适合运动战、追击战。所以，他力劝朱棣"穷寇莫追，及早班师"。朱棣听了觉得很有道理，对皇太孙年纪轻轻就有如此见识甚感欣慰。想到此次出征，皇太孙差点被敌人俘去，朱棣心中不禁一阵后怕。

原来，宦官李谦自视甚高，看到明军在追击瓦剌，竟擅自带着皇太孙朱瞻基及五百铁骑，往九龙口方向去追击敌人，没想到刚追击没多久，他们就被瓦剌人发现了。瓦剌兵看到一个穿着特别的少年被护卫紧紧护着，认定此人是特殊人物，于是向朱瞻基冲过来。五百名铁骑连忙反击，死死护卫，但终是寡不敌众，朱瞻基被瓦剌人团团围住，命悬一线。幸亏朱棣反应及时，迅速派人来救，终于在夜幕降临时将朱瞻基救回了大营。宦官李谦因闯下这弥天大祸而忧惧万分，自刎而死。

第二天，诸将奏请追击敌人，朱棣说："他们就是一些残兵败将，哪用得着远追！"于是传令班师回京。与此同时，朱棣又派人到鞑靼，告诉阿鲁台明军击溃马哈木之事。阿鲁台遂派使者来军中祝贺，并说自己有病无法亲往，特向朱棣告罪。朱棣虽然并不完全相信阿鲁台，但也没跟他一般见识。

大军班师时正值盛夏，时不时就会大雨滂沱，道路泥泞不堪，行军相当艰难，有时因无干柴可烧，兵士连口热饭都吃不上。七月二十八日大军入居庸关，八月初一由安定门入京，文武百官都来迎驾，其场面完全不亚于出征之时，相当隆重。

第三节　三征漠北

永乐十九年（1421年）的一天，文渊阁内，朱棣暴跳如雷，有几位重臣遭了殃：刑部尚书吴中被关进锦衣卫诏狱；户部尚书夏原吉以贪腐之罪被抄家，投进了诏狱；兵部尚书方宾听说了皇帝的暴怒，竟绝望地悬梁自尽了。朱棣如此大发雷霆，只是因为这几位尚书阻止他北征大漠。

原来，朱棣收到消息，称鞑靼围攻北方重镇兴和所，杀死了明军指挥官王祥，于是召集群臣商议再次北征之事，没想到遭到了大部分臣属的反对。户部尚书夏原吉说："国内屡兴土木，民力凋敝，荒废了农耕，财粮都不充足，不应急于北征。"兵部尚书方宾也直谏："皇上，微臣也认为出征一事不应操之过急。虽然鞑靼屡屡进犯，但朝廷连年用兵，将士征战疲乏，实在应该休养兵民。"刑部尚书吴中也道："微臣以为鞑靼尚威胁不到我大明，出兵讨伐徒耗国资，实在是不值得。"

听了三位尚书的进言，朱棣什么也没说，气愤地退了朝，然后又将他们召进文渊阁一一谈话。可是他们的观点依旧没变，不同意再次出征漠北，哪怕被皇帝怀疑对大明不忠也没有改变想法，这才惹得朱棣龙颜大怒。

三位尚书，一死两下狱，其震慑力还是很强大的。第二天早朝，当朱棣再次提出北征漠北之事时，再也没有人出班反对，大臣们一致跪拜，齐呼："皇上圣明，臣等愿为北征效力。"看此情景，朱棣脸上露出了满意的笑容，遂下令三日后启程御驾北征，讨伐鞑靼；太子朱高炽在京监国，杨荣、金幼孜随军出征，张信监督运送粮饷。

永乐二十年（1422 年）三月，朱棣亲率数十万大军从承天门出发，开始了第三次北征之旅。此时的朱棣依然意气风发，骑着一匹白色骏马，身着铠甲，腰佩宝剑，脸上绽放着自信的微笑。他远望居庸关外的景致，不无感慨地说："朕率军出征经过此地很多次，岁月匆匆，朕从青春年少到今天白发丛生，然而这居庸关外的风景依然如故。"

大臣们都随声附和。这时，前方探马来报："攻扰兴和的阿鲁台部众听闻皇上亲征的消息，吓得连夜北逃了。"将士们请求急速追击，朱棣认为追也追不上，不如出其不意直捣老巢，可一举击溃。

四月初，明军到达龙门，当地的守卫说，阿鲁台已经逃跑了，在洗马岭（今河北赤城县龙关镇北）一带留下了两千多匹马。朱棣命宣府指挥王礼悉数收入城内。

这次北征，明军一路前进，阿鲁台则一路逃跑，双方一直没有碰面，当然也就无仗可打，北征俨然成了巡视。端午节当天，朱棣率军驻扎在独石，大家一时兴起，竟兴高采烈地谈起了用兵之道，朱棣本人谈得最起劲。没有敌人可打，朱棣便让将士们上山打猎，根本没有了打仗的态势。有时突然来了兴致，他还在地势开阔的地方检阅起军队来，查阅将士们骑射。有时看到士兵技术超常，他还会高兴地赏赐财物，并亲制《平戎曲》让士兵传唱。

六月，大军到达威远川。开平已远在后方，那是明军的重要储粮基地。这时有人来报，阿鲁台的一支部队将进攻万全右卫城（今河北张家口市万全区万全镇）。大家顿时紧张起来，朱棣则平静地说："没事，这是阿鲁台耍的诈术，他担心我们攻打他的老巢，故意装成攻打万全右卫城的样子，以牵制我们的主力。"话虽如此，朱棣还是派出一队人马去万全右卫城救援。果然不出所料，敌人已经逃跑了。

就这样，朱棣率军出征三个月有余，一仗没打。直到七月，前锋都督朱荣俘获了阿鲁台的几个手下,他们说阿鲁台得知明军来征讨的消息后就远远地逃跑了,在阔滦海子(今内蒙古自治区呼伦湖)丢弃了许多马驼牛羊、辎重等。朱棣遂命部下将这些东西全收了,然后下令班师。

说是出征,却成了游山玩水,有些说不过去。想到出发前大臣们对自己的劝告,朱棣为了堵住朝中诸臣之口,在回师途中下令围剿兀良哈三卫。兀良哈本已归附大明,常因气候问题发生饥荒,朱棣多次派人接济。然而,永乐八年(1410年)六月朱棣得报,阿鲁台在逃跑时军队也四散逃窜,明军追击擒获的几十人都是兀良哈部下,他们曾经入朝授官,后又叛附阿鲁台。朱棣下诏责备道:"你们对朝廷有什么功劳,只凭来朝就得到不少赏赐。如今还不思回报,再次叛附敌寇。"于是下令将他们全部斩首。

七月,阿鲁台迫于朱棣的追击,抛下兀良哈远逃。朱棣趁回师之机,挑选骑兵和步兵两万人,分五路前往;他自己则亲率郑亨、薛禄等从西边进攻。大军到达屈裂儿河(今吉林洮儿河支河归勒里河)时,兀良哈部数万人向西逃去,不少人陷于沼泽之中。朱棣指挥骑兵进攻,斩首几百人。他们自相践踏,死伤无数。朱棣站在高处观望,发现余下的又聚在一起,便下令从左右两边进行夹击,并让人持神机铳埋伏在丛林里,等走近了再发射。兀良哈部向左逃,左边明军立即追击。敌人在丛林里又遭到神机铳的射击,死伤无数。朱棣又亲自率骑兵追击三十多里。第二天,朱棣又命手下搜索残余敌人,擒获了很多,各路将士纷纷上前报捷。此时,兀良哈部多数都逃到了山里,一些老弱病残则被押到明军阵前,俯首待罪。朱棣下令将他们全部释放。

这是一场毫无防备的突袭,兀良哈部没有任何应战的准备,明军以雷霆之势突然给予打击,自然大获全胜。诸将对这次大胜都俯首称贺,朱棣则轻描淡写地说了一句:"用兵哪里是朕所愿啊!"就这样,第三次北征总算有了点战果。

九月，朱棣率军回到京师，结束了历时半年的第三次北征。

第四节　四征漠北

永乐二十一年（1423 年），朱棣又收到情报：北疆鞑靼首领阿鲁台欲侵扰边疆。按说阿鲁台四月间刚败于瓦剌的顺宁王脱欢之手，不应该再大举南下。但朱棣分析，去年北征时阿鲁台不战而逃，实力并没有消耗，而且阿鲁台肯定认为明军不可能这么快再出兵，因此再生邪念也极有可能。于是，朱棣决定大动干戈，兴兵讨伐鞑靼。

当他在朝会上对大臣们说出这一想法时，大臣们个个点头赞同。毕竟夏原吉、吴中两位元老级大臣因反对上次北征至今还在大狱里关着呢，方宾的坟头也刚冒出小草，除非不想活了才敢给皇帝的热血泼冷水。就这样，朱棣的第四次北征敲定了行程。

七月二十四日，朱棣命皇太子监国，然后亲率三十万大军从北京出发，踏上了第四次北征之途。此前，陈懋已经带领骑兵先行出塞侦察。这次出征比较顺利，两天后即到达土木堡，随征将士在这里全部聚齐。于是在校场上，朱棣举行了一场声势浩大的誓师大会。

台下，数万将士个个精神抖擞，阵列严整，信心十足。天上正飘洒着绵绵细雨，但他们毫不在意，任由雨滴打在脸上、身上。台上，年迈的朱棣依然斗志昂扬，听着震耳的山呼"万岁"之声，他有些动容地向前走了两步，示意高举华盖的太监不要近前，他要与士兵们共沐细雨。他高声喊道："将士们，你们多次随朕征战，屡克敌寇，壮我大明国威。我大明百姓能够安居乐业，国家得以繁荣昌盛，全赖众位的功劳。每每想到这些，朕就甚感自豪。如今逆贼阿鲁台又犯我边境，扰我子民，朕多次敕谕，他不但不思悔改，竟然占我北疆军镇，我堂堂大明国威怎容他如此践踏？现在召集众位铁血壮士誓师讨伐此贼，望众将士勉力戮敌，扬我军威。凡杀敌建功者，朕必重重有赏！"

众将士听了这一番慷慨陈词，又见一国之君竟然弃华盖而不用，和他们一起淋雨，全都感动异常，纷纷高呼："剿灭贼寇，扬我国威！剿灭贼寇，扬我国威！"喊声震耳欲聋，响彻云霄。朱棣见动员效果不错，遂拔剑一挥，高声道："出征！"

此时，鞑靼军队正在秘密集结，打算南下侵犯大同、宁夏。一些曾被鞑靼俘虏的明军乘机潜逃回关内，报告了鞑靼的行踪。朱棣马上下令两地的守将严加防备，让四散各处的军民都迁入屯堡之中。

大军很快经过宣府、沙岭（今河北张家口市经开区沙岭子镇），到达宁夏、万全。朱棣敕令宣府、隆庆（今北京昌平区西北居庸关）、怀来、万全、怀安（今河北张家口市怀安县怀安镇）等卫所在险要的地方建筑屯堡，加强防御。明军将凭着这些屯堡抵抗鞑靼，等待援兵。为了确保万无一失，朱棣让随军北征诸将督查沿边隘口的防备。

九月十五日，鞑靼知院阿失帖木儿、古纳台等率妻儿来降，朱棣很高兴，特赐酒馔，并给予衣服、鞋袜，授二人为正千户。阿失帖木儿说，阿鲁台在当年夏季曾与瓦剌激战，被瓦剌击败，损失了很多部属和马驼牛羊，部众大都溃散。如今阿鲁台听说明军在集结，不但取消了南下侵犯大明的计划，还向北潜逃进了穷荒僻壤躲藏起来。

朱棣闻言心中无比遗憾，看来此次出征又无仗可打了。他召集诸将说明了这一情况，说大军不必继续深入，但是阿鲁台一向奸诈，不可不慎，于是命郑亨、李安诸将分巡各关隘，修筑务求坚固，守备务求严密。这时，被蒙古诸部虏去的军民纷纷逃了回来。

由于无仗可打，朱棣干脆率领将士们打起猎来，一连游猎了三四天。时值九月深秋，秋高气爽，风和日丽，层林尽染，此时在塞外打猎自有一番情趣。

大明将士穿梭在满是落叶的山间丛林，不时驻足拉弓射箭，瞄准猎物，无数猎物尽收囊中。朱棣也来了兴致，一马当先，如鹰的双眸四处搜寻着猎物，不一会儿，只见不远处闪过一团白色，"好像是一只狍子跳了过去。"心念所致，朱棣示意众人保持安静，以免惊动了猎物，他则悄悄摸出三支箭，一起搭在弓上，屏息静气，只等狍子再跳起来。片刻后，狍子果然又跳了起来，朱棣立即瞄准方向，三箭齐发，全射在了狍子身上。众臣叹服不已，纷纷赞道："皇上好箭法，一箭中头，两箭穿心而过，微臣佩服之至。"

君臣玩得尽兴又开心，但终归有些心虚，毕竟是来征讨敌人的，这样无功而返很不好看。朱棣对众臣说："古人春蒐、夏苗、秋狝、冬狩，都是顺时为民去害，且讲武事，然亦存爱物之仁。圣人著于经，正欲垂法后世耳。"他这样说算是自我解嘲吧。

久不见敌军，众将士正欲劝朱棣班师之时，高处的岗哨来报：远处有一支鞑靼军正在行进。众将一听顿时精神大振。朱棣听了也很高兴，立即传令追击。

明军很快追到鞑靼军队近前，朱棣指挥骑兵挥舞兵器，正要冲杀过去，却见鞑靼军队聚集在一起，丝毫没有动手的意思。这时一个首领模样的人骑马来到明军阵前。朱棣勒马停下。鞑靼首领翻身下马，跪拜在地，说："罪臣把台罕参见陛下，吾皇万岁！"经询问才知把台罕是来投降的，并说可劝其舅父——鞑靼王子也先土干归降大明。朱棣非常高兴，决定在此安营扎寨，等也先土干归降后再行封赏。

很快，鞑靼王子率领妻子部属来降，并说自己为阿鲁台所忌，几次被加害，差点丢了性命。朱棣欣喜万分，对其部属厚加抚恤，并封也先土干为忠勇王，赐名金忠。因为把台罕在归降一事上有功，朱棣封他为都督佥事，赐以冠带、袭衣等物。

收降了金忠等人，这次出征总算有了点成绩，十月二十三日，朱棣下令班师。金忠随军回朝，一路上朱棣与他同行，边走边询问鞑靼的情况。

十一月初四，朱棣大军进入居庸关。碧空万里，阳光灿烂，微风轻拂。京师衙门官员都来迎驾，百姓则夹道两边，热烈的欢呼声响彻天际。朱棣仪表威严，神色泰然，入关后按辔徐徐前行；身后大军皆身穿盔甲，行阵整齐，步伐一致，军容甚盛。这时金鼓齐鸣，旌旗辉映，连亘数十里，热闹非凡。文武群臣和百姓见到朱棣均齐呼万岁，声音震天撼地，响彻云霄。金忠跟在后面也被眼前的盛况所震惊，他激动地四处张望，感叹道：“实乃天朝上国，引八方宾客来此朝贺，我等小小部落如何能不臣服！”朱棣听了自然满心欢喜，自豪之情溢于言表。

十一月初七，朱棣一行抵达德胜门。朱高炽、朱瞻基率领文武百官在德胜门翘首企盼，迎接朱棣归京，为这次历时四个月的远征画上了一个句号。

第五节　五征漠北

永乐二十二年（1424 年）正月，奉天殿内又上演了一场战与不战的争论，主战方还是皇帝朱棣，他打算第五次亲征漠北；反对方为众大臣，考虑到第三次北征的反对者夏原吉至今还在狱中，多数大臣为了保全自己，不敢公然反对，只能把异议藏在心里。

这时有一个人站了出来，他就是年龄、资历最老的内阁大学士杨荣。杨荣扫了同僚们一眼，在心中暗暗叹了口气，出班奏道：“微臣希望皇上切不可因一时恼怒而再动干戈，此前皇上率六师四征漠北，军饷数额庞大，户部早已空虚，百姓也深受其苦。漠北乃沙漠不毛之地，即便丢弃也没什么可惜的。皇上应以体恤百姓为本。"朱棣一听顿时恼了，喝斥道："杨荣，你是专门跟朕作对，还是老得没一点记性了？你想学夏原吉吗？"

杨荣凛然道："皇上也应当知国库空虚，作为臣子，臣有义务提醒皇上。"杨荣曾跟随朱棣几次北征，朱棣自然不能像处置夏原吉等人那样处罚他，便挥挥手说："行了，你下去吧，不要在这儿惹朕生气了。"杨荣见皇帝固执己见，只得叹着气退了回去。

这时，兵部尚书赵羾上奏道："皇上，不知阿鲁台这次进犯，是想抢财还是只想侵犯？"朱棣没有回答，他这次之所以产生再次北征的念头，一是因为忠勇王金忠多次在朱棣跟前斥责阿鲁台的为人，怂恿朱棣对阿鲁台用兵；二是因为最近他接到开平（今内蒙古自治区正蓝旗东北）、大同守将的报告，说阿鲁台侵扰频繁。

大臣们见朱棣沉默不语，以为他内心有所动摇，内阁大学士金幼孜出班劝谏道："皇上要再征漠北，是为百姓着想，想确保百姓安全，臣完全赞同。但是，皇上已亲征四次，而且第四次出征才回来三个月，太劳累了，臣以为可派大将军张辅代劳。"

这话说得还算顺耳，但朱棣听了却摇摇头，说："朕今年已经六十多岁了，也想安居宫中享享清福，可是百姓不宁，朕心怎安？"

话都说到天下大义的份上了，谁还敢劝？皇太子朱高炽急了，站出来说："父皇身体还没痊愈，还是要多休养才是。"

六十多岁的朱棣已明显地衰老了，身体虚弱多病，脸上肌肉松弛，皱纹也爬满了额头，头发和胡子都白了，这样的状态根本不适合再领兵出征。这也是大臣们反对他亲征的主要原因。但是，朱棣本人却不愿承认，而且不愿医治，谁也不敢以病为由劝驾。听了朱高炽的话，朱棣火冒三丈，斥责了他几句。朱高炽讪讪地退到一旁，再不敢进言。

大臣们见皇太子被斥责，内心又响起了警报，他们马上想起了还在诏狱中受煎熬的夏原吉，甚至想起了悬梁自尽的方宾，这下谁也不敢再吭声了。

看到臣子们全都噤声了，朱棣满意了，遂下令："既然诸位爱卿都不反对，那就这样决定了，朕要五征漠北，势将阿鲁台歼灭。内阁大学士杨荣、金幼孜随军出征，择日出发。"然后下旨征召山东、山西、河南、陕西、辽东五都司兵马到京师和宣府待命，集三十万兵马在土木堡（今河北怀来县境内）会师。

令旨一下，众臣皆呼："皇上英明，臣等遵旨！"

众臣退出后，朱棣留下杨荣、金幼孜、张辅及兵部尚书赵羾商量出征细节，他指着一张手绘的地图，自信地说："诸位爱卿，这次朕要一举歼灭阿鲁台，永绝后患。我们可以先到这里，出独石口，直逼隰宁（今河北张家口市沽源县南），然后抵达答兰纳木儿河（今蒙古国哈拉哈河支流努木尔根河）一带。"张辅近前仔细审视，良久脸上现出恍然大悟之色，似乎猜到了朱棣的用意，说："皇上圣明，阿鲁台屡犯，是该与其决一死战了。"朱棣说："朕就是这样想的。"杨荣则没这么乐观，说："阿鲁台向来奸诈，出征前还是要派哨探，以侦察他的位置。"朱棣深以为然："是的，这个任务就交给赵羾吧。"赵羾领命而去。

永乐二十二年（1424 年）四月初三，皇太子奉命祭告天地、宗庙。第二天，朱棣率大军开始第五次北征。

此前朱棣的身体一直不好，但率军出征时却精神十足，似乎痼疾都消失了，只见他骑着高头大马走在大军之前，甚是威严，俨然回到了年轻的时候。然而，老了就是老了，大军即将到达居庸关时，下起了大雨，北方的四月还是比较冷的，降雨的居庸关外依然寒气逼人。朱棣实在扛不住，只得放弃骑马，躺到龙辇里。多年征战，朱棣深知士卒是战争的根本，看着在雨中瑟瑟发抖的士兵，他心中顿生怜悯之意，于是叫来英国公张辅，说："找个地方休息一下，让将士们都避一避雨。"他将头探出龙辇的小窗，举目向前，问道："前面就是居庸关了吧，那就到居庸关稍作停留吧。"张辅点头称是。朱棣接着说："传朕旨意，让太常寺丞祭告居庸关的山川。"内侍听了赶紧去传旨。

四月二十五日，大军到达隰宁。前锋金忠的部下把里秃逮到了一个阿鲁台的探子。据探子供述，阿鲁台去年秋天听说大明皇帝要亲征漠北，连忙率领部下向北逃，恰逢冬天雨雪天气，牲畜冻死大半，许多部下分散逃去。最近他又听说明军前来征讨，慌忙远逃，如今已渡过答兰纳木儿河向北逃去。朱棣认为阿鲁台还没逃远，遂命诸将迅速前进。

五月初五，这天正是端午节，明军到达开平，正逢下雨，晚到的士兵都淋成了落汤鸡，冻得浑身发抖。朱棣见状心生不安，对身边的大臣说："士兵是将军成就功名的依靠，将军如果厚待士兵，士兵必以死相报。"张辅听了连连点头称是。朱棣又说："古人说得好，对待士卒像对待婴儿，士卒就可以同他共患难；对待士卒像对待自己的儿子，士卒就可以跟他同生共死。如今我们正用这些人来为国家除残去暴，怎能不体恤他们呢？"他立即下令多熬些热汤给士兵，为他们驱驱寒气。

五月十三日，明军继续前行，不时遇到恶劣天气，不是大雨就是大风，大军举步难行。朱棣坐在龙辇中，望着被远远抛到后面的辎重车辆，慨叹道："官渡之战中，曹操之所以打败袁绍，就是因为曹操先烧了袁绍的辎重粮草。不严加保护辎重，是用兵之'危道'。"然后晓谕张辅："我们轻骑行进太远了，一定要保护好粮草，尤其是在大沙漠里。现在辎重被远远抛到后面，你们难道没有感觉到危险吗？快派人去迎上来，赶上队伍。"张辅赶紧回答："是末将的疏忽，末将这就去处理。"

六月十五日，大军到达玉沙泉，已经非常靠近答兰纳木儿河了，朱棣忙命诸军严阵以待。第二天，大军到达龙武冈，朱棣命前锋陈懋和金忠率师前进。前锋军两天后报告说，他们已到答兰纳木儿河，并未发现阿鲁台的踪影，连个车辙印也没看到，可见阿鲁台已经逃远了。朱棣让他们继续前进，同时让张辅分头搜索，但始终没有发现阿鲁台的踪迹。很快，朱棣也到达了答兰纳木儿河，又向前进了一段，仍看不到一个敌人，看来这次远征又要空手而归了。朱棣意识到即使再深入追击，也不会有什么收获，于是以天将变寒为由下令班师。

六月二十三日，大军在开平会师后便启程回京。这次出征没有遇到一个敌人，未动一刀一枪，朱棣担心将士们产生懈怠心理，便告诫他们敌人狡诈，不可掉以轻心，应严兵殿后，昼夜警备，就像敌人会随时来袭一样。

七月初七，大军到达清水源。道旁的岩石高达数十丈，朱棣命杨荣等刻石纪行，让后世代代知道他曾亲征此地。在路上，朱棣对杨荣、金幼孜两位老臣说："皇太子历练多年，对政务已经熟谙，回到京师后就把军国大事都交给太子打理。朕已年迈，也该享享福了。"这番话颇有几分交待后事的意味。

当时朱棣病情加重，已经不能骑马，只能半躺半坐在微微颠簸的龙辇中。或许他已经意识到自己时日不多，所以才强打精神，下令全速撤军。

七月的塞北已是深秋景象，昏黄的太阳，萧瑟的北风，落叶纷飞。十八日，大军到达榆木川（今内蒙古多伦县西北）。这里到处都是榆树，这些榆树土名叫蒙古黄榆。此地处在风口，常年大风呼啸，山被刮平，蒙古黄榆也被刮得没有一棵树干挺直。正是在这一天，朱棣一口气没上来就归了天，享年六十五岁。

杨荣、金幼孜几位近臣痛哭一场后，聚在大帐外商量对策，决定先隐瞒朱棣的死讯，以防军心不稳，朝中生变；然后把军队里的漆器收集起来，熔化之后制成一口棺材，把朱棣装殓进去，安置在朱棣平时乘坐的龙辇中，拉起帷幔。他们一面装作没事人一样，平时该请安请安，该上奏上奏，该点头哈腰还点头哈腰，就像朱棣还端坐在车辇中；一面派人火速赶回北京向皇太子朱高炽报信，让他做好继位准备。

居庸关外，风吹云走，残阳如血。皇太子朱高炽率领京城百官来到关外迎驾，直到这时，杨荣等人才对外宣布永乐皇帝驾崩的消息，一时间将士们痛哭流涕、哀声遍野……挂着白帐的龙辇缓缓地驶过居庸关，戎马一生的朱棣静静地躺在其中，这是他最后一次通过"北门锁钥"的雄关。

永乐二十二年（1424年）八月，朱高炽即皇帝位，是为仁宗。新皇帝将朱棣的棺椁送到天寿山长陵，在那里为朱棣举行了隆重的葬礼，然后将棺椁安葬在地宫之中。伴随着永乐大钟的声响，朱棣波澜壮阔的一生从此画上了句号。

第
十
三
章

家事国事身后事

第一节　储位之争

　　朱棣在位期间做了不少大事，还多次亲征漠北，剿灭元朝残余势力，但他也不得不面对一个问题：辛辛苦苦打下的江山该由谁来继承？大明江山交到谁的手里才能长治久安？

　　按照惯例，皇位的传承顺序是"有嫡立嫡，无嫡立长"，嫡即正妻之子，皇帝的正妻当然就是皇后了，那么皇位的继承人必须是皇后所生的长子。

　　比如太祖朱元璋，他一即位就册立正妻马秀英为皇后，长子朱标为太子。然而，朱棣在登基四个多月后才册立徐氏为皇后，而且迟迟未立太子。

　　朱棣有三个儿子活到成年，长子朱高炽、二子朱高煦、三子朱高燧，都是徐皇后所生，朱高炽既是嫡又是长，理应成为皇位的第一继承人。但朱棣是个不按常理出牌的人，他本人就是通过武力夺得皇位的，他想按自己的方式来选择继承人。

　　朱棣内心并不认为长子朱高炽是个理想的皇位继承人。朱高炽虽然饱读诗书，学识渊博，但从形象上看，他过于肥胖，完全没有一国之君应有的威武；从性格上看，他书生气太重，与朱标、朱允炆很像，反而与朱棣不是一个类型，所以讨不了朱棣的欢心。更重要的一点是，朱高炽为人比较保守，不善变通，缺乏进取精神，这是朱棣最不喜欢也最不放心的地方。朱棣担心朱氏江山交到朱高炽的手里会重蹈朱允炆的覆辙，白白葬送自己开创的大好河山。

朱高炽不讨父亲欢心，却深得祖父朱元璋喜欢，他的燕世子身份就是朱元璋于洪武二十八年（1395年）亲封的。据记载，有一次，朱元璋将秦王、晋王、燕王和周王的世子都召到南京，让他们检阅卫士。朱高炽最后一个到场，迟到了很久。让皇帝等一个小世子，这可不是闹着玩的，最起码得挨顿骂。可是等朱高炽说完迟到的理由后，反而受到了朱元璋的赞赏。朱高炽说："今天这天气实在太冷了，我想等士兵们先吃完饭再检阅，这才来迟了。"

还有一次，朱元璋命诸皇子分阅奏章，朱高炽专门挑出与军民生计密切相关的奏章，并上告朱元璋，但是他对奏章中的错别字却完全不在意。朱元璋很不解，问道："炽儿，这个字错了，难道你看不出来吗？"朱高炽回答："皇爷爷，我当然看出来了，只是这种小过失不足以渎天听。"朱元璋听了非常满意，又问："尧汤之时发生水旱灾害，老百姓靠什么活下来的？"朱高炽略作思考后回答道："靠的是圣人恤民的政策。"朱元璋听了更加高兴，认为这个孩子很有当贤王的潜质。

然而，朱高炽的这些特质恰恰是朱棣最不喜欢的。朱棣更喜欢次子朱高煦，觉得此子颇有自己年轻时的样子。朱高煦英勇善战，在"靖难"的多场战事中表现不错，还和不少武将结为朋友。而且朱高煦为人果断，有魅力且有野心，这正是朱棣欣赏的性格特质。不过，朱高煦也有朱棣不喜欢的地方，那就是争勇斗狠且不懂收敛，头脑简单，容易冲动，这可是当皇帝的致命伤。对于治理国家，平衡各方面的关系，朱高煦显然能力不够，就算有名臣贤士辅佐，朱棣也无法放心。更何况，朝中的文臣大多看不上朱高煦。

三子朱高燧显然不在朱棣的考虑当中，因为"靖难"之时，朱高燧年龄尚小，不可能有什么作为，而且这个孩子生来瘦小，根本入不了朱棣的眼。

朱棣的态度在两个儿子之间游移不定，朝中大臣也随之分为两派，支持朱高炽的以文官为主，称为"世子党"，他们希望国家能尽快走上正常的轨道，以仁孝礼义治天下；支持朱高煦的，则以"靖难"时期的武将为主，他们认为江山是他们流血牺牲换来的，怎能让朱高炽这样的无能之辈坐享其成？

两派为了储君之位整日争吵不休，闹得朱棣甚为头疼，不知道该选哪个儿子来做自己的接班人。一天，朱棣找了个机会问近臣解缙。解缙作为内阁首辅，更是当时的大才子，自然是支持朱高炽的。他说："皇上，您只能选择皇长子。"

"为什么？"朱棣不解地问道。

"皇上，两位皇子各有所长，但皇上您选的是大明未来的天子，而不是挂帅出征的统帅。作为天子，首要的是让天下人信服。皇长子性格柔弱，领军打仗可能不行，但他擅长治理天下，爱民如子，肯定能得到天下人的拥戴。再说，皇长子并非一味柔弱，当年镇守北平也是非常勇敢果断的。"解缙说到这里，停了下来。

"爱卿，继续说。"朱棣点头示意。

"二皇子虽然作战勇猛，在军中颇有威信，但在治国安邦方面，他显然不行，况且他脾气暴躁……"解缙抬眼看了看朱棣的脸色，见他没有怒色，才接着说，"二皇子劣迹实在不少，在王府内责打后妃，在朝堂上羞辱大臣……还有，二皇子过于自负，远不及皇长子从善如流。臣以为，如果立二皇子，那天下……"说到这里，解缙突然跪在朱棣面前，"请皇上恕臣死罪！"

"爱卿尽管说，朕不怪罪于你。"朱棣说。

"谢皇上！臣以为，如果立二皇子，那么在皇上归天后，天下必将大乱，重蹈秦二世、隋炀帝的覆辙，使您一生的心血付之东流。皇上一定要三思啊！"

解缙还真有点恃宠而骄，竟然敢将皇上偏爱的儿子比作秦二世、隋炀帝，这不是影射朱棣眼光不行吗？

朱棣听了心中虽然不喜，但也不得不承认解缙说的有几分道理。他沉声说："爱卿，皇长子身体羸弱，朕担心他的身体能否担此大任。"做了一年皇帝后，朱棣深知其中的苦累，没有强壮的身体，还真是承担不起一国之君这个重任。

解缙见他还下不了决心，又说了一句："皇上多虑了，您忘了还有一个人吗？"

"谁？"

"好圣孙！"简短的三个字，一下子扫去了朱棣心头的阴霾。

朱棣特别喜欢这个孙子，也就是朱高炽的儿子，即后来的宣宗朱瞻基。

据说有一天，朱棣看到宫中有一幅《虎彪图》，画的是一只大老虎回过头去看身边的一群小老虎，便让大臣们以这幅图为题作诗。解缙作为大才子自然是轻车熟路，随口说："虎为百兽尊，谁敢触其怒？惟有父子情，一步一回顾。"这进一步打动了朱棣，让他立朱高炽为皇太子的念头更盛。

最终让朱棣下定决心的应该是袁珙。据说袁珙善相人术，言人祸福，非常灵验。朱棣"靖难"起兵时，袁珙就发挥了不小的作用，深得朱棣信任。朱棣让袁珙为朱高炽相面，袁珙说朱高炽是天子之相。

朱棣又让他相朱瞻基，他又说"万岁天子"。朱棣一向相信天命，听了袁珙的话后，决定立朱高炽为皇太子。

永乐二年（1404年）四月初四，朱棣正式册立朱高炽为皇太子；同时把朱高煦封为汉王，封地云南；朱高燧封为赵王，封地河北。

这下朱高煦不愿意了，抱怨道："我有什么罪啊，为什么要把我发配到几千里之外？"他一直不愿前往封地，赖在京城不走。朱棣也拿他没办法，因为他理亏，在"靖难之役"中，朱高煦多次出生入死，冲锋陷阵，甚至在朱棣被包围时不顾一切地赶来救援。朱棣也曾拍着他的肩膀，无限深情地鼓励他："好好干吧，世子身体不好。"这等于是许诺了他太子之位，如今却只能食言了。

朱棣的态度助长了朱高煦、朱高燧的气焰，他们一逮到机会就在父皇面前诋毁朱高炽，使朱棣对太子的猜忌越来越深。因此，朱高炽虽然当了太子，但日子并不好过，每天如履薄冰，只要有官员亲近他，他就要倒霉。朱棣不在京师时，朱高炽受命在南京监国。有个军官抢夺了老百姓的财物，被治罪谪贬到交趾。朱高炽念其有军功，改判他用钱赎罪。结果，赵王朱高燧身边的宦官就状告朱高炽放纵犯人，导致朱高炽身边的一批官员被处罚。

朱棣对朱高燧这个小儿子还是相当偏爱的，不但让他驻守北京，还吩咐北直隶官员，大小事务要禀告赵王后再执行。这让一向低调的朱高燧膨胀起来，多少有了些觊觎太子之位的心思。一些善于察言观色的宦官看出了这一点，就想帮助朱高燧夺嫡。如此一来，朱高炽这个太子的日子就更加艰难了。

朱高煦仗着父皇的偏爱以及"靖难之役"中的功劳，一直不去封地就藩，而且行为嚣张不知收敛，一会儿向朱棣要兵，一会儿向朱棣陈情不去封地。许多大臣上奏请其就藩，朱棣起初都纵容了他，但听得多了，也觉得自己的做法不妥。经调查，朱棣掌握了朱高煦数十件不法之事，便将他囚禁于西华门内，还想将他废为庶人。朱棣还杀掉了朱高煦身边的几个不法之徒，削去其两护卫，并徙封乐安（今山东惠民县），即日起程。朱高煦见父皇真的动了怒，不敢再拖延，只得马上就藩。从那以后，朱高煦的行为才受到诸多限制。

尽管朱高煦的夺嫡活动一直未停止，朱高炽的日子举步维艰，但朱棣一直没有废太子另立。有人认为是朱棣疼爱皇太孙朱瞻基的缘故，许多事情说明了这一点。永乐九年（1411 年），朱瞻基便被立为皇太孙，明确了将来继承大统的地位。永乐十一年（1413 年）端午节，朱棣率诸王及大臣在东苑射柳，文武群臣、各国使节和京城耆老都来观看。皇太孙朱瞻基连连射中，朱棣感到脸上有光，故意当众给朱瞻基出上联道："万方玉帛风云会。"让他对下联。朱瞻基叩对道："一统山河日月明。"这更足以让朱棣炫耀这个皇太孙了。

皇太孙的任何一点优点，都成为了朱棣炫耀的资本。朱瞻基既有类似祖父的强悍，又有类似父亲的睿智，在朱棣心目中完全取代了汉、赵二王的地位。朱棣让兵部尚书金忠选择民间子弟充当皇太孙随从，一同演武，又命文臣侍伴他讲读。北征时也让皇太孙相随，一路上教他如何创业守成。朱棣要求朱瞻基不要做"生长深宫，狃于富贵安逸，不通古今，不识民艰难，经国之务，懵然弗究"的亡国之君，"天下之事不可不周知，人之艰难不可不涉历"。朱棣这是一心要把朱瞻基教育成读书明理而能修齐治平的帝王。

就这样，朱高炽最终得以继承皇位。遗憾的是，他只做了不到一年的皇帝。

第二节　解缙之死

历来储位之争都是最敏感的政治议题，哪怕是皇帝再亲近的大臣都避之唯恐不及，纷纷以皇帝家事为由，避免牵涉其中。大才子解缙却不走寻常路，明知不可为而为之，在朱棣立储之事上如飞蛾扑火般勇敢地扑了上去。

明眼人都看得出来，在三个皇子中，朱棣最欣赏、最喜欢的是在"靖难之役"中屡立战功的二皇子朱高煦，而不喜欢身体肥胖、性格柔弱的皇长子朱高炽。解缙是朱高炽的忠实支持者，在朱棣摇摆不定时，他的一句"好圣孙"坚定了朱棣立朱高炽为太子的信念。

朱棣的纠结解决了，但多嘴多舌的解缙，却有人感激有人恨。

解缙只看到了朱高炽对自己的感激，却忘了自己的站队得罪了另一个人——二皇子朱高煦。朱高煦始终认为自己之所以储位旁落，就是因为解缙太多嘴。

朱棣正式册立太子后，为了安抚朱高煦，对他的信任与宠爱有增无减，甚至更胜从前。朱高煦不想去云南就藩，朱棣就打破祖制让他留在京城，还让他住进了规格仅次于皇宫的汉王府；朱高煦说亲卫太少，向父皇要兵，朱棣眉头都不皱一下，就把最精锐的天策卫给了他；朱高煦明里暗里自比李世民，朱棣内心虽然不好受，但既没发火，也没采取任何处罚措施。

对于朱高煦的所作所为，很多人都看在眼里，但谁也不敢说什么，上意如此，谁能奈何？但作为太子党的解缙看不下去了，他不失时机地向朱棣进言："皇上，请不要给汉王特殊待遇，这样做是鼓励他争夺储位啊。"这个道理难道朱棣自己不懂吗？他也一直在为此事头疼呢，可是他先食言于二皇子，也实在是没办法啊。听了解缙的话，他顿时火了，骂道："解缙，你好大胆，你这是离间我们骨肉！"

本就记恨解大才子的朱高煦得知此事后，更加愤恨，恨不得一刀砍了这个多事之人。此后，他便时常在朱棣面前说解缙的坏话。朱棣不知出于何种心理，明知朱高煦是在诬陷解缙，还是逐渐疏远了解缙。

永乐四年（1406年）春，按照惯例，皇上要赐给内阁学士二品纱罗衣。解缙发现内阁其余五人都收到了，只有他没有，他心里很不是滋味，却又无处诉说。这件事传到朱高煦耳中，他认为父皇疏远了解缙，十分高兴，恨不得到大街上放鞭炮庆祝。

朱棣尚武，开疆拓土是他彰显自己本领的一贯方针。安南陈天平事件等于给了他一次表现自己才能的机会。但是，当朱棣向大臣征求意见时，解缙却搬出朱元璋的《皇明祖训》，极力反对南征，还指责朱棣的做法劳民伤财。军事行动哪有不耗力耗财的？但解缙这样直言不讳太伤人了，让朱棣脸上很是挂不住，对他的不喜又添了几分。同年六月，朱棣就点兵征安南去了，并讨伐成功。

永乐五年（1407年）二月，有人上书弹劾内阁首辅解缙，说他在上一年的会试中有阅卷不公正的行为。这样莫须有的指责对解大才子是一种极大的侮辱，他极尽所能地向朱棣解释。朱棣认认真真地听完，诚意满满地安慰道："爱卿莫急，朕相信你，朕要给你升官。"

被人弹劾不仅没降职还升官，这是真真切切地打了弹劾之人的脸。再说内阁首辅只是五品，自己一身才华，也应该升升了。解缙很想欢呼一下，然而，他还没有笑出来，就差点被朱棣安排的职务气昏过去——从五品的内阁首辅，升为四品的广西布政司参议。升是升了，但任谁都看得出来，这是明升暗降，解缙等于被赶出了权力中心——被流放了。广西地处边境，一向是流放犯人的地方，唐朝大才子柳宗元去了柳州，恶劣的生活条件加上憋屈的心情，使他四十多岁就离开了人世。这种事情，作为明代第一才子的解缙岂能不知？但他有口难辩，有苦难诉，还得连呼"谢皇上恩典"。

更憋屈的事情还在后面。朝堂上向来不缺落井下石之人，礼部郎中李至刚向朱棣再进谗言，于是，朱棣又加重了对解缙的处罚。当解缙心怀不甘地一路南行，前往桂林赴任时，半道上又接到调令，广西也不让去了，他又被贬到了交趾。

解缙被一贬再贬，本应该吸取教训，管好自己，但他显然没有这个觉悟。永乐八年（1410 年），解缙入京奏事。当时朱棣正好率师亲征，解缙没有见到皇帝，便朝见了在京师监国的太子朱高炽，恰巧被朱高煦的亲信纪纲看到了。

等朱棣回到京城，朱高煦立马上告，说解缙趁着皇帝外出，私自去见太子，见完就直接回去了，完全没有身为人臣的礼数。朱棣最怕文臣跟太子私下往来，形成太子党。听了朱高煦的话，朱棣立即下令将解缙下狱治罪。

解缙很快被锦衣卫押回了京城，扔进诏狱，皮肉之苦是免不了了，诏狱可是出了名的鬼门关。从皇帝身边的红人一下子成了罪犯，解缙又气又悔，每次用刑都胡言乱语一番，抱怨他的朋友不来救他。结果，大理寺寺丞汤宗、中允李贯、赞善王汝玉、检讨蒋骥和潘畿等人都连坐入狱。其中，王汝玉、李贯等人还病死狱中。

解缙在诏狱中一待就是五年，其间朱棣一次也没有召见过他，甚至没有提到过他。直到永乐十三年（1415 年）正月，锦衣卫都指挥佥事纪纲给朱棣呈上一份准备赦免的囚徒名单。朱棣从密密麻麻的名字里，一眼就瞥见了一个人的名字——解缙，于是问道："解缙还活着呢？"仅从这句话的字面意思，我们很难猜到朱棣这样问是感慨还是责问。但纪纲似乎没有这样的疑惑，他是朱棣的打手、爪牙，当时就在朱棣跟前，肯定能正确领会皇帝的意图。于是，纪纲很快回到狱中，用酒把解缙灌醉，随后命人将他埋在积雪中。

解缙死了，但他的不世之功《永乐大典》却永远地留在了历史和文化的丰碑上，为中华民族优秀文明的传承作出了伟大的贡献。

第三节　良助贤佐

常言道："一个成功男人的背后，必然有一个默默支持他的女人。"这话放在朱棣与徐皇后身上再合适不过。

当上皇帝后，朱棣多次表示，"济朕艰难，同勤开国"，"朕登大宝，允赖相成"，"朕躬行天讨，无内顾之忧"……这些都是他对徐皇后的肯定之语。

据记载，徐氏很早就被养在宫中，早晚侍奉马皇后，聆听马皇后教导训言，深得朱元璋和马皇后的喜欢。马皇后曾多次夸赞她孝顺懂礼。马皇后去世后，徐氏为她守丧三年。后来朱棣问她是否还记得马皇后是如何教导她的，徐氏如数家珍般一件件说了出来。朱棣听了非常高兴。

徐氏嫁给朱棣刚一个月，朱棣便去了中都凤阳体验民间生活，一去就是好几年，其间二人少有团聚。洪武十三年（1380 年）朱棣就藩北平时，燕王妃徐氏正怀着身孕。比起京师南京，当时的北平是苦寒之地，但徐氏毫无怨言，为朱棣打理着燕王府内的一切事务，包括教育子女，"内助藩国二十余年"，"嫔于肇封，家政辑宁"，为朱棣分担了不少重任。

徐氏在"靖难之役"中表现得尤为突出，从建文元年（1399 年）到建文四年（1402 年），朱棣在外领兵作战，徐氏则协助世子朱高炽守卫北平。朱棣率军前往大宁时，李景隆乘机率大军围攻北平。当时北平城内只有一些燕王府守备军、王府护卫以及仆人，总共不到千人，形势十分危急。这时，徐氏显示出了将门之后的风采，亲自登上城墙，鼓励守城将士死守不退。城内百姓看到王妃亲自登城督战，都备受鼓舞，纷纷自发加入守城队伍，誓与北平共存亡，连女人和孩子也拿起武器来守城了。徐氏亲自劳军，和大家一起死守城墙，北平城这才得以保全。

建文四年（1402 年）十一月，刚登基不久的朱棣册立燕王妃徐氏为皇后。册立皇后当天，由礼部官员在承天门宣读诏书诏告天下，开创了明清两代册立皇后时单独颁诏诏告天下的先河。朱棣在诏书中对徐皇后的聪慧能干多有夸赞，一再对自己有这样一位贤德和能力并存的患难妻子表示感谢。

新皇即位，往往有一大堆的问题需要解决，通过篡夺得到皇位的朱棣面临的问题更多、更复杂，他不得不天天熬夜处理政务，常常忙得顾不上吃饭。每当这时，徐皇后也跟着挨饿，安静地坐在旁边陪着朱棣，有时也出出主意。历经多年内战的大明江山可谓千疮百孔，百业凋零，民不聊生，急需休养生息。徐皇后时常对朱棣说："每年南北征战不止，兵民都已疲惫不堪，现在应当让他们休养生息。"她认为当下最重要的事情就是发展和选拔人才。每听此言，朱棣便会回答："皇后所言皆合吾意。"

徐皇后和她的婆婆马皇后一样能干且明理。在"靖难之役"中，徐皇后的弟弟徐增寿暗中投靠朱棣，常常将建文朝的情报送到燕地，因此被建文帝所杀。朱棣登基后要追封其爵位，却遭到徐皇后的极力反对。朱棣问她："难道皇后想做东汉的明德马皇后？"徐皇后答道："我并不敢跟明德皇后比贤德，只是徐增寿的功劳没有那么大，皇上不能因为我而追封他。"不管朱棣怎么劝说，徐皇后始终不同意。无奈之下，朱棣只好来了个先斩后奏，悄悄追封徐增寿为定国公，并让他的儿子徐景昌承袭爵位，然后才告诉徐皇后。徐皇后说："这是皇上的大恩，并不是臣妾的意愿。"终究没有向朱棣表示感谢。

有一天，徐皇后问道："皇上与什么人一起治理国家？"朱棣回答说："六卿管理政务，翰林的职责是研究问题、草拟文告。"徐皇后请求召见这些人的夫人，赐给她们冠服及钱币，并对她们说："妻子侍奉丈夫，哪里只是为他准备饭菜、衣服而已，应该还有别的帮助。朋友的话，可以依从，也可以违背，而夫妇之间的话，则委婉顺耳，容易听进去。本宫朝夕侍奉皇上，惟以百姓生计为念，你们也要鼓励你们的夫君。"徐皇后还摘录《女宪》《女诫》，写成《内训》二十篇，又类编古人的嘉言善行，写成《劝善书》颁行天下。

还有一次，朱棣忙到很晚才回后宫，徐皇后问："皇上怎么忙到这么晚呢？"朱棣回答："今天朕亲自考察了二十多个地方官，都是按他们的资历鉴别的。"徐皇后听到"资历"二字，感觉不妥，便建议说："地方官是与老百姓最接近的官员，怎么能按资历划分呢？应该按能力来考察。"朱棣闻言深以为然。

徐皇后对子女的教育非常严格，朱棣不太喜欢太子朱高炽，徐皇后劝说道："太子是国家的根基，皇上要让大臣兼职东宫，这样才没有隔阂。"徐皇后对汉王和赵王也是该严肃的时候非常严肃，他们也都恭恭敬敬地聆听教导。后来汉王和赵王多有违法之举，但是徐皇后在世时，他们始终不敢过于造次。每次从封国回京，他们母子之间也非常融洽，舍不得分开。徐皇后经常跟朱棣说要善待宗室，"九族咸承于慈爱"。

永乐五年（1407 年）七月初四，这是一个令人悲痛的日子，徐皇后与世长辞。她病危之际，朱棣前去看望她，已处于弥留之际的她声若游丝，说："皇上，臣妾十五岁被册封为燕王妃，四十一岁当皇后，跟随皇上整整三十年，也没帮上皇上什么大忙，留下三个孩子，请皇上多疼爱他们。"朱棣闻言禁不住落下泪来，忙道："朕有今天，有你的功劳。朕早就说过，你好比是朕的长孙皇后。"徐皇后道："现在太子已立，炽儿勤奋能干，臣妾没什么挂念了。只有煦儿，因为太子之事而愤愤不平，请皇上多行约束，避免兄弟相互倾轧，自相残杀。"朱棣宽慰她说："皇后考虑得周到，有朕在，你放心吧！""皇上要爱惜百姓，广求贤才，恩礼宗室。""皇后放心！"朱棣一再保证。随后，徐皇后又交代了后宫之事，让朱棣再立皇后，以管束后宫。交代完诸项事宜，徐皇后头一歪，永远地闭上了双眼。

徐皇后最大的遗憾就是没能在有生之年回一趟北平，亲自犒劳"靖难"之时一起守卫北平的将士和老百姓，于是特意交代朱高炽替她完成心愿。永乐七年（1409 年），朱棣北巡到达北京第二天，就按照徐皇后的遗愿，犒赏了当年保卫北京城的有功之人。

徐皇后去世后，朱棣情难自抑，恸哭垂涕，群臣久劝不住。朱棣将徐皇后比作东汉明德皇后和唐朝长孙皇后，每次想到徐皇后都伤心不已，经常感叹："从此朕在宫中再也听不到皇后的直言了。"朱棣为徐皇后上谥号"仁孝皇后"。徐皇后去世后，朱棣没有再立皇后，虽然大臣们建议过，但都被他拒绝了，他认为没有人能跟徐皇后比，导致永乐朝后位空缺十七年。此前朱棣也没有册封过嫔妃，就徐皇后一人有皇后的册封。直到徐皇后丧期满了，他才在永乐七年（1409 年）正式册封嫔妃。

朱棣还为徐皇后举行了十分隆重的葬礼，并辍朝百日，白衣素服一年，不御正殿一年，日常只在西角门等地听政议事。

徐皇后去世后一直停灵未葬，就是在等北京城建成后葬到北京去。永乐十一年（1413 年）正月，长陵地下玄宫落成，朱棣命令汉王朱高煦护送徐皇后梓宫到北京长陵下葬，至此徐皇后的灵柩停在南京已有六年。朱棣也决定北巡，亲自护送爱妻。此后，朱棣频繁巡幸北京，动辄逗留数年，原因之一就是惦念徐皇后。因为朱棣迁都北京是在永乐十九年（1421年）的事情，所以徐皇后也成了入葬明十三陵的第一人。

永乐二十二年（1424年）七月十八日，朱棣在出征漠北的路上驾崩，同年十二月与徐皇后合葬长陵，升祔太庙。

第四节　修建长陵

在今北京市昌平区北部的天寿山脚下，有一处规模宏大的明代皇陵建筑群，世人称为"明十三陵"，这里埋葬着自永乐皇帝朱棣到崇祯皇帝朱由检的明代十三位皇帝、二十三位皇后，以及众多妃嫔、太子、公主和从葬宫女等，是我国乃至世界现存的规模最大、帝后陵寝最多的一处皇陵建筑群。在这个庞大的建筑群中，营建最早、位置最佳的就是永乐皇帝朱棣和他的皇后徐氏的长陵。

在古代，无论是皇室贵胄还是士人百姓，都特别迷信风水，生前要住在风水宝地，死后还要葬在风水宝地，尤其是生前统治万民的帝王，总是希望死后能够在另一个世界继续统治万民，所以往往一登基就为自己选择一处风水宝地，兴建陵墓。朱棣也不例外。

永乐五年（1407年）七月，徐皇后病逝，并没有被立即安葬。因为朱棣一直有迁都的念头，他让礼部寻找精通风水的人，到北京郊区寻找陵地。为徐皇后选陵地并不是件容易之事，因为将来朱棣驾崩后要与皇后合葬。礼部尚书赵羾冥思苦想数日，查阅了很多古代风水方面的书籍，终于找到了唐朝著名风水大师廖三传的后人——廖均卿。

廖均卿先后查看了北京门头沟的燕台驿、海淀的玉泉山等地，觉得都不太好，便返回了南京。在京城休息了不到两个月，廖均卿第二次奉旨到北京选地，经过仔细勘察，终于在永乐六年（1408年）六月选定了北京昌平的黄土山。这里四面青山环抱，林木葱郁。北面主峰三峰并峙，山前河水潆洄，川原开阔，山后群山崔巍，层峦叠嶂，遥接太行。廖均卿认为这里的地形既符合天上的星宿布局，又符合八卦阴阳五行生克原理。陵寝建在这里，明朝将万古长存，代代出圣明君主。廖均卿马不停蹄地奔回京城向朱棣汇报。朱棣得知后龙颜大悦，赏赐了廖均卿不少财物。

在廖均卿的提议下，永乐七年（1409 年），朱棣两次亲临昌平黄土山视察。据说，当时有人建议在潭柘寺建陵，但朱棣没有看上。有一次他登到黄土山山顶，四面察看，举目远望，一下子就相中了这一道郁郁葱葱的山岭。他对廖均卿说："爱卿，此处风水的确不错，大青石山上古柏参天，就是这名字不够高雅，叫什么黄土山，以朕看，叫天寿山才对。"廖均卿答："好，与天同寿，皇上改得真是绝妙！臣观天寿山，势如鸾凤之奔腾，穴似金盘之荷叶，水绕云从，位极至尊。"朱棣听后更加喜悦，当下便拍板将皇家陵寝建在这里。

袁珙也在随行人之中，他对这里的地势甚为满意，说："如果将皇陵定在这里，则玉烛清明，并三辰而永耀；金符浩荡，亘万古以长存；国祚无疆，邦家有庆。"朱棣当即赐金剑一把、银锄一张，让廖均卿点定陵穴。廖均卿领命而去。

据说开穴之时还出现了一段小插曲，廖均卿差点因此被砍了脑袋。一天，朱棣带人来到天寿山，负责监督的内侍上前禀报："皇上，奴才要举报廖均卿，他戏耍朝廷，掘伤地脉，涌泉不止。"朱棣一听也慌了神，说："陵寝开穴挖出泉水了？"内侍道："是啊，皇上，这是凶兆啊！"朱棣顿时怒了："去，让廖均卿速来见朕。"

廖均卿小跑着来到朱棣跟前，扑通一声跪倒在地，一边抹汗，一边冒死辩解："皇上，请听草民解释，天寿山的穴位，洪水滚滚，这是真龙的聚会之地，穴法无偏。圣主帝星銮驾到山，涌泉即止。"廖均卿还真敢说。朱棣却不敢信，一脸怒色地说："那好，朕就随你去一趟。"说着率先迈步向陵穴走去。

廖均卿带着朱棣等人来到天寿山的陵寝开穴处，只见泉水还在不停地向外喷。那个内侍说："皇上，您看廖均卿是不是在欺骗您？"朱棣更加恼火，喝斥道："廖均卿，你这又作何解释？如此戏耍于朕，不怕掉脑袋吗？"廖均卿连忙回答："皇上，草民还没有'喝'山呢？只要草民大声一喊，把罗盘下地一照，泉水就会立即停止喷涌。"朱棣显然不信他的话，很不耐烦地说："朕就看你能狡辩到几时。"

廖均卿赶紧摆好架式，向山上喝道："山家二十四向，土地、龙祖、天星、地曜、二十八宿，祖师杨救贫、曾文山、廖瑀公，今廖均卿为永乐圣主立万年之基业，千载之皇陵，万里山河皆归圣主，现皇帝御驾亲临，着令泉水立即停止，如若违抗，是为逆天大罪，必受天谴。"说来也是奇了，廖均卿刚喊完，金井内的泉水果然停止了喷涌。朱棣也倍感神奇。

廖均卿这才松了口气，他擦了擦额头的汗珠，狠狠瞪了那个内侍一眼。内侍一时也无话可说。廖均卿又指着地面说："皇上，在这里，泉下三尺还有东西会挖出来。"朱棣半信半疑，立即命人开挖。不一会儿，果然在廖均卿指定的地方挖出来一个石盆、一对石鲤鱼。朱棣立即打消了对廖均卿的怀疑，高兴地说："廖爱卿真乃神人！"廖均卿说："皇上，这石盆可以盖在地宫的金井之下，可保大明朝绵延永昌。"朱棣对众臣说："好，廖爱卿非凡人，有仙风道骨，喝山皆应，呼水即止，令朕大开眼界啊。传旨，即刻开始建陵。"众人领命开工。

朱棣对廖均卿说："廖爱卿，朕赐你钦天监五品灵台博士官，如何？"廖均卿道："谢皇上隆恩！只是草民闲散惯了，且上有老母在堂，下有五子未婚，草民不愿封官受金，请皇上收回成命。""那好吧，朕就随你心愿，按照四品供养。""谢主隆恩！"

其实，事情哪有这么神奇，肯定是廖均卿数次去黄土山时做了一些手脚。

永乐七年（1409 年）五月，朱棣的陵寝破土动工，工程主要包括地宫和陵园两个部分。

长陵的地宫修建了四年，随后朱棣便将徐皇后安葬于此。地面上的长陵陵园仍在继续建造，一直到宣德二年（1427 年）三月，长陵地上的部分才算基本完工。

按照孝陵规制建造的长陵，共有三进院落。第一进院落，包括陵门、神库、神厨和碑亭。陵门开了三个门洞，顶上铺有黄琉璃瓦，左右连接墙垣。

第二进院落，包括享殿、殿门、西庑配殿和神帛炉。享殿异常高大宏伟，是长陵的主要建筑。大殿共九间，总面积达一千九百多平方米，与紫禁城内最大的奉天殿规制相同。大殿为双层屋顶，重檐四出，黄瓦红墙，威严壮丽。它坐落在三米高的三层石阶的台基上，石基、阶陛、杆场用汉白玉雕琢制成。尤其是排立在大殿里的三十二根巨柱，中间最大的四根直径是一米多，两个人都抱不过来，是用世上罕见的整根金丝楠木制成的，不时会发出香气。这四根最粗的柱子上描绘着金莲花图案，金碧辉煌。

第三进院落，包括宝城和明楼。宝城和明楼连在一起，楼前设有五供，包括石刻的香炉一只、烛台两个、花瓶两个。陵宫内原有祠祭署、宰牲亭等建筑。楼下边的城墙突出，呈方形，所以叫方城。一个大坟头被包围在城墙里，叫宝顶，宝顶下面就是地宫。长陵的坟头大得像座小山，直径为一百零一丈八尺（约三百四十米）。

宝城下面设有甬道，从那里能登上明楼。明楼也是方形的，四面开门，当中竖立石碑。碑文是朱棣去世后所刻的"大明太宗文皇帝之陵"。

朱棣修建长陵，动用了无数的人力物力。朝廷令勋臣为总监工，礼部、工部、兵部负责造陵。兵部负责征调兵士参加建陵工程；工部负责征集民夫、工匠，调运建筑材料，管理设计施工等。成千上万人被迫背井离乡，到陵地从事繁重的劳动。享殿中三十二根巨大的金丝楠木，每一根从砍伐地运到陵园，在当时要耗时数年。所以四川当时就有蜀民"入山一千，出山五百"的民谣。

此外，由于建陵时需用大量石料，还要有万余采石的夫役。而所用石料常常是整块巨石，开采困难，运输更加艰难，工匠们只好在沿途开凿许多口井，等到冬天来临，用水泼成冰道，再把巨石放在特制的木架上，由千百人用绳拖拉过来。据《冬宫纪事》记载，从北京房山运送一块长三丈、宽一丈、厚五尺的白石，需调用民夫两万人，历时二十八天，才能运到京城，共计花费白银十一万两。仅从这一点就可以看出朱棣修建长陵耗资有多大。

第五节　良师益友

永乐年间，明朝民间流传着这样一句话："金陵战罢燕都定，仍是癯然老衲师。"说的正是道衍。在朱棣登上皇位的过程中，道衍可谓居功至伟，在朱棣的一生中算是良师益友般的存在。但是在封赏大会上，朱棣要赐其冠服，委以高官，道衍都一一拒绝；赐给他的两名宫女，他也让人送往别处居住，自己仍住寺庙、着袈裟，保持着僧人的身份。在朱棣的一再要求下，道衍才接受了僧录司左善世的职务，掌管佛教之事。当时担任这一职位的是高僧溥洽。溥洽主动让职于道衍，自己领了僧录司右善世头衔。

左善世只位居六品，"靖难"第一功臣只得了个六品官，足见道衍对官位权力是很不在乎的。永乐二年（1404年）四月，朱棣拜道衍为太子少师，并恢复了他的姓——姚，赐名广孝。太子少师是当时文臣的最高秩（正二品），是一个实职，由此可见朱棣对姚广孝是极为重视的。朱棣和姚广孝谈话，从来不直呼他的名字，而称他为少师，对他十分尊重。

永乐二年（1404年）六月，姚广孝奉命去江南赈灾，请求顺道回家探亲。朱棣爽快应允，并赏赐了他许多黄金，让他衣锦还乡。

回到家乡长洲（今江苏苏州）后，姚广孝将皇上赏赐的黄金分给乡人，只给亲人留了一小部分。当时他的父母都已去世，想到父母没有看到自己功成名就，他不免有些怅然。他带着复杂的感情，将父母的灵位放进了少时出家的妙智庵。之后他去看望姐姐，谁知他到了姐姐家门口，不管怎么呼唤，姐姐都闭门不应。无奈之下，他只好找到昔日好友王宾，想问一下原因，可是王宾也不见他，只是让人捎了两句话给他："和尚误矣，和尚误矣。"

姚广孝想不明白，自己功成名就，亲人和朋友为什么反倒一个个地远离了他。他想了很久，终于想明白了姐姐和故友的意思。原来，今天的他虽然功成名就、衣锦还乡，但他为朱棣出谋划策，"靖难之役"让无数将士和百姓遭受战乱之苦。他作为一名僧人，竟然参与战争，甚至出了最大的一份力，实在有违慈悲心怀。想明白后，姚广孝又去见姐姐，姐姐还是不肯见他，还隔着门责骂他。姚广孝一边听着姐姐的责骂，一边望着天空，一时间不知自己究竟是对是错。

在苏州赈灾期间，除了忙于公务之外，姚广孝有时还会身披袈裟独自出游。有一次，姚广孝独自到寒山寺散步，走得又累又饿，便坐在寺外的亭子里吃些干粮。这时，一个姓曹的县丞也来游寺，看见一个老和尚在亭中吃饭，自己来了也不回避，顿时火了，命人将道衍从亭中揪出来，抽打了二十皮鞭之后关进县衙的牢房里。姚广孝一句话也没有分辩，任由他们折腾。到了第二天，随从们见少师一夜未归，

240

十分着急，四处寻找，最终在县狱中找到了他。曹县丞及地方官员知道姚广孝的身份后，都吓坏了，纷纷上前请罪。姚广孝还是没有说话，只是提笔在纸上写了几句。众官吏拿起来一看，原来是一首诗：

> 敕使南来坐画船，裂裳犹带御炉烟。
>
> 无端撞上曹县尹，二十皮鞭了宿缘。

读罢，众人的心才放了下来，知道姚少师并没有把这件事放在心上，但还是将曹县丞教训了一顿："野僧在路边吃饭，碍着你什么事了？书生为官，怎么可以如此张狂欺人！"曹县丞听了，一边擦着脑门上的冷汗，一边连连称是。

这次回乡，姚广孝还收了一个义子。据说有一天，姚广孝外出散步，走到一家酒肆门前，看到酒帘上的字写得苍劲有力，很不一般。出于好奇，他向酒家打听了一下，得知此字是里中一个少年所写。姚广孝素来爱才，连忙命人将少年召来。这是一个穷人家的孩子，穿着朴素，但看上去却聪明伶俐，姚广孝将这个少年收为义子，改名姚继，带回京城。姚继承荫做了尚宝卿，后来一直做到太常寺少卿。

赈灾回京后，姚广孝喂养了一只雄鸡，每天早晨闻鸡而起，就这样度过了人生中最后的十个年头。

朱棣当上皇帝后，姚广孝的作用似乎小了许多，不过，在很多问题上，朱棣还是会征询他的意见，尤其在遇到难以抉择的问题时，朱棣仍然会采纳他的建议，比如迁都问题、立储问题等。身为太子少师，姚广孝担负着辅佐太子的重任，还要为皇太孙朱瞻基讲读。明朝后来的太子少师只是个虚衔，实际上并不辅导太子，但是姚广孝任职时情况比较特殊，由于朱棣经常北巡，住在北京，姚广孝则留在南京辅佐太子朱高炽居守，是名实相副的重任。

在太子少师任上，姚广孝专门撰写了一部书叫《道余录》。在这部书中，他从佛家观点出发，对宋儒反对佛、老的学说一一进行驳斥。他摘录了《二程遗书》中二十八条和《朱子语类》中二十一条，逐条剖析，讲的无非是些佛家的道理。这在百废待兴的明初本来算不得什么，但却引起了众多儒臣的强烈不满，然而当时的理学家们还不敢公开指责这位"靖难之役"的首功之臣。这就是《明太宗实录》中所谓的"广孝尝著《道余录》，诋讪先儒，为君子所鄙"。

据说有一个名叫张洪的读书人，在洪武时以儒生任官，曾著《四书解义》，是一位儒臣。张洪与姚广孝交情很深，而且受过姚广孝的恩惠，但在姚广孝去世后，张洪却四处搜寻《道余录》，找到了就烧毁。他为什么这么做呢？张洪说："少师对我恩厚，如今无以回报，这样做是为了不让人们厌恶少师。"

姚广孝晚年最有成效的工作是先后主持了《永乐大典》和《明太祖实录》两部大书的编修。原本主持编修《永乐大典》的是解缙，但是解缙没有领会透彻朱棣编修这部巨著的意思。永乐二年（1404年）这部巨著完成后，定名为《文献大成》，上呈皇帝审阅，但是朱棣看后却不太满意，于是命姚广孝等人重修。在姚广孝的主持下，这部包罗经、史、子、集、百家、天文、地志、阴阳、医、卜、僧、道等内容的两万多卷的巨书，历时三年终于完成，并更名为《永乐大典》。

永乐九年（1411年），七十多岁的姚广孝再次担任监修官，主持《明太祖实录》的重新编修，直至他去世，大约六年的时间，他兢兢业业地完成了此项工作。在这项工作中，姚广孝不再是挂名的监修官，而是名副其实的组织者。这次修成的《明太祖实录》就是现今人们所见的三修本，这是一次真正的重修，所用的时间和全书的内容都大大超过了前两次的修纂。

在组织修书之余，姚广孝还设计和监造了有"中国钟王"之称的永乐大钟。有一天，朱棣找姚广孝谈事，临了，他向这位亦友亦师的大臣说起自己近日总是噩梦连连，总是梦见那些在"靖难之役"中死去的兄弟。姚广孝对朱棣的心事向来把握得很准确，便建议说："可以建一口大钟来超度亡灵，古人云：惟功大者钟大。铸钟不仅是尊佛的象征，还能为子孙的未来求个安宁与幸福。"朱棣一听立马同意了，并要求在钟上铸造佛经。永乐十八年（1420 年）前后，永乐大钟铸成，至今还保存在北京西郊的大钟寺。

姚广孝在朱棣手下三十多年，二人没有任何嫌隙，朱棣不管在为王还是为帝时，对姚广孝的尊重和信任始终如一。自古皇帝皆多疑，作为一个以篡夺即位的皇帝，朱棣的疑心更重，他在位二十二年，得他信任者少之又少，姚广孝应该是这极少数人中的头一位。

永乐十八年（1420 年）三月，南京城上空飘洒着零零星星的细雨。朱棣得知姚广孝积劳成疾、病入膏肓的消息后，匆匆赶往普济寺，直奔姚广孝的禅堂。只见年迈的姚广孝静静地躺在床上，面如死灰，似乎在等待死亡的降临。朱棣快步上前，紧紧握住姚广孝的手，轻声呼唤："少师，朕来看你了！"

听到朱棣的声音，姚广孝缓缓睁开眼睛，想挣扎着起来行礼。朱棣按住他说："少师，快躺着，躺着和朕说话。"姚广孝没再挣扎，君臣二人说了一会儿话，姚广孝累得近乎虚脱。朱棣见他太累，便让他休息，姚广孝则拉着朱棣的手，说："皇上，你我君臣一晃几十年，如今老臣快不行了，再也无法为皇上分忧。临死前，老臣只有一个愿望。"

朱棣也知道，这是他们二人的最后一面，不由得红了眼圈，说道："少师，有什么嘱托尽管说，朕一定做到。"姚广孝说："皇上，当年太祖皇帝为各位皇子选主录僧，老臣和溥洽，一个服务于皇上，一个服务于建文帝，命运却完全不同。溥洽因为建文帝的事，已经被关了这么多年，老臣斗胆请皇上赦免他。"朱棣已经不再追究建文帝的事情，便点头道："少师，朕答应你。"姚广孝听罢面露微笑："好，臣知足了，知足了……"说完他慢慢地闭上了眼睛，双臂无力地垂了下来。朱棣呆呆地看着，泪水涌出了眼眶。

姚广孝病故后，朱棣非常悲痛，下诏辍朝二日，追赠其为推诚辅国协谋宣力文臣、特进荣禄大夫、上柱国、荣国公，谥"恭靖"。并按照他生前的愿望，墓葬仍然是僧礼规制，哀仪则依照王公大臣之例。朱棣还亲自撰写祭文和神道碑文，将姚广孝比作历史上的名相，给予了极高的评价。姚广孝的骨灰被安葬在北京房山崇各庄乡长乐寺村东，距离他所崇拜的元初异僧刘秉忠的墓不远。这也许是朱棣有意的安排。姚广孝在与自己的偶像走完了一条相似的道路之后，又在同一块土地上找到了同样的归宿。